아기, 천재로 키우는 법칙

아기,
천재로 키우는 법칙

Baby, the law of raising a genius

김봉석 지음

머리말

온 인류는 모두가 다 현재보다 더 질적으로 향상된 풍요와 기쁨과 즐거움을 수반하는 평화롭고 안락한 행복을 추구한다.

인류가 진정한 평화와 행복을 온전히 구가하는 삶을 누리기 위해서 앞으로 태어나는 아기들 대부분이 천재로 자라나게 된다면, 인류의 삶의 판도가 어떻게 달라질지 희망적인 기대를 품지 않을 수 없을 것이다.

삶 속에서 벌어지는 제반 모든 일과 인간 관계에서 접촉되는 감정이 수반되는 상황들이 자유롭고 거침없으며, 평화롭고 합리적이며, 숭고한 인간애가 뜨겁게 펼쳐지기 위해서는 천재의 두뇌와 품위 있는 인성이 가장 적합하다 할 것이다.

인류의 무한한 번영과 각인 나름의 행복을 구가하려 한다면, 자연재해나 천재지변을 미리 유효적절하게 대처하는 것은 물론이거니와 전쟁을 예방하기 위한 세계적 기구도 지금보다 더 철저하고 완벽하게 마련되어야 할 것이다.

또한 전쟁 방지를 위한 완벽한 시스템이 범세계적으로 확립되어 확실하게 실행되어야 한다는 것을 천재들은 과연 어떻게 결정해낼지 궁금하기도 하고 더 우월한 차원의 결정들이 이루어지리라 기대해 볼 만하다 할 것이다.

그리고 모든 사람이 바라고 원하는 젊음의 연장은 물론, DNA(디옥시리보핵산)를 적절히 운용하여 노화를 차단하고 항상 청춘을 누릴 수 있는 생물학과 생리학 및 생태학과 동물학의 연구가 더 정밀하게 이루어지는 일이 천재들의 연구로 실행이 된다면 새로운 삶이 이뤄질 것이다.

뿐만 아니라 의학의 무한한 진보와 발전을 이루어 질병과 상해를 예방하고 완벽한 치료를 위해서 천재의 두뇌가 모아져 획기적인 DNA(Deoxyribonucleic acid)의 운용이 이루어진다면 더 나은 수준의 안락한 삶을 기대해도 좋을 것이다.

하나의 근거를 열거하자면 DNA의 염기서열 전체를 게놈(genom)이라 하는데, 엑손 구간과 인트론 구간의 촉진 유전자(promoter)에서 시작되는 두 가닥의 나선에서 있을 수 있는 정보를 전령mRNA(messenger RNA)이 전달하는 과정에서 발생하는 게놈 돌연변이(genome mutation)가 원인이 되어 일어나는 유전성 질환을 유전자 가위로 원하는 부분을 절단하여 유전자 편집이 가능하고 제거할 수도 있다는 사실이다.

그러므로 인류의 번영된 미래를 설계하기 위해서 무엇보다도 앞으로 태어날 아기들이 출중한 지혜와 인성과 능력을 갖춘 천재로 키워져 세상에 나아가 종횡무진으로 활동하게 된다면, 현재보다 더 무한히 진보한 우아한 사회에서 건강하게 장생을 누릴 것은 물론이므로 멋지고 근사한 새 시대의 행복에 대한 희망적 소망을 가득 품을 수 있으며, 인류의 대다수가 천재화 되므로 현재보다 더 조속히 영화로운 삶을 살 수 있으리라 기대해 보는 것이다.

시작하는 말

　모든 어미가 그렇듯 올빼미도 그 새끼를 지극히 사랑하여 지극정성으로 키운다. 그러나 올빼미 새끼가 성장하여 날 수 있게 되면 그 어미의 눈알을 쪼아 먹고 둥지를 떠나 가 버린다는 비유의 언어가 효애기자(梟愛其子)이다. 그리고 올빼미 새끼는 어미와 아비를 잡아먹는 흉악무도(凶惡無道)한 새라서 효파경(梟破鏡)이라는 말도 있다.
　독사 새끼들이 다 자라면, 그 어미에게 덤벼들어 어미를 뜯어 먹어버리기 때문에 만삭이 된 어미 독사는 새끼를 낳을 때 높은 낭떠러지에서 아래로 떨어뜨리기도 한다고 한다.

　사람들은 아기를 낳아 잘 키우기 위해 먹이고, 입히고, 재우고, 각별하게 사랑하면서, 능력껏 교육하여 시집-장가보낸다. 그러나 그렇게 알뜰살뜰 키워 부모의 등골을 뽑아 먹는 자식은 몇몇이겠지만, 빈껍데기만 남은 노쇠한 부모를 양로원이나 요양원이나 아니면 시골에 그냥 방관해 버리고 부모가 가진 그나마 재물만 살뜰히 뽑아서 저 살기에 전전긍긍하는 자식들이 상당한 숫자인 것은 사실이다. 오늘 날까지 우리가 살아온 대체적인 부모와 자식 사이의 관계가 그랬었다. 물론 효자나 효부가 없는 건 아니나 보편적인 추세가 그랬었다는 이야기다.

　요양원에 근무한 경험이 있는 27명의 요양사에게 질문을 해 봤다.
　"자신이 늙고 병들면 요양원에 들어가 여생 마치기를 원하는가?"
　이런 질문에 대하여 대답은 이러했다.
　"늙고 병들어 기어 다니며 벽에 똥칠하는 한이 있더라도 요양원보다는 집에 있는 게 낫다."라고 대답한 요양사가 19명이었다.

"자살을 생각하는 노인들이 있었는가?" 하는 질문에서는 입원한 요양원 환자 중에서 수면제를 감추다 발각된 2명의 노인이 목격되었으며 죽고 싶다고 푸념하는 노인 3명도 있었다는 대답이었다.

"자살을 생각하고 푸념을 하는 노인은 가족이 있었는가?" 하는 질문에서 4명은 가족이 있었고 1명만 연고자가 없었다고 했다.

"자살을 생각하는 노인이 있었다면 무슨 까닭으로 자살을 생각했다고 보는가?" 하는 질문에서 요양사의 대답은,

  1. 자신의 병이 완쾌되기 어렵다는 절망감.
  2. 매일같이 병상에 누워서 죽을 날만을 기다려야 하는 허무감과 고독감.
  3. 이 세상에서 오로지 혼자라는 외로움, 쓸쓸함, 서글픔.

"요양사가 적절한 말로 위로하고 말벗이 되어드리면 조금은 도움이 되지 않을까요?"

"물론 말벗이 되어 드리면 도움이 되겠지만, 요양사의 일이라는 게 바쁘고 마냥 대화하고 있을 수도 없어요. 다음 일을 빨리 처리해야 하는 강박관념에서 벗어날 수 없으니까요. 그러나 부드럽고 호감이 가는 환자에게는 관심을 보일 수 있지만 그렇지 않은 경우, 필요 이상의 친절이나 특별하게 긴 대화를 나눌 수 없어요."라고 답했다.

"호감이 가는 환자란 어떤 환자를 말하는 건가요?"
"별거 아니에요. 기브 앤 테이크(give and take)지요. 뭐, 관심을 더 가져 주고, 짧지만 질문에 대한 응답 상대가 되어 드리면서 우스갯소리를 한 번씩 해 드리는 게 고작이에요."

여기서 양로원이나 요양원의 질을 논하자는 것은 아니며, 물질주의의 현실적 세태나 물질의 힘이 미치는 영향을 도외시하자는 것 또한 아니다.

오직, 노부모를 요양원에 보낼 수밖에 없는 자녀들이 처한 그들의 형편과 사정과 환경도 있지만, 그 자녀들의 사회성(社會性)에 적응하는 능력과 그들만의 독특한 성품으로 인하여 노부모를 요양원에 보낼 수밖에 없는 피할 수 없는 입장이나 사정도 있었기 때문일 것이다.

생활이나 환경이 원만하지 못함으로 부모를 양로원에 보내는 경우도 있겠고, 부유하나 사정과 형편이, 그리고 덜 여문 인성의 이기적인 개인적인 생각으로 인하여 부모를 요양원에 보내는 경우도 있을 것이며, 어떤 별다른 속내로 인하여 부모를 잠시 입원하게 했을 수도 있을 터이다.

그러므로 우리가 아기를 잉태하여 기를 때, 인성과 품성이 고귀하며 사회적 능력이 우수한 천재로 양육하게 되면, 경제적이며 도덕적으로 뛰어난 인물이 되어 자기의 부모님을 집에서 개인 요양을 누릴 수 있도록 배려하며 끝까지 공경할 수도 있을 것이며, 평안한 노후를 즐길 수 있을 가능성이 충분하다는 것이다.

능력이 풍부한 천재라는 걸출한 인물을 만들어 낸 노고의 보상으로 노후를 보장 받을 수 있게 된다면 노인은 행복한 말년을 즐기며 인생 후년을 소일할 수 있어 말년의 삶이 참담하지 않고 안락한 후년이 즐거울 것이며, 이 같은 좋은 방법이 아기를 천재로 키우는 방법이라는 사실이다.

학습하기 전혀 어렵지 않고 쉽고 간단하면서 구체적인 천재 양육법으로 아이를 양육하게 되면 지혜롭고 사회성 능력이 특출하며, 효성 또한 지극하여 핵가족이든 대가족이든 잘 끌어 나갈 수 있을 것은 물론이다. 그러므로 앞으로 잉태할 아기를 태교로부터 시작하여 출중한 천재로 키워내기 위해 조금만 더 정성을 기울이면 무난하게 천재 양육이 이루어질 수 있는 것이다. 그렇게 되면 그 아이는 자랑할 만한 훌륭한 인물로 성장하게 되므로 그 모습을 지켜보는 부모의 마음 저변 깊숙한 데서부터 우러나오는 뿌듯한 만족감에 즐겁기 그지없을 것이다.

아이를 이기적인 인성이 되도록 양육하거나, 비사회성 인격 장애 성품으로 만들어버리는 부모의 책임과 함께, 유전적인 요인도 한몫한다는 사실도 간과할 수 없는 것이 오늘날 개선되어야 할 현실적 과제이다. 그러므로 우리는 그 개선되어야 할 과제를 과감하게 풀어야 한다는 책임감 앞에 그 해결책으로 새롭게 대두된 천재 양육법을 적용하고 활용해야 할 시점에 이르렀다고 봐도 좋은 오늘에 살고 있는 것이다.

아기를 본능적으로 양육할 수밖에 없었던 오늘날까지의 우리 부모님들의 기질과 현실적인 형편과 사정은 있었을 것이다. 그러나 이제는 아기를 천재로 양육할 수 있는 확실한 요령을 말하는 「아기, 천재로 키우는 법칙」으로 아기를 천재로 양육한다면 지상의 모든 미혼 여성과 미혼 남성이 마음을 합히여 천제를 낳이 잘 앙육하여 보람을 찾을 수 있을 것은 물론이다.

지금까지 인류가 아기를 잉태하여 순산하고 성장시키는 데 온갖 노력과 정성을 기울이는 본능적인 태도에서, 조금만 더 정성을 기울이고 신경을 쓰고 노력을 더 하게 되면 아기를 천재로 만들 수 있다. 어차피 아기를 낳고 키울 거라면 천재로 낳아서 키우는 것이 얼마나 더 유익하겠는가?

아기를 천재로 낳아서 키우는 일을 시행하는 것이 천하에 둘도 없는 으뜸의 사업이라는 것이 세계만방에 널리 퍼지게 되면 천재가 도처에 득실거릴 것이다. 천재 양육법을 적용하지 않고 자기 자녀만 둔재로 낳아 허드렛일에 매달려 적은 수입과 궁색한 생활로 전전긍긍한다면 천재를 낳아 키운 사람과 비교되지 않겠는가?

그러므로 어차피 낳아 기를 자녀라면 천재로 키워 내어 백년대계를 세우는 것이 지극히 현명한 사고(思考)라 할 수 있을 것이다.

사람은 저마다 개성이 다르고 기질이 다르므로 나름의 양육법을 주장할 수도 있겠지만, 바람직한 인성으로 자녀를 양육하기 위해서는 부모가 먼저 「아기, 천재로 키우는 법칙」을 적용하는 것이 현명하고 훌륭한 현대적인 인간상이라 할 것이다.

호모사피엔스로의 진화 이래로 개개인의 성향이 이기적 성질로 기울어지는 폐단으로 말미암아 삶 속의 도처에서 일어나는 분쟁을 모든 사람은 아무렇지도 않게 오늘날까지 잘도 견디며 대처해 왔다.

그러나 문명과 의학의 발달, 자연과학과 인문학의 발달과 문화의 높은 수준에까지 향상된 오늘날, 인생을 즐겁게 구가해야 할 현대에 이르렀으므로 우리 자신들의 노후도 얼마든지 즐겁고, 쾌적하게 보낼 수 있는 시대가 우리 앞에 이른 것이 사실이다.

그러함에도 불구하고 자유롭지도 않고 참담하다고 느낄 수도 있는 양로원이나 요양원에 의지하는 삶의 말년을 개선하여 즐겁고 쾌적할 수 있으며, 더 자유롭게 노년을 즐길 수 있는 요양원이나 양로원으로 개선되어 질적으로 더 우수한 양로원으로 새롭고 확실하게 거듭나는 게 바람직한 것이다.

그 개선점의 맨 첫 번째로 시행되어야 할 순서가 회임하게 되는 아이들을 구태의연한 본능적 방법으로 키우는 틀에서 벗어나는 일이다.
다시 말해서 올빼미 어미처럼 본능적으로 아기를 키워 낭패를 보지 말고 임신한 초기 때부터 모두 다 천재로 키워 출세시키므로 다 같이 행복을 구가하는 것이 보람되고 유익하다는 말인 것이다.

각 가정이 행복하면 사회는 아름다워질 것이며, 천재들이 온 누리에 퍼지면 다툼이나 전쟁이 없는 평화롭고 즐거우며 풍요로운 세상이 될 것은 말할 것도 없다.

이제부터 새로 태어날 아기들은 천재로 키워서, 이 아기들이 성장하여 살아갈 화려한 세상은 풍요로우며 즐겁고 화목하고 행복하고 평화로운 삶을 살게 하고, 이 아이들을 키워 낸 부모는 안락하고 쾌저하며 행복한 종말을 맞이하는, 그러기 위헤 미래식 요양원이나 양로원을 만들기 위해 우리 아기들을 천재로 확실하게 키워 내자는 것이다.

 지금까지는 내 아이를 먹이고, 입히고, 재우고, 학교에 보내고, 시집-장가보내면 그것으로 부모의 책무를 다한 것으로 여겨왔고, 그것을 위해서 부모들은 있는 힘을 다하여 오로지 자식을 사랑하고 예쁘게 키우는 것을 무엇보다 즐거움으로 여겨왔다.

 그러나 그러한 구태의연한 방법이 본능적 방법이며 불량아를 만들어 낸다는 사실도 모른 채 인류는 저마다 아기 키우는 데 본능적 방법을 적용해 왔고, 새로운 양육법이 있는지 찾아보는 부모는 극소수에 불과했던 것이 현실이었다.

 기존의 젊은 세대들까지 선진화된 육아법이 담긴 책들을 등한시했다. 쉽고 익숙한 본능적 습관에 젖어 새로운 아기 양육에 관한 방법을 외면하거나, 또는 급박한 생활 현실에 얽매여 새로운 아기 양육법을 읽어 보거나 아이 키우는 법에 눈을 돌릴 정서나 마음에 여유가 없기도 했을 것이다.

 우리 앞에 닥친 가장 중요한 가정교육을 등한시한 결과로 부모들은 그 성장한 자기의 아기들에 의해 패가망신을 당하는 것은 예사이고,

올빼미 어미는 새끼들에게 눈알을 쪼아 먹히고, 아비는 새끼들에게 잡아먹히는 악순환을 이어 온 것이다.

 낯설이나 다름없는 고려장으로부터 이어 온 노부모 냉대가, 양로원이나 요양원이란 이름으로 바뀌었을 뿐 예나 지금이나 오십보백보다. 그것은 아이들에게 인간의 본능적인 가정교육을 아무렇지도 않게 시행해 왔기 때문이다.

 본능적 교육이란, 먹이고 입히고 재우고 학교 교육하고, 알뜰살뜰 키워서 시집-장가보내는 교육을 일컬음이다.
 전래되어 온 육아 풍습에 자신이 알고 있는 만큼의 식견을 가미하여 아기를 키워 왔다. 그리고 그때그때 경험이 풍부한 어른들에게 얻어 들은 방법으로 아기를 키웠고, 그리고 거기에 자신이 생각해 낼 수 있는 지혜로 아이를 가르쳤다.
 그리고는 아이가 성공하기를 막연히 바라고, 효도를 말로만 가르치고 선행적 모범을 보여 주지도 않았고, 솔선수범하는 행위의 가르침이 없으면서도 효도 받기만을 바라는 어처구니없는 본능적인 방법의 교육을 교육이라는 명목으로 지금까지 자행해 왔다.

 인간은 만물의 영장을 뛰어넘어 찬란한 행복을 누릴 수 있는 능력을 지닌 불가사의한 개체이다.
 정밀하고 어마어마한 능력을 갖춘 인간이라는 동물은 엄마의 배 속에서부터 새롭게 만들어지는데, 유전적인 요소는 대략 48%이고 나머지 52%는 지금보다 더 아주 우수하고 훌륭한 명품으로 만들어질 수 있는 요소라는 사실이다.

부모가 가정에서 아이를 확실하게 천재 교육하지 않으면, 아이는 성장하여 부모를 양로원에 확실하게 버릴 것이고, 가정교육의 충실한 가르침의 부재로 인하여 아이의 장래는 실로, 예측 불허의 궁지에서 허덕이는 참담한 상황에서 우리 조상들이 살아온 대로 탄식하면서 불안하게 일생을 보내게 될 것이다.

자녀들이 성장하여 자기 부모를 패가망신시키는 일, 일국의 국가 원수인 아버지를 개망신시키는 자식들의 무분별한 행위들을 우리는 누누이 보아왔지 않는가.

내 가정이 행복해야 인생이 즐겁고, 이웃과 화목해야 화평하며, 대인 관계가 원활해야 소기(所期)하는 바 이상을 실현할 수 있는 게 인간의 삶이다.
그렇다면 과연 내 아이를 어떻게 양육해야 좋단 말인가?

작고 귀여운 내 아이를 보면 볼수록 사랑스럽고, 이 아이를 사랑하지 않고는 도저히 참을 수 없어 자신의 아이와 깊은 사랑에 빠져 버리게 된 우리들은, 아이를 너무 사랑하여 보살피며 염려하며 애쓰며 목숨과도 바꿀 수 있을 만큼 아주 귀한 내 보물을, 감정의 움직임대로, 본능적으로 키운다면 결국 부모의 기대에 어긋난 아이로, 제멋대로의 아이로 어느새 성장해 버린다는 사실이다.

지금까지 모든 아이가 부모의 기대를 저버리며 성장했고, 자신이 낳은 그 성장한 아이가 결혼하여 낳은 아이도 역시 부모의 기대를 저버리는 악순환을 거듭하면서 수만 년 동안 무수한 대를 이어오면서 살아왔다.

 그러나 이제부터는 사랑스러운 내 아이를 좀 더 잘 보살피기 위해 새로운 양육법을 살펴보고 실행하게 되면 능력 있는 아이, 이상적인 청년, 어려운 세상을 가장 지혜롭게 헤쳐 나갈 용감하고 정직하며 효성스러운 천재로 지금까지의 인간보다 더 우아하고 세련된 아이가 세상에 성큼 발을 내디딜 수 있다는 사실을 우리는 지금 생각해야 한다.

목차

A. 준비기(準備期, a pre para tory period)   20
1. 천재란 무엇인가?   20

B. 배아(胚芽)와 태아기(胎兒期, an embryos a fetuses.)   25
2. 태교 열 달   25
3. 엄마의 자궁에서 만들어져요   31
4. 태교   35
5. 두뇌 발달   40
7. 배아에서 태아로   49
8. 태교와 태아   56
9. 태아도 공부한다   62
10. 감정의 발달과 기억   65

C. 영아기(嬰兒期, Infant period)   67
11. 완전 모유 수유   67
12. 천재 출산(해산구완)   70
13. 아기의 첫 교육   78
14. 갓난쟁이의 변명   82
15. 아기와 엄마의 교감   86
16. 아기와 애완동물   94

17. 엄마의 애정이 아기의 인격을 만든다 100
18. 조선 시대 왕자 교육법 106
19. 아기의 성장 110
20. 아기의 생존 전략 프로그램 115
21. 아기는 남녀를 구분하며 스트레스도 받는다 118
22. 말을 못 해도 알 것은 다 안다 121
23. 아기의 기질 124
24. 부모가 이혼한 아이도 천재 교육이 가능하다 129
25. 때가 되면 엄마 품에서 멀어진다 132
26. 아기의 생각 알아보기 134
27. 세상을 탐험하는 아기 138

D. 유아기(幼兒期, Infanthood) 143

28. 행동하는 아기 143
29. 5개월이 되었을 때 아기는 민감하다 145
30. 부모의 애정이 메마르면 비행소년이 된다 148
31. 아기의 감각은 부모가 발달시켜 줘야 한다 153
32. 성장하는 우리 아기 159
33. 아기도 속임수를 쓴다 165
34. 반항하는 우리 아기 167
35. 부모의 영향력 172

E. 발달기(發達期, Developmental period) 176

36. 아기의 고집	176
37. 아기의 정서(情緒)	183
38. 자제력 부재의 원인	188
39. 진정한 투자처는 우리 아기 천재 만들기	193
40. 두뇌 공백을 채워 가는 아기	195
41. 아기는 배움으로 정서적 지능이 발현(發現)된다	199
42. 여자아이와 남자아이	203
43. 개성과 부모의 영향	209
44. 아기의 독립심은 자신감에서	213
45. 독립 의지	216
46. 말하기 능력	220
47. 성격의 발달	222
48. 양심의 기초 수립	224
49. 3세 이후의 천재 교육	230
50. 천재의 필수 덕목	232
51. 안정된 정서의 효과	235
52. 옳고 그름을 결정하는 의지	237
53. 정체감의 형성	240
54. 지각(知覺)되는 현실	243
55. 치명상(致命傷)이 될 버릇의 근절	246
56. 천재는 형제간의 우애가 있다	248
57. 자립 의욕 심기	252
58. 말을 잘할 수 있는 요령	254
59. 두려움의 극복	257

60. 창의력의 발달	260
61. 자기주장을 할 수 있는 힘을 키우기	262
62. 지적 능력을 향상시키는 요령	265
63. 어휘력을 키우기	268
64. 논리성을 발달시켜 주기	272
65. 자신을 빨리 깨달아 알게 하는 요령	275

F. 성숙기(成熟期, Maturation period)   279

66. 한자 공부	279
67. 천자문	281
68. 싸움	304
69. 의욕 넘치는 성취력(成就力) 길러주기	307
70. 절제를 가르치기	311
71. 세상을 이롭게 하는 능력 키우기	315
72. 돈이 찾아오는 일곱 개의 문	323
73. 성적 행동	333
74. 학교생활	336

G. 결론(Conclusion)   339

75. 우리 아이들의 미래 자화상	339
참고 문헌	341

A. 준비기(準備期, a pre para tory period)

1. 천재란 무엇인가?

이 책에서 말하는 천재란, 한두 분야에서 탁월함만 가지는 것이 아니다. 생활 속의 모든 분야에서 천재성을 나타내고, 세상의 모든 일에 조금도 치우치지 않고 온전히 이해하며 수용할 수 있는 사람을 말한다.

사람들과 더불어 화평을 도모하기 위해 적극적으로 협력할 수 있으며, 상대의 인격을 존중하고 상대를 높여 주겠다는 겸손한 자세로 상대의 의견은 최선을 다해 들어 주면서 상대를 정확히 헤아려 볼 수 있고, 안목이 넓으며 의지가 강하고 인성이 우아하며, 모든 분야에 조예가 탁월하고, 자애로움과 너그러움이 넘치며, 우수하고 출중한 두뇌를 지닌 그런 사람을 천재라 할 수 있다.

이러한 천재를 만들어 내기 위해서 맨 먼저 배우자를 선택함이 고상해야 한다. 신랑이나 신부나 첫 번째 시작인 배우자를 선택하면서 풍습이나, 각 개인의 취향이나, 재산이나, 미모나, 학벌이나, 능력보다 가장 먼저 우선되어야 하는 아주 중요한 요소 4가지가 있다.

첫째, 자기의 인품이다.

자기의 품격이나 됨됨이를 구체적으로 되돌아본다. 과연 내가 자식을 낳아 천재로 만들어 낼 수 있는 자질이 되는지, 또는 결혼하여 아기를 낳아 아기를 천재로 키워 낼 수 있는 능력이 되는지 자신을 객관적으로 살펴 가늠해 보는 것이다.

자신의 마음속으로부터 천재를 확실하게 키워 낼 수 있다는 결심을 굳혔다면 두 번째 단계인 결혼 상대를 고르는 일에 착수한다.

둘째, 지적 장애아는 사절한다.

신랑은 신부를, 신부는 신랑이 될 사람이 지적 장애아인지 사이코패스인지 또는 개나 고양이로부터 톡소포자충증(Toxoplasmosis) 감염자가 아닌지 살펴야 한다.

참고로 애완동물을 키우는 사람은 천재를 양육하기에 부적하다.

한 남자가 두 여자와 살면서 천재를 양육할 수 없고, 한 여자가 두 남자와 살면서 천재를 양육할 수 없다는 원리 때문이다.

그리고 자신과 상대가 치명적인 유전병이 있는지 살펴야 한다. 서로 연애하다가 임신을 하여 결혼하고 아이를 낳고 보니 이상한 놈이 생겼더라. 이렇게 되면 그 이상한 놈으로 말미암아 두 사람은 평생 꼼짝없이 그 이상한 놈에게 매달려 허덕일 수도 있다.

병이란 인간의 존재를 순식간에 쓰레기통으로 던지는, 사람을 파멸시키는 끔찍한 요소라는 사실이다.

셋째, 궁합이 상극이면 뒤도 돌아보지 말고 미련도 두지 마라.

동양 철학관에 가서 사주와 궁합을 보는 것이 좋다. 상극이라면 2세를 키우는 데 우여곡절과 마찰을 감수해야 하므로 천재를 만들어

내는 일이 심히 버거울 것은 물론 중도에서 파탄을 초래하기 쉬울 것이다.

　여기서 소크라테스의 한 마디를 새겨 보고 넘어가자면,
"혼인은 무조건 해야 하오. 신부가 너그럽고 슬기로우며 덕행이 높으면 선생은 복을 넝쿨째 받게 될 터이지만, 신부가 만약 악처라면 선생도 나처럼 철학자가 되고 말 것이오."

　결혼 생활은 두 사람이 합력하여 꾸려 가야 하는데 남자가 땡전 한 푼 수입도 없는 철학자라면 천재를 키울 엄두도 내지 말아야 한다. 악처와 철학자는 천재를 키울 환경을 조성할 수 없기 때문이다.
　그리고 두 사람 중 하나라도 이기적이면 더더구나 곤란하다.
　결혼 생활이 쉬이 해체될 가능성이 농후하므로 천재를 키우기가 심히 버겁다고 할 수 있다.
　아래의 5개 항목에 해당하는 자는 천재 양육하기가 버거우므로 자기 자신에 대하여 고치기를 해야 천재 키우기가 가능하다 할 것이다.

① 이기적인
② 비열한
③ 호색한
④ 무능력
⑤ 종교나 마약에 심취

넷째, 합리적인 성품이라면 결혼 상대로서 가능하다.

이기적이거나, 우유부단하거나, 난잡하거나, 잔인하고 흉포한 사람은 억만장자라 할지라도, 차라리 합리적인 인성을 지닌 빈털터리가 장래가 촉망된다는 사실을 인지해야 한다.

합리적이지 않은 사람은 불합리한 요소를 품고 있으므로 상대에게 해를 끼칠 수 있다. 그리고 불합리한 양심을 지녔으므로 만나는 대인관계에서 상대에게 충격을 가할 수 있고, 그 영향이 사회와 가정은 물론 자신과 천재가 될 아기에게 영향을 끼쳐 결국은 평범한 둔재를 양육하게 될 가능성이 농후하기 때문이다.

그리고 부부 궁합이 잘 맞는다고 천재를 키울 수 있는 좋은 조건은 아니다. 나보다 상대를 먼저 배려하고, 서로 상대를 존중하며, 뭐든 서로 의논하여 합리적으로 해결하고, 서로 이해하고 포용하며, 어떤 어려움도 같이 해결하고자 합력하는 마음이 우선되어야 한다.

결혼이 조금 늦어지더라도 자신에게 맞는 짝을 찾아 혼인하게 되면 천재를 만들어 낼 수 있다. 눈을 조금 크게 뜨고 분야를 넓힌 안목으로 세밀하게 천천히 구체적으로 살펴보면 연분은 도처에 널려 있기 마련이다. 연분을 찾아볼 때, 친화력이 있는 사람보다 합리적인 사람인가를 알기 위해 질문을 던져 알아보는 것이 좋다.

여성이라면, 남성이 질문을 하거나 적극적으로 접근해 올 때 수동적이거나, 내숭을 떨면 합리적인 신랑을 찾기에 시간이 많이 소요된다. 능동적으로 대시를 해야 하고 자신이 알고자 하는 바를 질문하여 빨리 알아내는 게 현명하다. 내숭스럽거나 수줍은 척하면 신랑감은 고사하고 친구 하나 건지는 데도 시일이 많이 소요될 뿐만 아니라 엉뚱한 이성에게 걸려들어 애를 먹게 되거나 일생을 망칠 수도 있다.

 현명한 남자는 내숭스러운 여자를 거절로 인식한다. 그러므로 그냥 돌아서며 뒤돌아보지 않는다. 더구나 상대 여성이 내숭을 부리려는 수작으로 인식되면 절핍(絶乏)된 인성으로 판단해 버리게 된다.
 그러므로 현명한 여성들처럼 자신의 감정과 생각을 적나라하게 밝힌다는 생각으로 상대방이 합리적인 사람인가에 대한 탐색을 과감하게 진행해 나가는 것이 현명한 처세가 된다. 나를 조금 보여줌으로 상대방의 성격을 빨리 파악할 수 있기 때문이다.
 나를 보여준다는 것은, 사실을 진실하게 표현하며, 되도록 자신의 결점이나 허점을 상대에게 넌지시 조금 비춰 보여주는 것인데 효과는 아주 좋을 것이다. 그러나 속 좁게 가식이나 기만을 획책하게 되면 역효과를 감수해야 한다.
 나의 단점을 조금 보여주는 것은 상대에게 호감을 얻을 수 있는 효과가 있고, 상대가 미처 깨닫지 못하는 사이에 나는 상대를 파악할 기회를 포착하여 쉽게 결정을 지을 수 있고, 쉽게 물러서거나 대시할 수도 있어서 상당히 유리한 전략이다.

B. 배아(胚芽)와 태아기(胎兒期, an embryos a fetuses.)

2. 태교 열 달

태교의 환경[1]이라는 것은, 임신부의 인품과 태교의 질을 말하는 것이다.

B. F. 스키너의 주장[2]에 대하여 공감한다. 공감하는 까닭은 교육과 환경을 적절하게 사용하면 천재를 만들어 낼 수 있다는 말과 같은 것이기 때문이다.

한글 사전에 보면 전서구(傳書鳩)라는 말이 있다. 전서구라는 말이 생긴 유래는 옛날부터 비둘기를 훈련하여 편지를 전하는 데서 비롯되었다.

우리나라에서는 세계 최초로 태교법 '태교신기'라는 단행본이 발간되었었는데 저자는 사주당 이 씨이며(1739~1821) 태교론에서 태교의 중요성을 설파했다. (1800년 정조 24년)1434년(세종 36년) 3월 5일 세종대왕의 명을 받아 노중례(盧重禮, 세종 때의 내의(內醫))가 편찬한 태산요록에서는 태교를 할 수밖에 없고 태교를 해야 하는 이유가 자세히 적혀 있다.

---

[1] 인간의 지능지수를 결정하는 데 있어서 유전자 역할은 48%에 불과하며 나머지 52%는 태아의 환경이 차지한다고 미국 피츠버그 대학 연구진이 1907년에 발표했다.
[2] 하버드 대학의 행동주의 교육심리학자인 B. F. 스키너(1904~1990)는 자신의 학습 이론을 비둘기와 쥐에 대한 실험으로 증명했다. 그것은 동물의 어떠한 행동도 강화(講話)로 학습시킬 수 있다는 사실이다.

위와 같은 근거하에 아래와 같이 구체적 진술(陳述)한다.

신랑과 신부가 천재를 만들고자 계획하고 결혼식을 거행했다면 당연히 첫날밤이라는 순시를 맞게 된다.
첫날밤 신부의 난소에서 난자와 정자가 결합하여 수정란이라는 세포가 만들어질 때, 천재 만드는 작업은 이미 시작되었다고 본다.

신랑의 정자는 꼬리를 가지고 있다. 정자는 꼬리를 움직여 헤엄쳐서 움직이며, 신부의 자궁 근육의 운동이나 나팔관 내의 섬모운동과 나팔관 자체의 연동운동에 힘입어 정자는 나팔관 쪽으로 점차 조금씩 이동하게 된다.

난자의 생존 시간은 정자의 생존 시간보다 짧다. 난자는 배란 후 대부분이 24시간 내에 소멸된다. 그러나 정자는 70시간까지 존재하는 경우도 더러 있다.
그러므로 나팔관 안에서 정자가 살아 있는 동안에 난자가 들어오거나 난자가 먼저 들어와 있을 경우에는 수정이 가능해지는 것이다.

신랑이 사정한 2억5천만 개의 정자 중에, 질에서 자궁경관 점액 속을 통과하여 나팔관까지 도달하는 용맹스러운 정자는 불과 190여 개 남짓에 불과하다. 그중에 가장 용맹스럽고 뛰어난 능력을 갖춘 정자가 돌진하여 난자와 결합하게 된다. 그런데 수정란이 되는 위대한 놈은 단 하나뿐이다.

나머지 힘이 약하고 용맹스럽지 못한 잔여 정자는 자궁 안으로 들어가기도 전에 퇴행성 변화를 일으켜 신부의 질에서 완전히 퇴화하여 스러지고 사라져 없어져 버린다.
　이제 정자와 난자가 결합하여 수정이 된 수정란은 자궁을 향하여 기나긴 여행을 하는 7일 동안, 하나의 단세포였던 수정란은 수차례 분열을 거듭하면서 200개 정도의 세포로 분열하게 된다. 그리하여 방울 모양의 한 덩어리가 된다.

　그렇게 방울 모양으로 변화된 수정란은 마침내 자궁 강에 도착한다. 그리고 1일 정도 뚫고 들어갈 적당한 장소를 물색하다가 적당한 장소가 물색되면 자궁 속 막의 표면을 헤집고 차츰차츰 상당히 깊은 조직으로 점점 깊이 파고들어 가 11일 정도 시일이 지나면 아주 깊숙이 분열한 수정란이 묻히게 된다. 이제는 수정란의 모습을 벗어나 배아(胚芽)가 되는 과정이다.
　이것을 일컬어 착상(着床)이라 한다.
　이제, 엄마가 될 신부의 자궁에 착상된 배아는 천재가 되는 진로가 시작되는데, 배아가 자궁에 착상한 지 5일이 지나면 배아가 태아(胎兒)로 변모하기 위해 영양 공급을 받아들이면서 몸이 만들어지기 시작한다.

　뇌와 간, 폐, 심장, 췌장 등등이 만들어진다. 이때를 배아기(胚芽期)라고 한다. 이러한 배아기 때에는 보약이나 산삼이나 불로초라도 멋대로 맘대로 함부로 복용하면 배아에게 치명적일 수 있으므로 약이나 보약은 먹지 않는 게 좋고 반드시 의사의 처방이 아닌 약물은 고급의 비싼 영양제라도 입에 넣지 않는 게 좋다.

배아가 어떻게 되어도 좋고, 천재 만들기를 포기했다면, 맘대로 먹든가 말든가…. 그리고 이때는 임부가 사소한 일이든 심각한 일이든, 스트레스를 받게 된다면 질병에 걸릴 확률이 높으니까 절대 스트레스는 피하는 게 우선이다. 스트레스를 줄 가능성이 보이는 시누이나 시어머니나 실없는 농담이나 하는 이웃이 잠깐 보자고 하면 화장실이 급하다거나 배가 아프다고 피하는 게 좋다. 그리고 자신이 스스로 스트레스 받을 만한 일을 만들거나 꾸미지 않는 것이 좋다.

배아가 자궁에 착상한 지 12주가 되기 전까지는 생소한 음식을 시험 삼아 모험적으로 먹어 보지 말며, 누구와 대화하는 것, 싸우는 일이나 장난치는 일도 각별히 조심해야 한다. 그렇지 않으면 자연 유산의 위험이 높을 수 있다. 임신 2개월 정도 된다고 해도 임신을 했다는 자각 증상이 거의 없다. 그러므로 방심하기도 쉽다. 특히 영양제나 비타민제를 먹으면 배아가 나중에 기형아가 될 가능성이 있으므로 먹지 않는 것이 가장 좋은 방법이다.

그러니까 임부의 입으로 들어가는 모든 약이라는 약은 안 먹는 게 좋지만, 꼭 먹어야 할 약이라면 의사와 상의하여 먹되, 되도록 한 번씩이라도 빼고 먹을 수 있다면 배아에 유익할 수도 있을 것이다. 만약 안 먹으면 죽게 될 약이라면 복용할 수밖에 없겠지만 그렇지 않다면 깊이 생각해 보고 결정할 것을 권한다.

그리고 배아는 사이코패스로 태어나는 것이 뭔지 모른다. 엄마가 무분별하게 함부로 먹고 마시면 배아가 사이코패스가 되는 것이므로 술과 담배, 마약, 커피 대신에 녹차나 생수를 마셔 주는 것이 바람직하다. 배아가 기형아나 멍청이나 폭력적 성향을 지닌 정신질환자나 무능력자가 되어 평생을 엄마의 등에 업혀 살게 될 수도 있으니 조심하는 게 좋다.

배아의 소원은 천재가 되어 사회의 일원으로 왕성한 활동을 하여 엄마와 아빠에게 효도하고, 사회에 기여하고, 국가에 공헌하며, 인류에게 유익한 멋진 삶을 살기를 지향한다.

그러니까 임부가 먹는 모든 음식은 배아에 공급되므로 임부에게 유익한 건 배아에게도 유익하다. 배아를 천재로 만들기 위해 많은 종류의 음식을 골고루 섭취하도록 한다. 뇌 발달에 꼭 필요한 DHA는 사람의 몸 안에서 만들어지는 것이 아니므로 음식으로 섭취해야 한다.

DHA(Docosahexaenoic acid)가 많이 들어있는 음식으로는 참치가 좋지만 등 푸른 생선 속에도 다량으로 함유되어 있다.

배 속의 배아 발육에 크게 도움을 주는 시금치와 푸른 잎채소 등을 엽산이라고도 하고 폴산이라고도 하는데, 비타민 B 복합체의 하나로서 동물의 간에도 들어 있어 빈혈을 예방할 수 있으므로 섭취하게 되면 기형의 가능성을 없애 주고 태아의 두뇌 발달을 높여 주는 성장에 훌륭한 역할을 수행하기도 한다.

그러므로 검은 콩, 시금치, 부추, 키위, 브로콜리, 아보카도 등을 섭취하면 임신성 빈혈을 예방하는 데 탁월하고 유산될 위험도 줄일 수 있으므로 체면 차릴 거 없이 먹어 주는 것이다.

그렇지 않고 임신성 빈혈로 출산하게 될 때, 태반과 태아가 분리되는 현상이 발생하면 어려움을 겪을 수 있다. 뿐만 아니라 손가락이나 발가락이 생겨나지 않는 결손증이 나타날 수도 있다. 배아나 태아의 성장 지연으로 조산할 가능성도 있게 된다.

 임부의 영양분 섭취는 곧 태아를 만드는 원재료가 되므로 임부가 영양을 취하지 못하면 아기가 만들어질 수 없으므로 어떠한 일이 있어도 임부에게 영양을 충분히 섭취할 수 있게 해야 배 속의 태아가 온전히 생겨나고 건강하게 자랄 수 있다.
 그러므로 임부는 어떠한 일이 있어도 주식이든 간식이든 누구 눈치 볼 거 없이 슬쩍슬쩍 먹어 주는 것이 상책이다. 그렇다고 들고 다니면서 먹을 필요는 없고 충분한 영양을 섭취해야 한다는 뜻으로 이해하면 된다.

 그리고 꼭 유념해야 할 사항은 술은 어떤 술이든지 도무지 먹지도 말고 마시지도 말아야 한다. 왜냐하면 술은 배아의 뇌세포 성장에 커다란 영향을 주어 지능이 저하될 수 있어서 열등생으로 탄생할 수 있으며, 평생을 엄마 치맛자락이나 붙잡고 다니며 살 수밖에 없게 될 저능아를 생산할 수 있는 상황으로 전개될 가능성이 있기 때문이다.
 지금 천재나 영재를 만드는 코스를 밟고 있는데 임부가 술을 마시거나 만취해 버리면 천재 만드는 코스는 술을 만나 횡설수설하는 꼴이 되어 물 건너가 버리게 된다. 다시 말해서 아기의 얼굴이 둥글거나 넓적하거나 길쭉한 꼴사나운 몰골이 되는 것까지는 이해한다고 쳐도 지적 장애인이 되는 것은 참아줄 수 없는 일이다.

3. 엄마의 자궁에서 만들어져요

배아가 엄마의 자궁에서 8주 정도 지나게 되면 나날이 성장하는 배아의 뇌는 유사(類似)한 동물의 뇌보다 정교하고 정밀하면서 교묘하여 상당히 복잡하고 세밀하게 이루어지게 된다. 뇌가 완성되어 가기 위해 정밀하고 신속한 속도로 진행되어 가지만 복잡하고 정교하고 정밀한 작업이라 시일이 많이 소요된다. 그리고 다시 분화(分化)되어 나뉘고, 모든 신경과의 연결과 세밀한 접속이 이루어지므로 몸의 모든 부위와 정보를 교환하는 복잡한 신경선이 완벽한 구성으로 이루어져 차츰 완성의 단계로 정돈되고 다듬어지게 된다.

그리고 또다시 분화가 채택되어 다시 구성되고 다듬어지는 그런 아주 복잡하고 정교한 성장 진행이 이어지는 과정으로 말미암아 많은 영양소가 필요하며 영양소가 소모되어야 하는 과정이 진행된다. 그러므로 아기가 만들어지는 주재료는 영양소이므로 필요한 영양분을 충분히 공급해 주는 일이 임부에게는 무엇보다도 우선되어야 하므로 보호자는 임부가 영양 섭취를 충분히 할 수 있도록 온갖 심혈을 기울여 배려하는 것이 절대적 임무임을 명심할 필요가 있다.

그런데 영양소 대신에 술이나 니코틴이나 마약이 들어오고 사람들과 횡설수설하며 스트레스를 받게 되면, 배아에 공급되는 혈류량을 떨어뜨리고, 이로 인한 산소와 영양분 공급 부족을 일으켜 배아의 뇌가 손상될 수 있는 위기를 야기한다. 그뿐만 아니라 스트레스 호르몬을 양산하여 배아의 뇌를 위축시키게 되면 배아에

치명적 불리한 요소로 작용하게 된다.

 엄마가 그 잠깐 동안의 위안이나 즐거움을 누림으로 인하여 배아는 평생을 팔푼이로 살아야 하는 가능성에 대해서 심각한 염려를 해야 한다. 배아가 팔푼이가 되면 일생 엄마나 모든 가족을 괴롭히는 존재가 될 수밖에 없다는 사실을 망각한다면 천재를 만들 수 없기 때문이다.

 그리고 엄마가 영양분을 충분히 섭취하지 않으면, 빈혈이 생기고 입덧이 심해지면 쓰러질 수도 있다. 임부는 두 사람 몫의 식사와 물과 산소를 공급받아야 하고, 행동과 감정도 태아에게도 영향을 미치니까 옆에서 임부를 배려해 주지 않으면 보호자 자신도 곤경에 빠지게 된다는 것을 자각하고 있어야 한다.
 식사할 때 꼭 아래의 식품을 챙겨 먹기를 권한다.
 현재의 임부는 영양을 섭취하는 일이 무엇보다도 중요하기 때문이다.

 육류와 해류 고기와 간, 꽁치, 달걀, 굴, 우유, 두부, 두유, 녹색 채소와 야채, 해조류, 연근, 파슬리, 땅콩, 연어 등.
 배아가 엄마의 자궁에 착상한 지 12주가 되면 태아가 되어 아기의 모습을 닮은 형상으로 조금씩 만들어진다. 그뿐만 아니라 엄마의 목소리가 들리면 조금씩 반응을 보이므로 귀청이 생기려고 청각으로 느끼는 듯도 하여 엄마가 태아의 미세한 움직임을 감지하기도 한다.
 임신 3개월이 되면 태내의 환경에 따라 태아에게 조금의 변화가 발생한다. 그러나 뚜렷한 큰 변화는 거의 없고 아직 성품도 정해지지 않았고 발달하고 있는 단계에 있으므로 염려될 것은 오직 영양분 공급이 제일이 되고 최우선이 된다.

  좋은 성품의 태아로 만들어지기 위해서는 태교하는 환경이 참으로 중요하므로 부부가 정성을 기울여야 한다. 임부의 언어나 행동, 그리고 성품, 등 태교하는 법이 있는데 '태교법'을 따라 주는 것이 천재를 만드는 길이므로 숙지하여 실행하는 게 좋다.

첫째

  대인 관계에 있어서 임부는 남을 기만하거나 탐욕을 품지 않는다. 혈기를 부리거나 꾸짖거나 헐뜯지 않는다.
  시기, 질투는 태아에게 해로운 영향을 미치고, 자신의 내부에 스트레스를 쌓는 일이다. 되도록 억제하고 남을 먼저 배려하고 온유하게 포용하며 역지사지(易地思之)로 생각하는 습관을 기르도록 한다. 그리고 부부끼리 작당하여 남을 헐뜯는 말을 하지 말며, 음모를 꾸미지 않는 게 이롭다.

둘째

  몸은 언제나 단정히 하고, 청결하며 식탐은 안 하는 것이 좋고 적절하게 영양분을 섭취하도록 한다.
  몸의 온도를 잘 조절하기 위하여 옷을 입고 벗는 것으로 조절한다.
  사람이 운집한 장소는 호기심이 일더라도 가지 않는다.

셋째

술은 단 한 번의 만취로도 천재가 되어야 할 아이를 저능아로 출산할 수 있다. 흡연이나 대마초 같은 것은 혈관 수축으로 신소 공급을 저해하고 철분과 칼슘의 흡수를 방해하므로 기형아를 출산할 수도 있다.

넷째

닭 잡는 것, 피 흘리는 뱀이나, 다투거나 싸우는 것, 무서운 그림, 소름 끼치는 책이나 영화, 개나 고양이나 짐승을 가까이하지 않고 동물원에는 출산할 때까지 가지 않을 것을 권한다.

다섯째

개가 짖거나 으르렁 싸우는 소리, 욕하며 다투는 소리, 술주정 하는 허튼소리, 길거리에서 노숙자나 조현병자가 널브러져 있으면 눈을 가리고 지나가거나 마음을 대범하게 가지면 별 탈은 없다.

사람은 누구나 자기 자식이 잘되기를 바라고 원한다. 그러나 마음만으로 원한다고 되는 일은 없다. 마음이 원하면 행동이 따라야 한다. 자신의 처세와 노력이 따르고 지극정성의 수고가 따른다면 훌륭한 천재를 만들 수 있다.

태교라는 것은 태아를 천재로 키워 내기 위한 방편이며, 따라서 임부도 몸이나 마음이나 행동이나 생각과 언어 등을 정화되게 함으로 임부 자신의 인격과 소양도 자연스레 훌륭하게 만들어지므로 천재의 어머니로서 고매(高邁)한 인품을 갖추게 된다.

태아는 엄마를 잘 만나면 천재는 물론이요, 귀재가 될 수도 있다. 조선시대에 왕이 될 왕자들이 세심한 태교 과정을 거쳐 태어나는 것은 나라를 다스릴 인품과 기량을 두루 갖추어야 했기에 필수(必修)였으며, 훌륭한 인물을 선정하여 스승으로 삼아 세자의 내공(內功)을 쌓게 했다. 천재는 그냥 저절로 만들어지는 것이 결코 아니다.

우리나라 청주에서는 367억 원을 들여 '태교 랜드'를 조성하고 있는데 2024년 완공이라고 한다.
또 정부는 학교에서 인성 교육을 실시하도록 한다고 하는데 두 손 벌려 대환영할 만한 일이다.

4. 태교

근자에 이르러 우리나라 회임한 분들도 태교를 나름대로 하는데 그 거동을 살펴보면 다음과 같으므로 참고로 소개한다.

- 임부는 긍정적인 마음과 아기를 가졌다는 뿌듯한 자부심을 가지는 것이 좋다. 태아에게 깊은 애정과 애착을 두면 옥시토신이 생성되므로 태아에게 상당히 이롭다.

• 몸과 마음을 단정히 하고 명상이나 묵상 기도가 좋은데, 방심하면 나쁜 생각이 스며들어 잡생각에 빠질 때는 명상을 멈추고 태교 음악이나 태교 동화로 전환한다.

• 뜨개질이나 그림 그리기가 태아의 두뇌 발달에 이로운 영향을 줄 수 있으므로 이를 필수적으로 태교에 응용하면 도움이 된다고 한다. 조선시대 왕자를 잉태한 임부는 태아에게 좋은 영향을 주기 위한 방편으로 바느질로 아기 옷을 만드는 정성을 들였다고 한다.
 그리고 지극한 정성으로 자기 자궁에 있는 태아를 위해 진심에서 우러나오는 정성을 다하여 태아를 사랑하는 마음과 행동으로 모든 일에 삼가는 태교를 했다고 한다. 아기 옷은 정성을 들여 섬세하게 짓는 동안 자신의 마음을 다스리고 더불어 태아의 심신을 안정시켜 지능이 명석한 천재로 태어나기를 소망하는 염원을 비는 마음으로 태교를 했다고 한다.

• 임부가 스트레스를 받게 되면 위험하기 그지없다. 임부가 스트레스를 받게 될 때 임부의 몸 안에 흐르고 있는 혈액 내에 증가한 스트레스와 연관된 신경 전달 물질이 자궁 근육을 수축시켜 태아에게 공급되는 혈류량을 떨어뜨릴 수도 있으며, 따라서 태아의 뇌가 손상될 수도 있다고 한다.
 더구나 임부가 스트레스를 느끼게 되면 태아 두뇌의 크기를 쪼그라들게 하고 두뇌의 기능을 약화할 수도 있다고 한다.

 태아는 임부의 자궁 속에서 안전하게 자라기는 한다. 그러나 임부가 담배를 피우면서 술을 마시거나 말다툼으로 스트레스를 많이 받으면 태아에게 나쁜 영향을 미친다. 그러므로 임부는 언제 어디서나 항상 몸과 마음을 안정되게 보유하도록 최선을 다해야 한다. 그리고 임부는 체온이 상승하지 않도록 화내는 일이 없어야 한다. 화를 내면 체온이 오르면서 혈압이 상승하여 이마에 땀이 배게 된다. 이것은 태아에게 불리한 요소로 작용하기 때문이다.

 임부는 원칙적으로 술을 마시지 말아야 하며, 필연적으로 멈추었다가 아기 출산 후에 조금 마시도록 미루어야 한다. 술이 임부의 위장에 들어가면 태아의 발육과 성장에 나쁜 영향을 미치게 된다.
 술이라는 것은 목에서 위장으로 위장에서 태반으로까지 쉽게 통과하여 태아에게 술을 먹이는 결과로 진행되기 때문에 태아의 뇌세포 성장에 몹시 나쁜 영향을 미치게 된다.
 임부가 술을 마시면 태아도 술을 마시게 된다. 이제 만들어지기 시작하는 태아가 술을 마시게 되면 어떻게 될까? 지능 저하(低下)는 말할 것도 없고, 태아의 행동 장애와 더불어 중추신경계 이상을 가져올 수도 있고, 기형아가 될 수도 있다는 점을 생각해야 한다.
 술 한 잔 마심으로 인하여 끔찍스러운 사태가 발생하게 될 수 있으니 아기를 출산한 다음에 그동안 못 마셨던 술을 마시도록 한다.

 • 임부는 기형아 생성을 예방하고 임부 자신의 건강과 태아의 강건함을 유지하기 위하여 꼭 필요한 영양소인 녹색 채소를 충분히 섭취할 필요가 절실하다.
 비타민 B의 복합체인 녹색 채소인 엽산을 넉넉하도록 섭취하지 못하게 되면 빈혈 증상이 나타나게 되는데 빈혈이 되면 기억 장애,

어지러움, 근력 약화 그리고 신경관 손상과 기형아 출산으로 이어질 수 있다.

 그리고 고기를 즐겨 하는 한국 사람들은 혈관 노화를 방지하기 위해서 야채나 채소를 꼭 식탁에 가득 올려놓고 고기와 함께 충분히 섭취함으로 혈관의 노화를 방지하여야 한다. 어떠한 상황에서라도 임부는 건강을 도모하여 태아를 보호하는 것이 좋다. 고기와 채소는 불가분의 관계로 인식하여 꼭 챙겨 먹는 습관을 가지는 것이 좋다.

 우리가 좋아하는 채소류, 즉 엽산은 폴산(folic 酸)이라고도 하는데 시장에 가면 널려 있는 게 채소류다. 시금치, 풋고추, 부추, 쑥갓, 상추, 깻잎, 근대, 아욱, 피망, 늙은 호박 등과 동물의 간에도 엽산이 함유되어 있으므로 식사 때마다 반찬으로 사용하면 유해 아미노산의 수치가 내려가 빈혈과 같은 심혈관 질환의 발생을 삭감하고 임부와 태아의 건강을 양호하게 보유할 수 있게 된다.
 엽산은 간식으로도 활용이 가능하다. 오이나, 샐러리, 안 매운 고추나 피망 등을 마요네즈나 토마토케첩이나 된장에 찍어 먹어도 간식이 되므로 활용하는 것이 좋다. 영양소는 자궁에서 자라고 있는 태아의 건강을 위해서 매우 중요하기 때문이다.

• 가족이나 다른 사람과 대화할 때 마음을 너그럽게 갖고 대화가 불편한 상황으로 전개되더라도 이해하고 되도록 포용하면 자신의 인격 함양에도 좋고 스트레스 예방에도 도움이 된다.

• 태교 동화나 그림책을 읽으면서 태아와 즐거운 대화를 나누는

것이 유익하다.

"스승의 십 년 가르침이 어미가 잉태하여 열 달 기름만 같지 못하고, 아비가 하루 낳는 것만 같지 못하니라."

- 태교신기 1장

이렇듯 우리나라는 250년 전부터 태아를 한 인간으로 존중하며 태교의 필요성을 인식하여 태교를 해 왔다.

그러나 태교와 유아 교육을 한다고 다 천재로 만들어지는 것은 아니다. 왜냐하면 인간이 하는 일에는 예기치 못하는 상황이 따르게 되고 임부가 매순간마다 변화된 감정이 발현되어 일을 그르칠 수가 있기 때문이다. 아이 아빠도 감정을 자제하고 천재를 만들어 내겠다는 의지를 갖춰야 한다. 너그럽고 부드럽게 온유하면서 섬세하게 임부에 대한 배려가 절대 필요한 것이다.

그리고 무엇보다도 가정환경이 좋아야 하므로 남편의 절대적인 협조와 천재를 키울 환경의 조성을 적극적으로 도모해야 한다. 가장으로서 앞장서서 아기를 천재로 만들기 위해 자신의 심신을 다스리는 것은 물론, 출산 후 가정에서의 천재 교육과 학교에서 스승의 가르침을 온전히 받도록 뒷받침해야 진정한 천재 교육이 완성될 수 있다.

5. 두뇌 발달

배아가 엄마의 배 속에서 4주쯤에 이르면 심장, 뇌, 척수는 물론이지만 감각 기관도 형성되기 시작하여 배아의 피부에 감각 기능이 발휘된다고 한다. 이 말은 배아가 제일 먼저 피부로 감각을 느낀다는 말이다. 그다음으로 균형 감각이 생기면서 모든 감각이 새싹 돋듯이 생겨난다.

그리고 임신 7개월이 되어야 태아의 촉각을 담당하는 뇌가 그 기능을 조금씩 차츰 발휘하여 운용되기 시작한다.

그러므로 태아의 뇌 발달을 보다 더 촉진하기 위해서 임신 5개월이 되면서부터 태담(胎談)을 시작하는 것이 유익하다고 할 수 있다.

그리고 태교에 대하여 끊임없이 연구해온 생태학자들의 이론에 따르면, 임부의 남편은 퇴근하여 가정에 돌아오게 되면 먼저 아내의 배를 부드럽게 쓰다듬으면서 태아에게 말을 걸어 안부를 물어본 다음, 미리 읽어 두었던 태교 동화나 아니면 더 재미있는 이야기를 진지하게 태아에게 이야기해 주게 되면 아기의 뇌가 활성화되어 발달이 촉진될 수 있다고 한다.

진정으로 사랑스럽게 아내의 볼록한 배를 쓰다듬으면 태아도 쓰다듬는 느낌을 간접으로 받아 두뇌 발달에 큰 도움이 될 뿐만 아니라, 임부의 마음도 안정감을 받고 평온한 즐거움을 느끼게 되므로 태아의 두뇌 발달과 아내의 두뇌에도 영향을 끼치며 마음에 안정을 받아 평온의 기운으로 남편을 의지하는 마음이 생성되어 남편과 아내와 태아가 다 함께 도움이 된다고 한다.

부부의 노력으로 태아의 대뇌피질을 키워 천재를 탄생시킨다면 아기의 장래를 기대해 볼 만하다 할 것이다.

사실 태아는 엄마의 배에서 아빠가 이야기하는 태담을 들으며 성장하는 동안, 밖에서 들려오는 모든 소리를 거의 다 듣게 된다. 태아는 엄마의 배 속에서 아빠가 조용조용히 읽어 주는 동화나 태담이 아주 잘 들리므로 태교에 아빠의 목소리가 상당히 효과를 나타내기도 한다.

그러므로 임신 5개월부터는 엄마와 아빠의 대화나, TV에서 싸우는 소리, 개 짖는 소리, 고양이 소리, 음악이나, 드라마나 광고까지 다 태아가 듣는다는 사실이다. 그 때문에 태아에게 자극을 주는 시끄러운 음악이나 요란한 효과음은 되도록 피하는 게 좋고, 사람들이 운집한 장소는 되도록 안 가는 게 좋다. 태교에 나쁜 영향을 줄 수 있는 다툼이나 언쟁이나, 욕설 등도 임부로서는 피하는 게 좋다.

태아의 뇌는 뉴런[3]이라는 신경계를 구성하는 신경 세포와 신경 돌기로 조성되어 있다. 그런데 이 뉴런은 임신한 지 4개월이 되어야 만들어지기 시작한다.

임부가 태아를 갖게 된 지 16주가 넘으면 뉴런이 빠르게 만들어져서 뉴런의 숫자가 기하급수적으로 늘어난다고 한다. 이러한 많은 숫자로 뉴런이 만들어지는 까닭은 아기의 뇌를 분야별로 조직하기 위해서 행해지는 필수적인 작용이라고 한다.

---

[3] 신경계를 구성하는 단위. 신경 세포와 신경 돌기로 되어 있으며, 자극을 수용하고 전달하는 기능을 함. 신경원.

그런데 뇌 발달과 성장의 중요한 역할을 하는 것은 무엇보다도 시냅스[4] 형성이다. 시냅스는 뇌에 연결되는 긴 관상의 신경 중추인 척수에서 형성을 이루기 시작한다.

시냅스 형성과 발달과 구성은, 뉴런이 생성되고 구성되어 이동이 빠른 것과는 달리 속도가 아주 느리고 천천히 형성된다.
대뇌피질은 태아가 순산된 후 1년이 지난 다음에도 계속 많은 주름과 홈 형성이 이루어지게 된다.

임부가 임신 2개월이 되면 오조증(惡阻症)인 입덧이 시작된다. 이때가 되면 오심(惡心)과 식욕 부진, 구토 등이 일며 특별한 음식에 대하여 좋아하는 증세가 나타나게 되는데, 몇 번 정도 색다른 음식을 취하고 나면 증세가 사라지고 임신 4개월로 접어들면 생기가 솟고 활기차게 된다.
따라서 입맛이 돋아 먹고 싶은 것이 자꾸 생각나므로 간식을 자주 먹을 때는 푸른 잎채소 등 여러 가지 야채를 살짝 데쳐 골고루 그릇에 넣고 맵지 않게 비빔밥을 만들어 먹는 것도 좋고, 견과류 등을 골고루 섭취하게 되면 태아를 위해서도 임부 자신을 위해서도 유익하다.
그런데 견과류는 재래시장에서 골고루 골라 구입하는 게 유익하다. 대형 마켓에서 여러 가지 견과류를 섞어 용기에 포장되어 있는 제품은 딱딱한 견과류가 섞여 있어 치아에 무리를 줄 수 있으므로 참고해야 한다.

여기서 잠깐, 시금치처럼 연한 채소나 야채는 끓는 물에 넣으면

---

[4] 두 신경 세포 사이나 신경 세포와 분비 세포, 근육 세포 사이에서 전기적 신경 충격을 전달하는 부위.

비타민이 파괴될 수 있으므로 씻은 채소를 용기에 담고 끓는 물을 부으면 적당하게 데쳐진다.

콩나물은 물이 끓은 다음에 넣고, 끓여 콩 비린내가 가시면 즉시 건져 양념하거나 비빔밥에 넣으면 좋다. 콩나물을 푹 삶으면 아삭한 맛이 줄어들고 조금이라도 덜 삶으면 콩대가리가 설익어 비린내가 나니 참고해야 한다.

그리고 삶은 콩나물을 찬물로 식히면 고유한 맛이 준다. 콩나물 삶은 물에 파와 마늘을 잘게 썰어 넣고 소금 간을 하면 비빔밥 국물로 사용할 만하다.

그런데 간식을 자주 먹다 보면 입맛이 더욱 살아나 많이 먹게 되고 어느새 뱃살이 늘어 배가 나오면서 과체중으로 다리와 허리가 저리고 몸이 불편해진다. 움직이기 싫어지고 게을러지기 시작하면 위험하다. 이것은 비만으로 이행하는 위험한 신호이므로 마음을 다잡고 부지런히 움직여야 한다. 집안에서 체조나 가벼운 운동 또는 걷기 운동을 하면서 절식(節食)은 하지 말아야 한다. 태아를 위하여 영양분을 골고루 충분히 섭취해야 한다.

그러나 게을러지기 시작하여 배불리 먹고 낮잠을 자주 자게 되면 비만을 초래할 수 있다. 이것은 아주 위험한 경지에 도달할 수 있는 상황으로 이어지면서 난산으로 고생할 수도 있다. 그러므로 조금은 걸어 주는 것이 좋고 걸을 때 허리를 똑바로 펴고 천천히 조금씩 걸어 주다가 힘들면 쉬었다 걷는 것도 즐거운 운동이 된다.

이때는 태아의 기억과 관련된 기관의 세포들이 만들어지기 시작하므로 남편과 태중의 아기와 셋이서 태담을 나누는 것이 좋다.

이것은 태아와 정서적인 유대감을 갖기 위해 태담을 많이 하여 임부에게도 정서적이고 발전적인 좋은 느낌을 받아 맑고 쾌활한 감정을 갖는 계기로 삼으면 상당한 즐거움이 된다.

 태아가 엄마의 배 속에서 20주쯤 되면 뇌가 81%쯤 성장하게 된다. 따라서 자궁 밖에서 들려오는 여러 가지 소리를 태아가 들을 수 있으므로 태담이나 태교 음악을 들려주는 효과를 볼 수 있는 시기인 것이다.
 태아가 외부의 소리를 기억할 수 있는 좋은 때이므로 태교 동화나 태교 음악을 들려주면 태아가 순산되어 성장한 후에 특별히 좋아하는 성향으로 발현될 가능성도 있을 수 있다.
 기억력이 온전하게 발달, 성장하지 않았지만, 아빠나 엄마의 고성의 다툼이나 트러블을 기억하지는 못해도 그 흔적이 남아 있을 수도 있게 되므로 큰소리로 다투는 일은 태아를 위해 참는 것이 바람직하다.

 인간은 단 한 번이라도 체험을 하게 되면 그 사실이 뇌에 녹화되어 사망할 때까지 기억에 저장되거나 보관된다. 사람은 살아가다 보면, 언제 어느 순간에 어떤 사물을 보거나 듣거나 생각할 때 그와 관련된 다른 사물이 머리에 떠오르는 연상이나 관념연합으로 과거에 녹화되었던 기억이 생생하게 되살아나기도 한다.
 태아의 뇌는 청각, 시각, 미각, 후각을 전적으로 관리하는 뇌가 발달하여, 특히 외부에서 들려오는 소리에 민감하게 반응하고 나름대로 녹화가 될 가능성도 높은 것이다.
 기왕 키우게 되는 나의 귀한 자식이라면, 천재로 확실하게 키우기 위해 태교도 세심한 배려와 정성을 기울여야 할 것이다. 태아가 장차 가족을 책임지고 나아갈 수 있도록 천재로 양성하는 것이 부모로서 크나큰 보람과 기쁨이 아닐 수 없으므로 자신의 인생에 있어서 내 아이를 천재로 키워 냈다는 것을 가장 큰 유익과 보람으로 삼는 것도 무엇보다도 흐뭇할 것이므로 세심한 배려와 정성이 절대 요망된다고 할 것이다.

그리고 태아는 20주가 되면 뇌 성장이 빠르게 이루어지게 된다. 이때부터 두뇌 성장을 돕는 음식물의 섭취가 필요한데, 참깨, 해바라기 씨, 아몬드가 좋고 굴과 조개와 마늘을 충분히 넣은 미역국이 아주 좋다. 간과 계란도 좋으며, 비타민 E가 풍부한 열매나 과일도 후식이나 간식으로 좋다.

그리고 태아는 엄마의 호흡기를 통해 산소를 공급받기 때문에, 엄마가 신선하지 않은 오염된 공기를 마시면 위험하므로 신선한 산소를 충분히 마셔야 태아에게도 좋은 품질의 산소를 공급해 주게 된다. 태아는 충분한 산소를 공급받아야 두뇌 성장과 발달에 큰 도움이 된다. 그러므로 임부가 거처하는 방은 환기가 잘되는 방이어야 하고 주위에 공기 오염 물질이 배출되지 않는 곳이면 좋고, 햇빛이 잘 들어오는 방이면 더욱 좋을 것이다.

남편과 함께 숲을 산책하는 것도 좋고, 적당한 자리를 잡고 앉아 휴식을 즐기는 것도 태아의 두뇌 성장에 좋은 산소를 주는 일이 되며, 뉴런의 활성화에 영향을 입어 태아의 두뇌가 총명해지고 감수성이 풍부한 아이로 자라게 될 것이다.

6. 두뇌 품질은 부모가 결정한다

태아가 엄마 배 속에서 자라기 시작한 지 26주쯤 되면 소뇌와 대뇌가 활동하기 시작하고 간뇌[5]도 그 기능이 활발하게 움직이기 시작한다. 그리고 대뇌와 달팽이관과의 신경 회로가 유기적으로 연결되어 이제부터는 소리를 들을 수 있게 된다. 그러므로 태아는 외부의 소리에 민감하게 되므로 임부는 대중들이 많이 모이는 홀이나 음향이 쿵쾅거리는 곳은 출산 이후에나 가도록 하고 우선은 조용하고 서정적인 음악을 듣는 것이 이롭다.

태아는 외부의 소리에 민감하여 요란하게 시끄러운 곳이나 눈부시게 휘황찬란한 조명을 느끼거나 받게 되면 반응하여 거부의 몸짓으로 움직이게 된다.
이는 태아의 정서에 자극받는다는 의미로 간주되므로 임부는 세심한 주의가 필요하다. 임부가 긴 시간의 텔레비전 볼륨을 높여 시청을 하는 것도 태아의 뇌 발달에 좋지 않은 영향을 끼치게 되므로 자제하는 것이 바람직하다.
그리고 태아는 물질대사가 활발하게 진행되는 성장을 이루므로 임부는 영양가 있는 음식을 섭취하는 게 좋다. 특히, 비타민 B군[6]을 넉넉히 섭취하여 임부가 비만이 되지 않도록 조절하고, 각종 비타민을 포함한 영양가 있는 음식을 소화되는 만큼 섭취하여 태아의 신체를 육성하기 위하여 정성을 기울이는 게 좋다.

---

[5] 대뇌와 소뇌 사이에 있는 뇌 부분. 내장·혈관의 활동을 조절함. 사이골.
[6] 수용성 비타민 가운데 비타민 C 이외의 것. 대부분 보조 효소형인 활성형으로, 비타민의 작용을 나타낸다.

임부는 모든 일에 감사하는, 겸손한 마음을 가지면 마음에 평안과 기쁨을 얻을 수 있다. 기쁘고 즐거운 마음을 가지면 태아에게도 좋은 영향을 미치므로 차분하고 맑고 정결한 마음으로 태아와 다정한 대화를 나누며, 유익한 동화책을 소리 내어 읽어 주고 독후감을 이야기해 주면서 태아와 놀아 주면 태아의 두뇌 발달에 도움이 된다.

태아의 뇌는 백지 상태이다. 또한 임신 28주면 태아의 기억 세포를 관리하는 신경중추가 자리 잡기 때문에 기억 세포에 메모가 되는 모든 기억은 사라지지 않고 남는다는 사실을 염두에 두고 매사에 신중한 주의를 기해야 한다. 특별히 부부지간에 비어(卑語)나 언쟁을 조심해야 하고 임부는 이웃과 가족 간에도 순수한 말을 사용하여 조심해야 할 필요가 있다.

태아는 기억력 중에서도 언어와 음률에 대하여 훌륭한 기억력을 지니고 있다고 한다. 태아는 부모 말 중에 악센트를 기억했다가 태어나서 따라 하기도 하고 사투리도 기억하여 부모와 같은 억양을 사용하며, 태중에 들었던 음악을 기억하기도 하므로 부모는 태교의 차원에서 말을 가려서 해야 할 것이며, 과격한 언쟁은 피할수록 좋을 것이다.

태아의 두뇌에 최초로 입력되는 태교의 질에 따라서 천재가 되느냐 아니면 둔재로 사느냐의 갈림길에 설 수 있다는 사실이다.
태어날 내 아기에게 사랑을 다하여, 정성을 기울인 태교를 실행한다면 좋은 성과를 거둘 수 있을 것이며, 열 달의 수고로 천재가 될 아기를 안을 수 있을 것은 자명한 일이며 기쁘고 보람찬 일이 아닐 수 없을 것이다.

 엄마는 아름다운 자연을 보고 느끼는 기분 좋은 감정이나 정서에 접하게 되면 거의 그대로 태아의 두뇌로 전달이 된다고 한다. 태아는 엄마의 눈을 통하여 획득한 정서를 간접 경험으로 얻거나 두뇌에 영향을 받게 된다.
 그러나 자연을 감상하러 갔다가 예기치 않게 남편과 다투게 되면 임부가 받는 스트레스로 말미암아 태아의 뇌에 부정적인 영향을 끼치게 되므로 임부는 스트레스에 시달리는 일이 없어야 하고 남편은 아내를 지극히 사랑하는 마음으로 임부를 다정하게 배려해야 한다.

 태아의 인지력(認知力) 발달을 위해서 숲길이나 오솔길, 또는 바닷가 산책을 자주 하면서 아름다운 자연의 경치를 감상하여 눈에 담아 태아의 뇌에 전달하고, 공중에 나는 갈매기 소리나 개울물 흐르는 소리, 파도치는 자연에서 자연 발생적으로 나는 소리의 기분 좋은 느낌을 태아의 뇌에 전달해 준다면 인식력(認識力) 발달에도 도움이 된다.

 태아와 엄마와 아빠가 함께 두뇌에 도움이 되는 음식물을 자연 경관을 감상하면서 섭취하도록 한다면 즐겁기도 하고 좋을 것이다.
 그리고 임신중독증을 예방하기 위해서는 콩으로 만든 식품과 수분을 충분히 섭취하는 것이 좋다.

 특히 엄마가 나쁜 생각을 품으면 태아에게 영향을 끼치므로 나쁜 생각은 절대 금물이다. 시누이가 비꼬는 말을 해도 웃어넘기는 것이 좋고, 시어머니가 잔소리하여도 웃는 얼굴로 화장실이 급하다고 피신하여 피식 웃고 넘어가는 넓은 마음을 가져야 한다. 이웃과의 시비에 참견하거나 말려들지 말아야 할 것은 물론이다.

  태아가 풍부한 감정을 갖는 것이 유익하므로 임부는 다음과 같은 일을 해야 할 것을 권한다.

① 행복했던 추억이나 행복할 수 있는 상상이나 설계를 자주 해 본다.
② 매주 복권을 한 장씩만 사서 당첨 여부는 보지 말고 차곡차곡 모아두며 복권이 당첨되었을 때의 즐거운 상상을 하며 출산 후에나 맞춰 보도록 한다.
③ 남편과 함께 가까운 바다나 숲으로 단둘만의 여행을 자주 다니도록 한다.
④ 술이나 마약이나 담배는 쳐다보지도 말고, 영양이 높은 식품을 골고루 섭취하기 위해 마켓 쇼핑을 남편과 함께하도록 한다.

7. 배아에서 태아로

  임신 11주가 지나게 되면 자궁에 있는 배아는 변화를 시작하는데 태아가 되는 과정을 이행(履行)하게 된다. 태아가 되려면 태반에서 태뇌를 발달시키기 위한 작업이 이루어지는데, 여러 종류의 호르몬이 분비되면서 조절이 이루어진다.

  태반은 태아의 뇌를 성장시키기 위한 역할을 담당하고 섬세하면서도 정밀하게 내분비 샘에서 분비되는 체액의 작용이 용이하도록 조절한다. 이때가 바로 태아의 뇌를 발달시키는 호르몬을 조절하는 역할이 중요하다 할 것이다.

 그러므로 임부와 남편은 태반을 잘 관리해야 되는데, 태반을 잘 관리하는 관건은 태교라고 할 수 있다. 여기에 해당하는 태교는 임부는 핸드폰 사용을 자제하고 집 전화를 사용하며, 전기 담요나 전자레인지도 전자파에 노출될 수 있으므로 사용을 금하거나 줄여야 한다.

 그리고 뜨거운 물에 목욕하는 것도 삼가는 것이 좋다. 머리 감을 때 아주 간단한 샤워 정도나 젖은 수건으로 몸을 닦는 건 상관없다. 그리고 질병에 걸리지 않도록 동물을 가까이하지 말고 바퀴벌레나 모기, 파리를 특히 조심하여 몸을 청결히 유지해야 한다.

 무엇보다도 임부의 최대의 적은 스트레스이다. 태반에 영향을 주고 태반의 기능을 손상할 수 있으므로 스트레스를 받았을 때는 홀로 조용히 기도하거나 명상으로 해소하거나 즐거운 상상이나 맛있는 음식을 먹으며 코믹한 애정 소설이나 수필을 읽거나 음악을 흥얼거리며 기분을 전환하는 게 좋다.

 그리고 무엇보다도 임부는 단백질이 풍부한 음식을 섭취하는 게 좋은데, 여러 가지 음식을 골고루 섭취하여 태아에게 도움이 되도록 노력한다.

 임신 12주부터 태아가 빠르게 성장하는 시기이다. 태아가 잘 자랄 수 있는 가장 좋은 조건은 영양분이 풍부하게 함유된 식사와 좋은 공기를 충분히 마셔서 태아의 뇌 성장에 도움을 주도록 하는 것이다. 그러므로 하루 세 번은 방문을 활짝 열어 공기를 바꾸는 것이 좋다. 특히 임부가 가벼운 운동을 하며 산소 공급을 원활히 유통하게 하여 정서적으로 항상 안정을 유지하는 것이 태아에게 가장 중요한 뇌 성장을 활성화하는 것이다.

 남편의 태교 임무는 무엇보다도 임부를 잘 다독여 주고, 배를 부드럽게 어루만지며 태아에게 말을 거는 것을 잊지 말아야 할 것이다. 특히 임부가 여러 가지 식욕을 돋우는 음식을 접하다 보면 식욕이 당기므로 과식할 수도 있으니 하루에 섭취하는 열량의 양에서 초과하지 않도록 과식을 자제하며, 여러 번 나누어서 조금씩 섭취하는 게 좋다.

 이때가 되면 태아는 엄마의 목소리를 들을 수 있다고 한다. 임부가 태아와 놀면서 간식을 당기는 대로 먹다 보면 어느새 비만이 오고 난산으로 이어져 고통을 당할 수 있으므로 절제하고 자제하며 스트레스도 요령 있게 피하여 슬기롭게 태아 관리를 하는 게 좋다.

 남편은 퇴근하여 집으로 돌아오자마자 아내가 기분이 좋아지도록 즐겁고 예쁜 말을 해 주면서 사랑스럽게 어루만지며 태아에게도 정답게 이야기하고 하루 동안 있었던 이야기나 태아에게 하루 동안 잘 지냈는지 아빠도 별일은 없었다는 등 다정하게 물어보고 태아인 너를 만지고 싶어서 일찍 퇴근하여 왔고 너를 만지니까 기분이 무척 좋으며 엄마도 사랑하지만, 너도 사랑한다고 이야기해 주며 아내의 배를 사랑스럽게 어루만져주는 게 좋다.

이러한 태교가 지속됨으로 태아의 뇌가 더 빠른 발달을 이루고 아빠의 언어로 말미암아 태아가 지니고 있는 언어 프로그램이 조성되는 데 도움이 될 수 있다.

임신 20주가 되면 태아의 뇌는 상당한 수준까지 성장하고 발달이 이루어진다. 청각도 동시에 발달하여 태교 음악과 TV에서 아기의 웃는 웃음소리까지 들을 수 있다.
 아직 뇌가 성숙하려면 멀었고 감정도 생겨나려면 시일이 필요하지만, 엄마와 아빠가 부부싸움을 하게 되면 다 듣고 부분적으로 기억하므로, 악한 말이나 듣기에 거북스러운 말이나 불쾌한 말을 하고 싶으면 쪽지나 문자로 서로 주고받는 것이 바람직하다 할 것이다.

태아를 천재로 길러 내기 위해서는 무엇보다도 영양을 충분히 공급해 주는 것이 최우선이다. 덩달아 온 식구가 골고루 맛있는 식사를 즐기게 되니 이것도 그다지 나쁘지 않을 것이다.

아보카도에는 식이섬유가 상당량 들어있다. 식이섬유를 임부가 섭취하게 되면 탄수화물의 양을 줄일 수 있다. 포도당이 과하게 섭취되어 혈액 속으로 빠지는 것을 막아 주는 역할도 한다.
 과일이나 견과류에는 식이섬유, 비타민, 무기질이 많이 함유되어 있다. 적당량을 섭취하는 게 좋다.
 과일에 들어 있는 과당은 포도당이 되므로 사탕처럼 혈당을 급격히 올리는 일이 거의 없기 때문에 자주 섭취하는 게 이롭다.

싱싱한 채소나 과일이나 야채는 임부의 몸에 영양을 제공하는 식물로서 더할 나위 없이 양질의 식품이다. 그리고 김이나 또는 견과류는 하루라도 빼놓지 않고 적당량을 섭취하도록 하는 것이 좋다.

임부는 식이섬유가 들어있는 채소, 과일, 견과류를 매일 섭취하면서 미역, 다시마, 김, 굴도 빼놓을 수 없는 영양소이므로 섭취하는 게 좋다.

엽산이 풍부한 브로콜리는 큰 것보다 적당한 크기와 그 이하가 좋다. 비타민 A와 C가 풍부한 체리도 설익은 것보다 잘 익은 붉고 말랑한 것이 좋다.

다음은 단백질로, 1위가 육류이고 2위가 생선이며 3위는 콩으로 만든 식품이다. 그다음으로 견과류나 계란도 우수한 영양 식품이다.
단백질은 태아의 신체 구조와 기능을 유지하고 몸을 활발히 움직이게 해 주는 데 도움을 준다. 단백질이 부족하면 태아의 성장이 원활하지 못하며 만성 질병을 유발할 수 있는 가능성이 있으므로 유의하여야 한다.

그리고 육류를 섭취할 때는 꼭 채소를 충분히 곁들여 섭취하는 것을 잊지 않도록 해야 한다.
앞에서도 설명했지만, 육류를 너무 자주 섭취하게 되면 뇌세포를 파괴하여 치매를 유발하고 뇌 질환을 일으킬 수도 있으므로 육류를 섭취할 때는 꼭 시금치나 상추, 쑥갓, 깻잎, 녹색 채소나 마늘, 비타민

B가 함유된 야채나 채소를 필수적으로 곁들이게 되면 뇌 질환과는 전혀 상관없이 영양분을 충분히 취할 수 있게 된다.

 그리고 대체로 단백질을 하루 필요한 만큼 섭취히기 위히여 닭가슴살이나 달걀, 두부나 고기나 채소나 생선을 날마다 조금씩 골고루 섭취하면 무난할 것이다.
 그리고 식물성 기름은 반찬을 만들 때 넣어서 섭취하면 좋다. 올리브유, 참기름, 들기름 등.

 그리고 유수신경 세포의 활력을 도모하기 위하여 식물성 기름의 섭취를 권장하는데 참기름이나 들기름, 올리브유, 카놀라유, 아보카도유 등 불포화 지방산은 임신 중에 태아의 뇌 성장에 꼭 필요하다.

 그다음으로 비타민과 무기질은 인간 신체의 존립을 위하여 절대 필요한 영양소이며 음식물에서 섭취하는 방법 외는 다른 방법이 없다. 인간의 몸 안에서는 이러한 영양소를 합성하여 대체할 수가 없기 때문이다. 그리고 비타민 C는 면역력을 증가시키므로 황색이나 녹색 과일에서 적절하게 취하면 무난하다 할 것이다.

 태아의 신경계를 비롯한 여러 가지의 장기가 이루어지는 시기는 임신 12주쯤에 거의 이루어지므로 이 시기에 엽산의 확보는 미리부터 준비하는 게 좋다.
 엽산을 반찬으로 만들어 맛있게 먹어 주면 태아의 신경관 결손을 사전에 막을 수 있고, 나중에 태어나는 아이의 언어 발달에도 상당한 도움이 되므로 식탁에서 늘 접할 수 있으면 가족이 다 같이 즐길 수 있어서 좋을 것이다.

그리고 땅콩이나 아몬드, 호두와 같은 견과류는 비타민 B6뿐만 아니라 구리, 마그네슘, 망간 등 미네랄이 풍부하므로 일상적으로 준비하여 섭취하면 좋을 것이다. 철분은 적혈구 내 산소를 운반하는 헤모글로빈과 단백질을 만드는 데 꼭 필요로 하는 귀중한 요소이다. 그러므로 미네랄은 식품으로 섭취하는 것으로 권장한다.

미네랄이 풍부한 식품으로 ①견과류와 씨앗종류 ②콜리플라워 브로콜리 양배추 ③조개 ④내장 고기 ⑤계란 ⑥콩 ⑦코코아 ⑧아보카도 ⑨딸기 종류 ⑩요구르트와 치즈 ⑪열대 과일 ⑫잎이 많은 채소 시금치, 케일, 근대, 냉이, 상추 등 ⑬전분, 야채, 감자, 고구마, 마.

임부는 출산을 미리 대비해 위에 열거한 미네랄이 풍부히 함유된 식품을 확보하여 상식하는 것이 도움이 될 것이다. 특히 미역국에 조개나 굴과 살코기를 조금씩 넣어 상식하는 것도 좋다. 된장국이나 김칫국이라도 오징어나 굴이나 조개를 넣어 요리하면 입을 즐겁게 할 수 있을 것이다.

그리고 임부의 입맛에 초콜릿이 괜찮다면 수시로 먹을 수 있게 준비하면 임신중독증 발병의 위험을 현저히 낮출 수 있다. 임부가 간식으로 초콜릿을 주머니에 넣고 다니며 즐기게 되면 임부에게서 태어난 아기는 쾌활하고 활달함을 보인다는 연구 결과도 있다.

또, 미 하버드 의대 연구팀은 70세 전후 노인들 대상으로 코코아와 치매 관련 실험 연구하였는데, 매일 두 잔씩 코코아를 마시게 되면 기능이 떨어진 두뇌를 활발히 하고, 기억력이 떨어지는 것을 막아 준다고 밝혀 냈다.

이것은 코코아에 들어 있는 항산화 성분이 혈액을 두뇌로 효과적으로 보내기 때문이다. 초콜릿은 코코아를 주원료로 만든 과자이다.

8. 태교와 태아

임부의 자궁에서 자라는 아이가 20주가 되면 시각, 청각, 후각, 미각, 촉각이 어느 정도 발달하여 태교를 본격적으로 시도해도 된다고 한다. 태교라는 것을 한마디로 요약하자면 엄마 아빠가 태아와 함께 즐겁고 유익하게 놀아 주는 일이다.

어떤 방법으로 놀아 주느냐가 관건이겠지만 천재를 만들어 내려는 방법, 즉 천재가 될 수 있는 방법으로 놀아 주면 되는 것이다.

애완견과 놀아 주는 것은 비생산적이지만, 태아와 놀아 주는 것은 엄청난 효과를 기대할 만큼 투자하는 일이다. 사랑하는 내 자식의 장래뿐만 아니라, 그로 인하여 온 가족이 행복해질 수 있느냐 아니면 불행의 구렁텅이로 빠져드느냐 하는 갈림길에 있다고 보아도 틀린 말은 아니기 때문이다.

단 한 번밖에 없는 인생, 그 삶에서 성공적인 삶을 사느냐? 실패하는 삶을 사느냐라는 아주 중차대한 갈림길에서, 모든 기대를 태아에게 걸고 태교를 하는 것이 참으로 유익하다 할 것이다.

"우리 아기 잘 자라 훌륭한 사람이 되어도 좋고, 못 자라 더딘 사람이 되어도 좋으니 건강하게만 자라다오."

  이러한 무책임한 태도를 보이며 성의 없이 감정대로 태교하는 부모는 천재를 키워 낼 능력이 결여된 분으로, 천재를 안아 볼 생각을 접어야 할 것이다.
  이 세상의 일 중에 어떤 분야나 최선을 다하지 않으면 성공 확률이 높지 않다는 것이 사실인 만큼 몸과 마음과 정성을 다하고 온갖 심혈을 기울여 태교해야 한다.
  태교는 우리 아기를 천재로 만드는 아주 중대하고도 소중한 일이다. 아기의 인생과 우리 가족의 삶 전부가 걸려 있는 막중한 사안임을 항상 기억에 떠올려야 한다.

  순간적으로 자신의 감정을 자제하지 못하거나, 기분 내키는 대로 감정의 기복(起伏)을 제어하지 않고 아기를 키우게 되면 결국은 온 인류가 지금껏 살아왔던 그대로, 올빼미 새끼가 날개가 다 자라면 어미의 눈알을 쪼아 먹고 날아가 버린다는 이야기처럼, 자식을 키워 놓았더니 부모의 등골을 뽑아먹기나 하고, 일국의 수장이 된 아버지를 개망신이나 시키고, 늙은 부모를 양로원이나 요양원에 내팽개치는 그런 구태의연한 자식들을 낳고, 그리고 그들도 똑같이 반복하여 그런 자식들을 낳게 되는 그런 상황이 다시는 이루어져서는 안 될 뿐만 아니라 이젠, 확실하게 근절되어야 마땅한 시대에 이른 것이다.

그리고 그 이기적인 자식들이 똑같은 자식들을 또 낳는 악순환의 연속이 되지 않기 위하여 몸과 마음과 정성을 다하여 태교하고, 그리고 일정한 기간 심혈을 기울여 아이를 교육해야 한다.

지금까지의 인간들은 유전자 DNA(Deoxyribonucleic acid)에 근거하여 자연에 가까울 만큼 형편대로 상황대로 그냥 자연스럽게 태어났고 키워졌다면, 이제는 유전자에 근거한 인위적인 천재로 만들어야 하는 시대에 이른 것이다.

천재를 만든다는 것은 새삼스러운 이야기가 아니라, 이미 세상 사람들이 다 아는 바와 같이 조선시대의 왕자 교육에서부터 실시되고 있었던 일이다.

오늘날에 이르러서는 극히 소수의 선각자만이 실행하고 있을 뿐 대중의 대부분은 실행에 대해 눈여겨보지도 않고 있을 뿐이다. 인간은 자유의지가 있으니 자기 생각대로 형편대로 살아간다.

무지몽매했던 옛날의 하층민들처럼, 하늘과 땅과 자연과 의식주에 매달려 고달프게 사는, 현실의 삶에 분주하다 보니 태어나는 아이에 대한 천재 교육을 생각해 볼 겨를이 없기도 했을 것이며, 새로운 정보를 접하고 싶은 마음의 여유나 의욕도 없었을 것이다.

그러나 시대는 바야흐로 태교(Prenatal care)와 아기 천재로 키우기(Child care solution)가 대세를 이루고 있는 현시점에서 늦게라도 깨닫고 실행에 나선다면 자손만대와 후손을 위한 선구자적 공헌을 하게 되는 것은 물론, 자식과 자신에게 엄청난 효과를 보는 투자를 이루는 일이 되고, 행복의 삶을 구가하게 되는 즐거운 일이 된다.

태아가 24주가 되면, 두뇌 발달에 가장 좋은 것으로는 맑고 신선한 공기를 마셔서 태아에게 공기를 충분히 공급해 주는 일이다. 주말에는 시어머니나 가족에게 양해를 구하고(다른 가족과 함께 가면 후회하게 된다) 가까운 삼림욕장에 남편과 둘만 가서, 좋은 공기를 마음껏 마셔 주고, 갈매기가 끼룩끼룩 나는 갯바위에 앉아 석양 노을을 바라보는 정서(情緖)도 태아의 두뇌 발달에 상당한 도움이 된다.

태아는 사실, 엄마의 배 속에서 여러 가지 모든 몸체를 골고루 발달시켜 맘껏 성숙해야 한다. 태아가 충분한 영양을 공급받고 엄마의 자궁에서 잘 자라야 하는데 그렇지 못하게 되면 낭패를 보는 수가 있다. 그 짧은 열 달이라는 기간에 태아의 몸체를 비롯한 모든 두뇌의 기능이 만들어져 나온다는 게 참으로 신비스럽고 경이롭지만 감탄하고 있을 여가가 없다.

그 열 달 동안 부모의 노력 여하에 따라 태아가 천재의 조건을 구비할 수도 있고, 평범한 둔재로 만들어질 수도 있다는 점을 염려하여 온갖 정성을 기울여야 한다. 그렇다고 긴장하라는 말은 아니니 그냥 감안하여 마음을 편안히 갖고 최선을 다한다는 생각으로 태아와 자신에게 신경을 좀 쓰면 되는 것이다.

기왕에 임신한 아기라면 천재로 출산하기를 원하는 것이 부모의 마음일 것이다. 마음이 원하면 바로 행동이 따라야 마음먹은 뜻이 성취되는데, 천재 교육을 실행하지 않고 소망만 하고 있으면 아무런 소용이 없다.

아이를 갖게 되는 엄마는 처녀 시절보다 더 똑똑해지고 총명해진다.

그것은 아기를 잘 양육하도록 임부에게 주어지는 생리적인 프로그램의 일부이며, DNA의 구성이다. 원래부터 동물의 암컷 DNA에 정밀하게 갖추어진 아기 양육에 대한 프로그램이다.

 임부가 되면서부터 임부의 두뇌는 자기 자궁에 있는 태아의 움직임을 낱낱이 점검하여 기록하여 살피게 된다. 이것은 자신의 배 속에 있는 아기에 대한 애착 내지는 자신의 분신이기에 본능적으로 몸 전체가 온 신경을 집중하여 집착하게 된다.
 그러므로 자신의 태아가 세상에 탄생하게 되면 양육하게 될 온갖 정성으로 뭉쳐진 사랑의 신경 회로가 갖추어지면서 뇌에서는 아기를 양육함에 필요한 온갖 호르몬이 최대로 분비하여 나오게 되는 것이다.
 이렇게 분비된 호르몬은 임부가 아기를 기를 힘과 의지와 지혜와 지능이 촉진될 수 있도록 작용하므로 임부는 아기를 능히 길러 내고 양육할 수 있는 지혜와 능력을 갖출 수 있게 되는 것이다. 이 얼마나 놀라운 조화이며 오묘한 섭리인가?

 태아의 두뇌 지능과 성격과 천재성이 임부의 그 좁은 자궁의 환경에 의해 조성될 수 있다는 사실은 실로 놀라운 일이 아닐 수 없다. 그래서 엄마는 위대한 것이다. 임부가 노력만 한다면 충분한 영양을 골고루 취할 수도 있고, 임부와 태아의 뼈를 만드는 비타민 D를 생성할 적당한 햇빛과 산소 그리고 임부와 함께 건강관리에 남편이 적극적으로 협조해 준다면, 이런 모든 노력이 결합하여서 태아의 천재성을 극대화할 수 있는 것이다.
 태내의 환경이라는 것은, 엄마와 태아 사이에 얼마만큼의 공감을 이루는 교류가 이루어지고 있었느냐인데, 공감이라는 것은 태교를 충분히 받았느냐 받지 못하였느냐에 따라 결정된다. 다시 말해서 엄마의 배 속에 있는 동안 사랑받고, 위로받고, 보살핌을 받으며 공급해야 할 것과 공급해서는 안 될 것을 철저히 구분하여 애지중지 염려를 받았느냐 하는 것이다.

그리고 임부가 스트레스를 받게 되면 태아의 뇌도 엄마가 받은 스트레스의 영향을 받을 수 있는데, 그 영향으로 태아의 정소에서 테스토스테론(Testosterone) 생성이 불량하게 되고 남자가 될 태아가 여성으로 변형될 가능성도 있다고 한다.
남편이나 임부가 태내 환경을 어떻게 잘 조성해 주느냐에 따라 태아의 성별 결정에도 영향을 미친다는 것을 감안한다면 임부의 스트레스가 태아에게 있어서는 커다란 영향을 끼친다는 것을 항상 잊지 말고 염려하면서 조심하고 각별히 임부를 배려해야 할 것이다.

남편이 임부에게 대하는 행동과 언어 그리고 마음을 어떻게 쓰느냐의 마음 씀씀이 여하에 따라, 임부가 스트레스를 받을 수도 있고 받지 않는 즐겁고 유쾌한 마음을 가질 수 있으므로 남편의 협조가 아주 중요하다고 할 수 있다.
천재는 임부 혼자서 만드는 것이 아니다. 온 가족이 합력하여야 천재가 나올 수 있는 것이다.
물론 남편이 기분이 좋게 퇴근해 왔다고 할지라도 임부가 먼저 짜증이나 불평을 토로해서는 안 될 것이다. 서로 상대를 배려하고 이해하며 천재 만들기를 같이 실행하고 있다는 막중한 사명감을 서로 공감하고 힘써야 될 것은 물론이다.

9. 태아도 공부한다

 아기를 가진 임부는 태아가 수면 중에 있을 때, 그 수면을 방해하게 되면 태아의 학습 효과가 떨어진다는 사실을 인지하고 있어야 한다.
 태아는 눈을 감고 잠들어 있으면서도 태교를 암기하고 기억하여 저장한다는 놀라운 사실이다.
 내용이 복잡하고 생소하며 중요한 학습이라도 태아는 기억 세포에 저장하게 된다.
 그뿐만이 아니라 불안하거나 기쁜 목소리도 구별하며 시각, 청각, 후각, 미각, 촉각을 부분적으로 다 느끼기도 한다.
 태아가 엄마의 자궁 안에서 29주가 되면 기본적인 바탕이 거의 다 만들어지며 인성도 거의 구성이 된다. 태아는 엄마의 배 속에서 인성이 만들어지면서 이때부터 세 살까지 사이에 일생 동안 사용할 인성과 지능과 건강과 같은 체질이 이 시기에 결정을 이루게 된다.

 그러므로 임신하면서부터 세 살이 될 때까지가 천재가 되느냐? 둔재가 되느냐? 아니면 평범한 인간이 되느냐로 결정되는 아주 중대한 시기이다.

 태아의 엄마는 물론, 아빠, 그리고 온 가족이 힘을 합하여 태교를 위하여 수고하고 애쓰게 되면, 결국은 태아가 천재로 만들어지게 되고 천재로 태어난 아기는 장성하여 그 기량을 맘껏 발휘하여 수고한 가족에게 기여를 할 것이다. 그러나 둔재로 세상에 태어나면, 기량은커녕 사회에서 외면받으며 평생을 가족에게 짐이 되거나 피해를 줄 것이다.

태아를 낳아 잘 키우기 위해, 어차피 온갖 수고와 희생을 감수하였으면서도, 잠깐의 감정을 억제하지 못하거나 참지 못하여 천재로 키우기를 그르친다면 아이의 장래는 물론, 온 가족이 막대한 폐해를 입게 될 것이다.

그러나 배아에서부터 태아, 그리고 소년에 이르기까지 천재로 키우기 실행에 정성을 기울인다면 이것이야말로 남는 장사이며, 대박이 터지는 상황으로 전개되는, 그야말로 천재로 키우기보다 더 근사하며 몇 만 배의 곱절로 이득을 보는 투자는 세상에 눈을 씻고 찾아봐도 없을 것이다.

대기업에서도 사원에 대한, 인재 양성에 대한 투자를 아낌없이 하는 기업은 무섭게 성장하고 발전하지만, 인재 양성에 대한 투자를 위해 해외연수나 연구비에 인색한 기업은 쇠퇴한다는 사실이다.

그러나 임부가 스트레스를 받게 되면 태아에게 상당한 영향을 미치며 출산 이후에 성격에 이상이 있을 수 있고, 불안이나 우울증으로 인하여 정신질환을 야기할 수도 있다.

아기가 태어난 후에는 특히 아기는 스트레스에 민감할 수 있고, 부모와의 애착 형성에 극심한 어려움을 겪을 수도 있으니 무엇보다도 스트레스는 각별히 조심하고 주의해야 할 사안이다.

그리고 임부가 본의 아니게 아이를 가졌다면 참으로 난감하기도 할 것이며 괴로워하게 될 것이다. 원치 않는 잉태로 인하여 스트레스를 받으므로 그 심정의 괴로움과 고통 때문에 출산한 아이는 조현병이 발생할 수 있는 가능성이 충분하다는 연구 결과도 있다.

아기를 지우려고 하다가 어쩌다 보니 만삭이 되어 낳게 되었다면, 임부는 그 아기를 더 정성껏 키워야 하겠다는 마음을 굳혀야 한다. 왜냐하면 기왕에 낳은 자식이니 천재가 아니면 준재라도 될 수 있도록 키워 많은 소득을 얻어야 하지 않겠는가?

목축하여도 과학적이고 합리적이며 정성을 기울여야 성공적인 목축을 하여 삶의 보람을 얻게 된다.

옛날처럼 구태의연하게 감정대로 기분대로 형편대로 내 맘 내키는 대로 아기를 양육하는 시대는 저 멀리 지나갔다. 그러므로 기왕에 양육하게 될 아기이니 천재로 키우기 위해, 극진히 사랑하는 마음을 품고 너그럽게 감싸며 각별한 양육에 정성을 기울인다면 성공적인 천재가 만들어질 수 있게 되는 것이다.

그러나 자신이 원하지 않았던 아기라고 해서 아무렇게나, 되는대로 꺼림칙한 마음이나 형식적으로 육아를 한다면 그 아기가 장성하여도 평생 엄마의 짐이 되고, 엄마의 인생은 맘 편할 날이 없는 고해의 연속이 될 수밖에 없을 것이다.

그러므로 비록 원치 않는 아기라 할지라도 낳을 작정을 했다면 이문을 남기기 위해서라도 최선을 다한 투자를 아끼지 말아야 한다.

이왕에 낳게 될 자식이니 훌륭한 천재로 키워내야 투자한 몇 천 배의 이문을 남길 수 있지 않겠는가 말이다. 그러나 자포자기로 키우기를 나태하게 된다면 고귀한 인간 자원을 최하의 품질로 떨어뜨리는 행위가 되어 키운 부모마저 절망의 나락에서 신음하게 될 것이다.

10. 감정의 발달과 기억

태아가 엄마의 자궁에서 36주가 될 때까지 자라게 되면 갖가지 감정이 생겨 활성화되며 태아의 감정이 얼굴에 표정으로 나타나는 것을 확인할 수 있다. 그리고 감정뿐만이 아니고 외부에서 들려오는 갖가지 소리를 다 듣고 기억도, 저장도 하고, 그 기억한 자료를 토대로 말을 배우기 위한 중요한 자료로 활용하는 경지에까지 이르게 된다.

엄마의 자궁 안에 있는 태아의 표정이 자궁 밖의 소리에 민감하게 반응하여 여러 가지로 표정의 변화를 일으키며 움직이는 것으로 미루어 보아 여러 가지 감정을 갖게 된 것으로 판단하는 것이다. 그러므로 엄마의 상황적 감정의 움직임에 따라 달라지는 기분의 변화를 태아도 동시에 느끼므로 엄마는 항상 좋은 기분을 갖는 것이 태아의 인성을 구성하는 데 좋은 영향을 끼칠 수 있다고 보는 것이다.

임부가 불안한 마음을 갖게 되면 태아도 불안한 마음을 갖게 되므로 불안하거나 초조하거나 공포를 느낄 때는 그 불안한 마음을 없애기 위해 남편과 함께 대화로 불안을 해소하든지 남편이 없을 때는 기분을 전환하는 방법으로 노래를 부르거나 즐거운 음악이나 코미디를 감상하는 방법도 있다.

특히 임부가 남편에게 불안한 마음을 해소시켜 달라는 요청을 받게 되면, 남편은 아내를 위하여 아내의 배를 어루만지며 위로의 말을 건네므로 태아의 불안감을 해소시키는 게 좋다고 한다. 태아는 비록 엄마의 배를 통하여 간접 쓰다듬을 받지만 아빠의 손길의 감촉을 간접으로 체험한다고 한다.

태아는 엄마와 아빠의 이야기를 다 듣고 기억 세포에 저장하고 불안했던 마음이 위로받기도 한다. 그러나 오감이 완벽하게 발달하려면 출생한 다음 몇 년간의 기간이 소요되지만, 태아로 30주 정도 되면 미각, 후각, 청각, 시각으로는 직접 느낄 수 있을 정도는 발달하였다고 보는 것이다.

특별히 태아는 자신이 선호하는 음악과 언어에 대한 친밀도가 다른 분야보다도 깊어 기억하려는 의지가 높으므로 음악과 언어는 정서 활용으로 태아의 인성을 완성하는 데 지대한 영향을 미칠 수 있다고 한다.

서양의 고전 음악이나 우리나라 가곡과 세계 가곡도 좋으며 태교 동화나 그림책을 읽어 주게 되면 태아의 두뇌 발달과 순수한 인성 완성에 크게 도움이 될 수 있다.

태아의 인지력 발달을 극대화할 수 있는 방법으로는 임부와 그의 남편이 자연림으로 들어가 핸드폰으로 자연의 소리를 녹음하기 시작하여 물소리, 새소리, 바람 소리, 나뭇가지 흔들리는 소리와, 파도치는 소리, 갈매기 우는 소리, 엄마의 노랫소리, 아빠의 노랫소리를 잘 녹음하였다가 태아에게 가끔 들려주면 인지력 발달에 도움이 된다고 한다. 참고로 인터넷에 들어가면 태교 음악 등과 자연의 소리가 잘 제작된 여러 종류 자연의 소리가 있으므로 활용하면 도움이 될 것이다.

자연의 소리 녹음 중에 기어 다니는 짐승의 숨 쉬는 소리는 삽입되지 말아야 하며, 다투거나 실랑이하는 소리나 성난 목소리도 삽입하지 말아야 하는데 우연히 삽입되었다면 삭제하는 게 좋을 것이다.

C. 영아기(嬰兒期, Infant period)

11. 완전 모유 수유

극한적 상황이 아니고서는 출산한 아기에게 모유를 먹이는 것으로 정해야 한다. 천재로 육아하기 위해서는 반드시 모유를 먹이면서 아기와 엄마의 유대를 더욱 강화하며, 친밀을 도모함으로 불안감이 배제된 인성이 구성되어야 자신감을 가지고 세상의 삶을 경영할 수 있게 된다. 절망이 와도 굴하지 않고 바른길로 목적을 성취하려는 강한 의지를 지닐 수 있도록 양육되는 것이다.

모유를 먹이기 위해서는 출산 직전까지 임부는 영양을 충분히 섭취하여 모유가 잘 나오도록 미리 준비를 해야 한다. 먼저 단백질과 칼슘을 충분히 섭취하기 위해 돼지 족발이나 오렌지와 달걀, 그리고 시금치와 특별히 비타민 C를 많이 늘려 섭취함으로 많이 부족하게 되는 비타민 C를 공급하고 충분한 물과 고단백 음식을 골고루 섭취하면서 종합 비타민을 먹어 주는 것이 좋다.

그런데 문제가 있다. 아기에게 젖 줄 시간이 없다고, 돈 벌기에 바빠서, 젖 주기가 귀찮다고 하여 분유를 먹이지 말라. 엄마가 사회생활을 계속 진행하기 위해서 모유를 화장실에 다 짜 버리고, 보모에게 분유를 먹이라고 하는 황당한 짓은 천재를 엄청나게 잘못 키우는 것이라는 사실을 말하려는 것이다. 물론 평범한 아이로 키우려면 그렇게 맘대로 되는대로 아무렇게나 먹여도 될 것이다.

그러나 돈벌이가 아무리 좋아도 자기 새끼인 아기를 유모나 친정어머니의 손에 맡기고 돈벌이를 하는 것은 나중에 그 악착같이 벌어 온 돈이 아이로 인한 허섭스레기가 되어 다 소모되어 버린다는 사실을 미처 알아차리지 못하는 어리석음일 뿐이라는 것을 말하는 것이다.

아기를 천재로 잘 키우면 자식이 바로 돈이고 보물이라는 것을 알게 된다. 돈을 아기보다 더 중시하여 아기를 소홀히 양육한다면 엄청난 실수를 저질렀다는 것을, 아기가 성장한 다음 그 인성을 보면 아기의 인성이 친정 엄마나 보모나 유모의 인간성을 닮았음을 발견하게 될 것이다.

엄마가 아기를 유모에게 맡기고 직장에 다녀왔는데 아기가 유모의 이상한 버릇을 배워 버렸다면 어떻게 하겠는가? 우리나라 속담에 세 살 버릇 여든까지 간다고 하지 않았는가?

엄마가 돈을 벌기 위해, 또는 회의를 주재하기 위해 아기를 친정 엄마나 보모에게 맡겨 놓은 적이 있었다고 가정할지라도, 이건 예삿일이 아니고 아주 중대하고 심각한 일이다.

걸음마를 하며 제법 말도 하는 아이를 이렇게 보니 친정 엄마의 거짓말하는 버릇을 그대로 빼닮았고, 보모가 변명하는 버릇을 아기가 그대로 엄마에게 써먹고 있다는, 도무지 이해가 안 되는 상황에 직면하게 될 것이다.

아기의 기억 메모리에 그릇된 언행이 입력되면 아기가 늙은 노년이 되어 스스로 깨달아 고치기를 할 때까지 계속 사용하게 된다는 수치스럽고 끔찍한 사실이다.

도자기공이 흙으로 빚은 도자기를 굽기 위해 가마에 넣고 있던 중, 손님이 오셨다. 옆에서 거들던 수습생에게 도자기를 가마에 넣으라고 맡겼더니 나중에 도자기를 꺼내 보니 잘 구워진 도자기에 수습생의 손가락 자국이 났더라.

훌륭한 사람 되라고 외국으로 유학을 보냈더니 마약 중독자가 되어 부모를 패가망신 시키는 것과 진배없는 것이다.

합리적인 교육을 받지 않은 보모나 유모나 시어머니나 친정어머니의 성격을 닮아 괴팍하고 야릇한 인간성이 되었음을 보았을 때, 땅을 치고 한탄해도 이미 열차는 떠나고 다음 출발 열차가 플랫폼으로 들어오는 중일 것이다.

귀중한 자식을 본능대로 키우면 아무리 돈을 많이 벌어도 바위 위에 나무 심기요, 다 성장한 아기가 횡포를 부리거나 범죄에 가담하여 가정이 하루아침에 산산조각으로 부서지는 일이 발생할 것이다.

그러므로 엄마가 천재를 다른 사람에 맡기는 것은 악이요 독이요 아기의 인생을 망치는 일이요 아기의 장래를 흩뜨리는 짓이며, 그로 인하여 부모의 인생이 위험에 처하게 될 수도 있다는 것을 예측해 보아야 할 것이다.

그리고 모유와 분유의 차이점에 대하여 다시 한번 이야기하자면, 엄마의 젖은 수만 년 이상 세대를 거치면서 진화해 왔다. 모유는 바이러스 항체를 아기에게 제공할 뿐만 아니라, 영양학적으로도 풍부한 영양을 아기에게 제공한다.

엄마가 아기에게 젖을 먹일 때 아기와 눈빛의 교환과 스킨십으로 유대가 공고해지기 때문에 아기의 건강을 도모하고 두뇌 성장에 큰 도움이 되며, 인격 도야에 온전한 영향을 끼치며, 사춘기 탈선을 방지하는 데 엄마의 지극한 사랑이 지대한 도움이 된다는 사실이다.

그뿐만이 아니다. 아기에게 젖을 먹이는 동안 엄마와 아기와의 신체

접촉이 이루어져 유대감을 촉진하고 아기 마음에 안정감을 주고 엄마와의 애정을 아기와 돈독히 하는 데 큰 도움을 준다. 아기를 안고 젖병을 물린다고 해서 엄마와의 관계가 소원해지는 것은 아니지만, 젖을 아기의 입에 물리는 것이 유익하고 엄마의 따뜻한 애정이 아기에게 좋은 인격을 형성되게 한다는 사실에 대한 효과를 깊이 생각해 봐야 한다.

12. 천재 출산(해산구완)

37주가 되는 임부는 몸이 무겁고 행동이 둔해지며, 매사가 귀찮고 몸이 나른해진다. 이럴 때는 바로, 자신이 제일 편한 자세로 누워 심호흡하고 졸려 눈이 스르르 감기면 기분 좋게 자는 게 좋다. 아기를 쓰다듬듯이 자신의 배를 쓰다듬으며 태아에게 '자장자장 예쁜 우리 아기' 하며 스킨십을 하면 태아의 정서 발달과 인격 형성에 아주 좋은 영향을 미친다.

아직 배 속에 있지만 오감이 이미 발달한 태아는 엄마가 자신을 쓰다듬는다는 간접 감촉과 느낌을 받아 정서 형성에 도움이 된다. 출산에 대한 두려움과 불안으로 잠이 오지 않을 때는 출산에 대한 책을 읽는 것도 도움이 되고, 남편과 출산에 대한 구체적인 이야기를 나누는 게 좋다. 이때 남편으로서는 당연히 아내를 극진히 위로하는 것을 잊지 말아야 한다.

아내를 진정으로 위로하기 위해서는 출산 요령을 구체적으로 숙지하고 있다가 아내와 아기를 위하여 무난하게 해산할 수 있도록 설명해 준다면 최상의 남편이 될 것이다.

임신한 아내는 출산 날이 다가오면 신경이 날카로워지므로 태어날 천재를 위하여 어떠한 불미스러운 일에도 동요하지 않고 포용하고 수용하며 너그러운 마음을 가져야 한다. 남편은 진정한 사랑으로 아내 감싸주기를 반복하다 보면 어느새 아기가 태어나고 기쁨이 오게 되는 것이다.

　남편은 아내를 위하고, 배려하는 마음과 천재 출산을 위하여 아래의 출산 요령과 분만법을 아내에게 설명해 주게 되면 아내는 쉽게 배우게 되어 남편에게 고마움을 느끼게 되고 남편에 대한 존경심과 경외하는 마음을 갖게 된다.

　출산 요령은 동서양을 막론하고 엇비슷하다고 볼 수 있으나 출산에 임하는 산모로서는 불안과 염려에 대한 고통을 조금이라도 덜 느낄 수 있는 수월하게 출산할 수 있다면 좋을 것이라는 기대를 가지고 있을 것이다.

　이에 여기에 몇몇 학자들의 출산 요령과 분만법을 소개하여 임부의 분만 과정에서 발생하는 고통을 덜고자 하니 취사선택하면 될 것이다.

• **라마즈 분만법**

　프랑스의 의사 페르낭 라마즈(Fernand Lamaze, 1891~1957)가 고안했다. 파블로프(Ivan petrovich pavlov)의 조건반사 이론을 적용한 임부 중심의 분만법이다.

· 르바이예 분만법

프랑스 산부인과 의사인 프레드릭 르바이예가 창안한 분만법으로 출산아의 고통을 최소화하는 출산아 중심의 분만법이다.

미국에서는 1959년 마조리 카멜이 자기 경험을 토대로 쓴 책 'Thank You, Dr. Lamaze'로 '라마즈 분만법'이 상당히 알려지기도 했다.

우리나라는 '출산 요령'이라는 고유의 해산법이 전해 내려오고 있는데 자기 최면적이고 변증법적인 심리로 출산의 고통을 이기는 방법으로 관념연합이 있고, 근육 이완법이 있고, 가슴 호흡법이 있다.

아기를 낳는 분만법은 동서양을 막론하고 대동소이하며 그 유사(類似)함을 벗어날 수는 없다. 그러므로 가장 적절하다고 여겨지는 분만법을 종합적으로 묶어서 여기에 소개하니 참고하시거나 활용하시기를 바란다.

1) 관념연합

출산의 고통이 크다는 사실은 이미 먼 태곳적부터 전해 내려오고 있었기에, 고통이 큰 것을 모르는 사람이 없을 만큼 누구나 다 아는 사실이다. 그러나 출산의 고통을 줄이는 수단으로 관념연합(觀念聯合)을 실행하면 고통을 현저히 완화할 수 있다.

관념연합이라는 것은 출산이 진행되면서부터 엉뚱한 생각에 빠져드는 방법이며 요령이다. 임부가 진통을 의식할수록 고통은 더욱 엄습하므로 스스로 자기 최면을 걸어 행복한 생각을 하는 자기 최면요법의 일종으로 진통의 고통을 잊기 위해 다른 생각을 하도록 하는 것이다.

 요령은, 극심한 진통이 오기 시작할 때 즐거웠던 첫사랑 시절의 새콤달콤한 상상이나, 자신의 인생에서 가장 기쁘고 즐거웠던 추억이나, 태교하기 위해 사 놓기만 했던 로또 복권을 아이 출산 이후에 확인하게 될 때, 일등으로 당첨되었다면 얼마나 좋을까? 그 당첨금으로 무얼 할까? 빨간색 오픈카를 살까? 5캐럿짜리 다이아몬드를 박은 황금 목걸이를 살까? 전망 좋은 바닷가에 콘도미니엄을 살까? 아름다운 초원의 언덕에 예쁘게 지은 전원주택을 살까?
 지금 낳고 있는 우리 아기의 예쁜 모습, 아기의 손을 잡고 산책하는 자신의 행복한 모습과 예쁘게 꾸민 베란다에 앉아 아기와 함께 기쁘고 즐겁게 활짝 웃으며 사진을 찍을까? 사랑스러운 아기를 안고 꼭 한번 가 보고 싶었던 하와이나 아름답고 멋진 발리 섬이 있는 곳으로 여행을 떠나 볼까?
 중국의 화려한 옛날 궁전을 구경하며 황비나 공주가 되어 보는 상상의 세계로 빠져 볼까? 이러한 공상(空想)과 연상의 관념연합에 빠지게 되면 엔도르핀이 분비되면서 진통이 완화될 수 있다는 사실이다.

2) 근육 이완법

 근육 이완법은 근육의 긴장을 풀어 온몸을 느슨하게 하여 힘을 빼는 방법이다. 자기 질의 근육이 느슨해질 수 있도록 힘을 빼는 것이다. 출산이 진행될 때 진통의 고통이 엄습하게 되면 두려움이 엄습하면서 긴장하게 되는데, 온몸의 근육을 이완시키면 피로도 덜 하고, 자궁구도 쉽게 열려 순산이 순조로운 진행이 이루어질 수 있는 방법이다.

근육 이완법에서 최상의 방법은 모든 상황을 자신이 믿고 의지하는 신께 맡기고 긴장을 풀어 버리는 것이다.

'주신 이도 하나님이시오, 가져가실 이도 하나님이시니 죽이시든지 살리시든지 하나님 뜻대로 하십시오.'

이렇게 순교자들의 심정이 되어 모든 상황을 하나님께 맡겨 버리게 되면 아무런 고통도 느끼지 않고 긴장이 완전히 풀어지는 것이다.

그러나 근육 이완법은 신앙이 없는 분이라면 미리부터 남편과 함께 몇 차례의 연습을 해야 한다. 남편과 함께 온몸의 힘을 빼 몸의 근육이 이완되도록 몇 차례에 걸쳐 연습하게 되면 비로소 근육 이완법을 실행하여 성공적인 분만을 할 수 있게 된다.

몸에 힘을 빼는 것이 쉽지 않기 때문에 남편은 아내와 같이 연습을 거듭하여 아내의 몸이 잘 이완되도록 부드럽고 다정하게 조언하고 적극적으로 도와주어야 한다.

3) 가슴 호흡법

출산 요령에서 상당히 중요한 부분을 차지하고 있는 가슴 호흡법(흉식 호흡, 胸式呼吸)은 갈비뼈 호흡, 늑골 호흡이라고도 한다. 가슴 호흡은 가슴 숨쉬기라고 하는데 산소가 충분히 공급되어 임부의 질 근육이 충분히 이완되도록 하는 것이 목적이다.

임부가 진통의 고통에 온 신경이 집중된 상태이므로 긴장된 마음을 가슴 숨쉬기로 돌리게 되면 진통을 현저히 감소시킬 수 있게 된다. 가슴 호흡법은 임부의 자궁구가 얼마나 열렸는지 해산의 진행 상태에 따라 달라질 수 있다.

4) 해산의 시작

임부의 자궁구가 열리기 시작할 때는 간헐적으로 진통도 따라온다. 이때의 호흡은 임부의 임의대로 한다.

자궁구가 조금씩 열리는 시간은 임부마다 모두가 다르다. 자궁구가 열리는 시간이 최장으로 지체되는 시간이 6시간까지 걸리는 임부도 있을 수 있다.

진통은 간헐적으로 계속 간격을 유지하며 느껴진다. 호흡은 임의로 하되 입으로 하는 것보다 코로 호흡을 하게 되면 만약의 경우, 해산의 시간이 지연될 때, 탈수를 방지하는 데 도움이 된다.

5) 해산 진행 중

해산이 진행될 때 진통이 조금씩 심해지면서 출산의 느낌이 다가오는 낌새를 감지하게 된다. 그러나 아직은 질에 힘을 줄 시기는 아니다.

호흡할 때는 되도록 코로 하는 게 좋다. 입을 조그맣게 열고 숨을 내쉬는 것만 한다.

6) 분만 고조

자궁구가 가장 크게 열리는 시기로 분만이 이루어지는 때이다. 진통이 오는 간격도 조금은 길어지며 아기가 자궁구로 나오려는 찰나이므로 호흡 조절은 저절로 되지만, 두 번은 짧게 호흡하고 한 번은 길게 호흡하는 것이 좋다.

자궁구가 완전히 열리면 아기가 나올 수 있도록 힘을 주어야 하는데 자궁구가 완전히 열렸을 경우, 더 이상의 힘주기를 할 필요가 없기 때문에 입을 조금 열고 조그마한 소리를 발하면서 호흡을 하는 것이 좋다. 숨을 마실 때는 그냥 자연스럽게 호흡하고 숨을 내쉴 때 입을 조금 열고 호흡을 하게 되면 진통이 조금은 완화될 수 있다.

7) 힘주기와 힘 빼기 호흡

양수가 터지고 나면 진통이 좀 더 빠른 속도로 온다. 그렇게 되었을 경우가 되면 먼저 코로 숨을 들이마신 뒤, 대변 볼 때 힘을 주듯 한다. 아기가 나오지 않을 때는 숨을 참다가 참기 어려울 때 숨을 내뱉으며 힘을 준다.

아기의 머리가 나오기 시작한다는 출산을 돕는 분의 말이 들려오면 배에 힘을 빼고 입을 조금 열어 호흡을 천천히 하면서 근육의 힘을 완전히 빼 몸을 이완시킨다. 그러면 아기가 천천히 자궁구로 밀려 나온다. 이때 힘을 주면 자궁과 질에 상처가 생길 수도 있으니 각별한 주의가 필요하다.

8) 출산하기 전 리허설

 방바닥 요 위에 남편이 무릎을 세우고 앉아 있을 때, 그 남편 앞에, 임부가 등을 남편의 가슴에 바짝 붙이고 앉는다.
 남편이 양손으로 임부의 허벅지를 끌어안듯이 잡고 임부의 등을 받쳐 주듯이 끌어안는다. 임부는 두 무릎을 벌려 분만할 자세를 취한다.
 임부는 두 손으로 무릎을 가슴 쪽으로 당기며 분만할 포즈를 잡고 숨을 크게 들이쉬고 내쉬며 연습을 반복하도록 한다.
 ※ 연습 중에 질에 힘을 주면 출산할 수 있으니 주의해야 한다.

9) 분만 만출기(娩出期, Expulsive stage)

 자궁구가 아기를 출산할 수 있을 만큼 완전히 열리게 되면 아랫배에 힘주어 아기를 밀어내게 된다.
 아기의 머리가 나오려 한다는 출산을 돕는 이의 말이 들리면 임부는 숨을 깊이 들이마셨다가 힘주어 내뿜으며 가장 크게 힘을 주게 되면 아기가 자궁을 통과하여 세상으로 나오게 된다.
 힘 조절에 대하여 다시 한번 설명하는데, 설명하는 까닭은 출산으로 인한 임부의 자궁과 질이 찢어지게 되는 불상사를 피하기 위해서이다. 임부는 아기가 출산하려는 느낌과 함께 진통이 엄습할 때 숨을 크게 들이마신 후 숨을 참을 수 없을 때, 굵은 배변을 보듯이 항문에 힘을 힘껏 주고 "으윽!" 하면서 여력을 다하여 힘을 주면 아이가 내려온다. 아기가 내려오는 느낌이 들면 즉시, 힘을 빼 몸을 이완시키면 자궁이나 질에 발생하기 쉬운 상처를 피할 수 있게 된다.

10) 신생아를 위한 배려

　세상에 처음으로 태어나는 아기를 위하여 출산이 이루어지는 그 시간만 조명을 어둡게 하여 어두운 자궁에서 출산하는 신생아의 눈을 보호하도록 한다.

　그리고 탯줄을 자르지 않은 상태에서 맨살의 신생아를 엄마의 맨살 가슴에 안겨 주어 엄마의 젖을 아기의 입에 넣게 한 다음, 탯줄의 박동이 멈추기를 기다리는 동안 엄마는 아기를 안고 첫 교육의 한마디의 말을 아기에게 꼭 해야 한다.

"우리 예쁜 아기 어서 엄마의 젖을 빨아 먹으렴."

"이제부터 사랑스런 우리 예쁜 아기에게 엄마가 젖을 먹여 키울 거란다."

　탯줄의 박동이 멈추게 되면 비로소 엄마와 아기 사이에 이어진 탯줄을 자르게 된다. 이렇게 되면 아기가 생명의 위험을 느껴 발악적으로 울지 않아도 되고, 비로소 조명을 점차 밝혀 아기의 눈이 빛에 적응할 수 있도록 한다.

13. 아기의 첫 교육

　방금 새롭게 탄생하는 아기에게 기회를 놓치지 말고 첫 교육을 해야 한다. 기회를 놓치게 되면 다시는 돌이킬 수가 없다. 모든 아기는 태어나면서부터 지니고 나온 소질과 재능과 능력이 있다. 실로 위대한 자질을 끌어내지 않으면 그대로 묻혀 버리므로 아기의 뇌를 최대치로 활성화해야 한다. 만약 이 순간을 망각하고 그냥 지나쳐 버리게 되면 천재 만드는 데 심한 어려움을 감수해야 된다.

인간은 본디부터 모든 재능과 능력과 소질이라는 무궁무진한 자질을 지니고 이 세상에 태어난다. 그러므로 아기가 태어나자마자 즉시 교육하기 시작하는 것을 천재 교육법에서는 적극적으로 권장한다.

만약 적기(適期)를 놓치게 되면 천재를 만드는 기회를 놓치게 되는 것이다. 그러므로 최적기를 놓치지 않는 것이 천재 만드는 데 무엇보다 중요하다.

모체에서 아기가 출산하는 시점에서부터 아기에게 말을 걸어 주는 것이다. 탯줄을 아직 끊지 않은 상태에서 엄마가 아기를 안고 다음과 같이 말한다.

"우리 예쁜 아기, 엄마 배에서 나오는 동안 얼마나 고생이 많았니? 이젠 무사히 나왔으니까 괜찮단다. 안심해도 되고말고. 엄마가 너를 아주 잘 지켜 주고 보살펴 줄 거야. 알았지? 엄마에게 잠시 안겨 있도록 해라."

탯줄을 자르지 않은 상태에서 엄마의 맨살의 가슴에 아기를 안겨 주는 것이 좋다. 탯줄을 자르면 아기는 발악하면서 울게 된다. 생명줄이 끊긴다는 것을 본능적으로 아기가 느끼기 때문이다.

그러므로 아기가 엄마의 가슴에 안겨 있는 동안 탯줄의 맥박이 멈추게 되면 비로소 아기는 탯줄이 끊겨도 생명의 위험을 느끼지 않게 된다. 탯줄의 맥박이 멈춤과 동시에 아기의 신체가 절로 맥박이 뛰어지게 되므로 탯줄은 이제 무용지물로 전락하게 된다. 그래서 아기는 탯줄이 절단되어도 발악적인 울음을 울 아무런 필요를 느끼지 않게 된다.

그래서 엄마는 아기에게 다음과 같은 위로의 말을 꼭 해 줘야 한다.

"우리 착하고 예쁘고 귀여운 아기가 엄마의 젖을 먹네. 이제 걱정할 거 아무것도 없어. 엄마의 젖을 마음껏 먹을 수 있고, 엄마가 안고 있을 테니까 우리 아기는 이제 아무 걱정이나 염려가 없게 된 거야."

"우리 예쁜 아기 엄마가 지켜 주고 보살펴 줄 거야. 우리 아기가 엄마의 배 속에서 세상으로 이렇게 무사히 엄마 품에 안겨 있으니까 엄마는 너무나 기쁘고 행복하단다. 우리 아기는 기쁘지 않니? 엄마 품에 안겨 있는 것이 너무 좋지? 우리 아기, 너무 예쁘다. 우리 사랑스러운 내 아기."

교육에 임함에 있어 가장 중요한 조건은 아기가 태어난 그 시각부터 뻔질나게 자주 말을 많이 걸어 주는 것이 요령이다.

"우리 아기 너무 예뻐서 기쁘다. 너는 엄마를 만나니 반갑지 않아?"

"아빠는 우리 예쁜 아기가 보고 싶어서 날마다 기다렸단다."

"세상 만물은 네 눈에 아직 보이지 않지만 너무 아름답고 좋은 곳이란다. 너는 이제 사랑스러운 우리 아기로 세상에 태어난 거야. 엄마가 너를 보니 무척 좋고 기쁘단다. 엄마와 아빠는 모든 힘을 다하여 우리 예쁜 아기를 보호하고 사랑하며 지켜 줄 거야. 네가 태어나 정말, 정말 기쁘고 즐겁단다. 우리 아기도 세상에 태어난 것이 정말로 기쁘지 않니?"

"이젠 날마다 엄마와 아빠가 너랑 놀아 줄 거야. 너도 우리와 같이 놀아 줄 거지?"

언어로써 아기는 이 세상사를 배워 가고 정신적인 성장과 발전을 이루어 나가기 때문에, 이 정신적인 성장의 첫 순간부터 말을 걸어주지 않아 찬스를 놓치게 되면 교육을 열심히 해도 눈부신 발전을 기대할 수 없게 되는 것이다.

천재 교육의 시작점이 태어나면서부터 즉시였다면, 아이의 아이큐가 170에서 350에까지 도달할 수 있다.

만약 아기의 교육 시작점이 3세부터 시작하게 되었다면 아이큐가 150에서 180 정도까지에 도달할 수 있다.

그리고 일반적이고 보편적인 아이 교육의 시작점이 여섯 살부터였다면 아이큐가 95에서 120 정도에서 멈춰 버린다는 사실이다.

아기를 여섯 살까지 맘대로 멋대로 자라게 하면서 오로지 "건강하게만 자라다오." 하며 키우다가 유치원에 다니면서부터 가정교육을 실시하게 되었을 때는 평범한 보통 사람으로 성장하게 된다.

이것은 우리 선조들을 비롯한 모든 사람이 아기를 키워 온 방법이었으며 극히 자연스러운 가정교육을 포함한 성장 과정이었다.

아기를 키울 때는 무조건 따뜻하게 해 주기 위해 담요로 둘둘 말아 포근하게 감싸며 키우는 것보다는 춥지도 않고 덥지도 않으면서 조금은 차다고 할 정도의 환경에서 키우는 것을 권장한다.

적당한 차가움을 조성하므로 인하여 아기의 피부에 자극이 되어 뇌에 전해지고, 뇌는 긴장하여 자율 신경의 활동을 원활히 하고 호르몬의 분비 작용도 균형을 잘 맞추어 조정되도록 작동하여 건강을 유지할 수 있도록 활성화하게 되면, 신체 기능이 활발히 움직여 발병(發病)을 예방하는 기능이 활성화된다.

아기가 병원에서 출산하였다면 아기가 있었던 침실의 실내 온도의 조절에 관하여 담당의에게 질문을 하도록 한다. 대개 병원 분만실의 온도와 같게 아기를 키울 집안의 온도를 조절하는 것이 무난하지만 상당히 중요하므로 아기를 안고 집으로 올 때 꼭 권장하는 온도를 알아보고 귀가하는 게 좋다.

조금은 시원한 환경에서 3세까지만 양육한다. 갓 태어난 아기는 체질이 아직 완성되지 않았으므로 부모가 체질을 조절해 줄 수 있다. 아기를 강한 체질로 만들어 주기 위하여 왕자 교육법에 사용하였던 마른 수건으로 피부를 마찰시켜 주는 방법도 사용한다.

겨울에는 볕이 잘 들고 따사로운 온도의 실내에서 아기를 일광욕시키면서 부드러운 수건으로 온몸을 쓰다듬듯이 부드럽게 문질러 준다. 그리고 가볍게 마른 수건으로 문지르며 토닥여 주는 방법이 좋다.

여름에는 실내 해수욕으로 완전 벌거숭이로 만들어 햇빛과 바닷물과 엄마의 부드러운 손길로 피부 마찰을 해 주면 튼튼함을 지닌 피부로 자라게 될 수 있다.

14. 갓난쟁이의 변명

그러니까 나, 갓난쟁이는 순전히 엄마 아빠 사이에서 사랑의 산물로서 엄마의 자궁에서 생명을 얻게 되었는데, 오늘에 이르러 분명히 말하지만 아늑한 엄마의 자궁에서 세상으로 나오게 될 줄은 정말 몰랐고, 이 광활한 세상에 태어나 현존하는 모든 사물을 접하게 될 줄도 전혀 몰랐다.

솔직히 말하지만, 엄마가 거의 강제적으로 죽을힘을 다하여 나를 밖으로 밀어냈기 때문에 부득불, 어쩔 수 없이, 이 잘생긴 얼굴을 세상에 내밀게 된 나는 이제, 젖비린내 물씬 풍기는 갓난쟁이가 분명하다.

다시 말하지만, 이것은 정말이지 나 스스로 자의에 의하여 세상에 나오게 된 것이 절대 아니라는 점을 분명하게 밝혀 둔다. 이러한 다짐을 두는 이유는, 엄마나 아빠가 내가 이 세상에 나오게 된 이유에 대하여 그 말도 안 되는 책임을 나에게 지우려는, 덤터기 씌우려는 수작을 사전에 차단하고자 함이다.

"네가 생겨났기 때문에 낳은 것이지 너를 만들고 싶어서 만든 게 아니야, 너를 낳고 싶어서 낳은 것이 아니라는 말이다."

이런 어처구니없는 오리발을 내미는 그 알량한 수작을 못 하도록 시시비비를 미리 가려 두어야 내가 태어남에 대한 동기가 나에게 전가되지 않고, 부모님 자신들의 사랑의 결실이라는 사실에 대하여 확실히 다짐을 두는 것이 앞으로의 있을 법한 부모님들의 변명의 여지를 없애고자 함이다.

엄마의 자궁에서부터 생성되기 시작한 나의 기억 세포에, 엄마와 아빠를 비롯한 온 가족들의 대화와 이웃 사람들의 대화나 이야기를 낱낱이 메모리에 저장한 결과로 말미암아, 알게 된 사람들의 그 이기적 간교함은, 한마디로 자신들의 행위가 면목이 없을 성싶으면 변명하거나 핑계를 대거나 발뺌하려는 자기합리화 의식이 장마철에 솟아오르는 독버섯처럼 메스꺼운 짓이라는 사실이다.

나를 만들고 배 속에 키워서 강제로 밀어낸 것마저 그 책임을 나에게 전가하려는 그 엉터리 수작을 부린다는 사실을 조금씩 미리미리 메모해 두었기에 망정이지 메모라도 해 두지 않았더라면 고스란히 덤터기 쓸 뻔한 것은 사실이지 않는가 말이다.

 더욱이 상당히 비겁하고 능력이 없는 인간일수록 책임을 회피하려는 수작을 잘 부린다는 것을 나는 알고 있다. 무슨 일이건 자신들이 저지른 겸연쩍은 일은 관련자들에게 덤터기 씌우거나 얼굴을 붉히며 변명해댄다.

 내가 어른이 된 다음에 이런 싹수없는 인간이 내 손에 걸리면, 술 사 준다고 살살 골목길로 데리고 가 뾰쪽한 구둣발로 똥구멍을 냅다 걷어차 버릴 것이다. 지금은 내가 갓난쟁이라 엄두를 못 내지만….

 그리고 만약, 못돼 먹은 어떤 인간이 나를 갓난쟁이라고 무시하거나 얕보거나 깔보는 것은 나로서는 심히 못마땅하다. 그런 인간이 나한테 걸리기만 하면 이 조막만 하지만 매운 주먹으로 콧대를 마구 때려 줄 것이다.

 내가 고고의 소리를 발하며 이 세상에 얼굴을 내민 이상, 살아야 하겠다는 의지를 가진 건 기본이고 본능이다. 그러므로 이제 나의 삶을 시작하면서 엄마, 아빠, 할머니, 할아버지, 친가와 외가, 모든 친척과 사돈의 팔촌은 물론, 팔촌의 팔촌까지 앞으로 내가 하는 말을 신중히 경청하여 수용하되, 곡해하거나 잘못 판단하여 나를 구박하지 말라.

 구박이라는 말은 다소 어폐가 있을지 모르나 내가 여기서 구박이라고 말하는 것은, 내가 아직 말을 못 하니까 말 대신 내가 발하는 내 울음소리를 곡해하거나 알아듣지 못해 필요 사항을 즉시 해결해주지 않고 묵살하거나 어리다고 괄시하는 행위를 말하는 것이다.

 만약, 내 필요 사항의 충족을 원하는 나의 울음소리를 듣고도 묵살하여 날 괴롭게 놔둔다면, 떫은 맛이 어떤 맛인지, 떫은 맛의 진가를 보여줄 테니까 나의 뜻을 존중하고 보살펴 준다는 보호 의식에서, 내 입에서 나오는 울음소리를 세밀하게 경청하여 충분히 이해하고, 한 치의 오차도 없이 실행하여 준다면 방긋 기분 좋게 웃어 주는 것으로 보답할 것이다.

 나는 모든 의사 표현을 울음소리 그 한 가지로 한다. 이것은 어디까지나 말을 배울 때까지만이다. 그러므로 만약, 내 울음의 언어를 오해하거나 잘못 인식하여 나를 때리거나 괴롭힌다면 병원에다가 돈을 왕창 내게 할 것이다. 그러므로 각오를 단단히 하시라고 엄마에게 미리 귀띔해 드리는 것이니까 엄마는 젖 두 통으로 번갈아 가며 내 배가 고프지 않도록 먹여 줄 것을 우선 당부 드린다.
 젖 주기 싫으면 말든가, 주면 좋고, 안 주면 그만이고… 나를 천재로 만들든가 말든가 내가 천재가 되면 엄마 아빠가 횡재하는 거지….

 아기를 출산하는 일은 아주 중대하고도 귀한 일이다. 새 인생이 시작되는 막중한 일로서 소홀히 해서는 천재를 만들어 내는 일에 성공하기 어렵다는 점을 인지하고 있어야 실패할 확률이 낮다. 어떤 일이나 정성을 기울여 집중하지 않으면 성공이 어렵듯이 천재를 생산하는 일은 더더구나 간단히 생각하고 행해서는 실패할 확률이 다분하다.
 아기를 조용한 곳에 고요히 누워 있게 하는 것보다 사람의 소리가 나야 조금은 자극을 받을 수 있으며, 조금은 소음이 들리는 곳에 눕혀 놓는 게 좋다.

아무런 자극도 받지 않은 채 누워 있다는 것은 자율 신경의 리듬이 깨질 수도 있고 이에 따라 콧물이나 재채기가 나기 쉬운 체질로 변할 수도 있으며 평생을 좌우하는 인간성에 금이 갈 수도 있으며 조현병자로 첫인상이 비칠 수 있다는 점을 염려해야 한다.

조금의 소음도 들리지 않고 적막감이 감도는 조용한 환경 속에서는 아기의 뇌 속에서 아드레날린의 분비가 원만하지 못하게 된다. 그 결과로 발생하는 부신피질 호르몬의 분비가 원활하지 못하게 되므로 교감 신경의 기능이 현저하게 떨어진다. 따라서 침투하는 균 등에 대한 저항력이 저하되어 잔병치레가 일상이 될 수 있으므로 각별히 유의하는 게 좋다.

15. 아기와 엄마의 교감

 중요 1

아기가 세상에 나온 이후 무엇보다도 가장 중요하고 긴요한 것은 엄마와의 교감이다. 교감이 잘 이루어져야 정서적으로 안정되고 애착이 형성될 수 있다. 엄마나 아빠 그리고 아이를 돌봐주는 보모와의 의사소통을 아주 잘하게 될 경우에만 정서적 애착이 형성되어 천재의 기틀이 원활하게 마련될 수 있는 것이다.

✏️ 중요 2

아기는 대체로 선천적으로 타고난 감정(DNA)을 가지고 교감하려는 행동을 보이게 된다. 이것은, 자신을 의지하고 의탁하기 위한 행위임과 동시에 자신의 근거지를 마련함으로써 그 근거지를 기반으로 하여 필요한 모든 제반 필요 사항을 제공받고자 함이다. 그뿐만 아니라 외부적이며 물리적인 것과 자체적 애로사항이 발생하게 될 경우를 대비하여 원활하게 해결받고자 하는 저의도 포함된 치밀하고 놀랄만한 복안이다.

더 나아가 아기 자신의 내부로부터 강력히 욕구하는, 세상을 배우고자 하는 탐색 심리를 원활히 충족하기 위해서는 근거지가 절대 필요하므로 교감이 원만하고 애착이 이뤄진 양육자(보호자)를 안전한 기지로 삼으려 하는 수단인 것이다.

✏️ 중요 3

아기가 정서적 애착 형성을 행동으로 양육자에게 보이므로 양육자는 반사적으로 애착성이 마음에서 우러나와 아기를 더욱 밀접하게 애착하게 된다.

아기가 이렇듯 양육자에게 적극 애착함으로 양육자로 하여금 아기에게 지극한 애착성이 우러나오게 하는 것은, 앞으로 있을 아기 자신의 정서 발달과 인격 발달의 총괄적 형성 과정에 절대 필요한 보루(堡壘)를 양육자에게 두기 위한 프로그램에 의한 것이다.

아기 자신의 확실한 안식처가 된 양육자를 발판으로 삼아 자신의 뿌리를 내려 성장하려는 고도한 아기에게 내장된 프로그램의 일환이 참으로 놀랍고 신비롭다 할 것이다.

양육자와의 애착 형성을 하고자 하여 양육자를 절대적으로 붙들고 늘어지며 목숨 걸고 애착하는 것도 이러한 이유 때문이다.

그러므로 엄마나 아빠 또는 양육자는, 애착 형성을 지극히 히여야 한다. 아기의 요구를 적극적으로 받아들일 뿐만 아니라 더욱 포근하고 따뜻하며, 사랑스럽게 감싸 안아 주므로 정서와 인격 형성과 발달에 적극 협력하는 훌륭한 부모가 되어야 하는 것이다.

아기가 천재가 될 수 있는 역량을 지닐 수 있도록 온갖 배려(配慮)를 아끼지 말아야 할 것은 물론, 이렇게 아낌없는 정성과 사랑을 아기에게 베풀어야 아기가 천재가 되어 역량을 발휘할 수 있도록 성장하게 되는 것이다.

아기 나름으로 생명을 걸고 양육자에게 매달리는 효과로 양육자 역시 생명을 걸고 아기를 양육하는 역할을 기꺼이 담당하여 온전한 성장을 돕는 것이 부모의 역할인 것이다.

그런데 만약, 부모나 양육자가 아기의 요구에 역행하는 행위를 자의(自意)로 했거나, 타의에 의했거나, 환경적 요인으로 단 한 번이라도 했을 때, 과연 어떤 아이가 만들어질까? 참으로 생각하기도 싫은 몸서리쳐지는 끔찍한 아이로 성장할 수 있다는 사실을 염두에 두어야 할 것이다.

그리고 그러한 아기가 걷기 시작할 무렵부터 엄마나 아빠, 가족이나 양육자와 같은 주위의 사람들에게 아기가 보여 주는 행동 유형은, 앞으로 아이가 성장하면서 보여 줄, 그리고 성년이 되어 보여 줄 사회적 행동 유형을 어느 정도의 예비적으로 미리 시사해 주는 것으로 봐도 무방하다고 볼 수 있으므로 세밀히 관찰하여 비정상으로 보일 때 바로 교정하는 것이 바람직하다 할 것이다.

그러나 아기의 요구에 역행하지 않고 아기의 애착을 부모가 적극 받아들여 아기가 원하는 보루가 되어 주고 안식처가 되어 주고 최선을 다한 사랑을 공급해 주는 진정한 보호자가 되어 준다면 천재 교육에 전혀 차질이 없을 것이다.

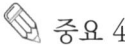 중요 4

그리고 아이가 걷기 시작할 무렵, 엄마나 아빠와 그리고 양육자와 갑작스럽게 헤어지게 되면, 아이는 커다란 충격을 받을 수 있다. 그러므로 엄마나 양육자가 아이에게 세심한 배려를 제공하기 위하여 아이에게 미리 양해를 구하는 말을 하며 자세한 설명과 함께, 위로의 말을 하는 것은 물론, 헤어지게 되더라도 아무런 문제가 발생하지 않는 것은 물론, 다시 돌아와 예전과 똑같이 아이를 사랑하고 보살피고 교감하고 애착하며 배려할 것이라고 다정하고 친절하게 아이에게 설명해야 아이는 상황을 이해하게 되어 가벼운 상처로 치유가 쉬운 것이다.

아이가 아직 어리기 때문에 아무런 영향을 받지 않을 거라고 넘겨짚지 말라. 아이가 말을 못 하고 자기 의사를 표출하지 못한다고 해도 아이의 생리와 신체 구조는 취할 것과 버릴 것 그리고 필요한 요소와 불필요한 요소를 가리는 예민함을 지니고 있다는 사실이다.

부모가 설명을 해도 알아듣지 못한다고 생각하면 실수하는 것이다. 설명하면 아기는 다 알아듣고 이해한다는 사실이다. 그러므로 아이에게 꼭 설명을 하여 이해를 시켜야 하고 미리 예비 지식을 주어 당황하지 않게 하는 것이 좋다. 그렇지 않게 되면 지금까지 아이와의 관계에서 이루어졌던 애착 형성이 무너져 버리고 아이에게는 충격으로 남게 된다.

　그러므로 아기에게는 정서적이며 인성적인 측면에 있어 단기적 혹은 장기적으로 부정적인 영향을 받게 되므로 신중히 처리해야 되는 것이다. 아이의 인격 형성에 부정적인 요소가 첨가되지 않도록 아기와 헤어질 때는 더욱 친절하고 자세하게 설명하여 납득시킬 필요가 있는 것이다.

　아무리 급박하고 시간이 촉박한 경우라 할지라도 아이에게 상황을 설명하여 납득시키지 않으면 큰 실수를 하게 되는 것이다.

　이후에 아기와 다시 만나게 되면 반갑게 아기를 안아 주고 쓰다듬어 주어야 한다. 이러한 다정한 행동을 보여 주므로 아기는 다시 애착 관계를 형성하고자 하는 욕구의 행동으로 접촉을 시도하고자 잡아당기기, 매달리기, 울기, 미소 짓기, 옹알이 등을 하게 되는데 이것은 아기라면 누구에게나 내장된 프로그램에 의해 작동되는 행동인 것이다.

　모든 동물의 행동학적 측면을 살펴보면, 제반 동물들 새끼 때의 최초의 경험이, 각 동물 나름의 삶의 경험으로 기억되어 그것이 교훈으로 굳어지고 버릇이 되어 성질이 된다.

　인간의 아기 때의 최초의 3년이 사회 정서 발달에 가장 민감한 시기가 되므로 충격을 경험하게 되면 뒤틀린 정서로 인한 가슴 아픈 상처로 저장되어 부정적 요소를 지니게 될 수 있음을 각별히 유념해야 한다.

　아기는 태어나서 3년 동안이 눈에 보이는 모든 사물과 정서적 유대를 형성하는 데 매우 민감한 시기가 분명하다는 사실임을 인지해야 한다.

만약 이 3년이라는 기간에 많은 사람과의 교류와 수많은 사물을 접촉할 기회를 얻지 못하게 된다면, 이후에 친밀한 인간관계를 형성하는 일은 거의 장년이 되어야 완성할 것이며, 모든 사물에 대한 흥미도 지긋한 나이가 되어야 비로소 발동할 수 있을 것이다. 다시 말해서 늦된 아이가 되고 만다는 뜻이다.

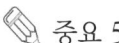 중요 5

사람은 말을 하는데 갓난쟁이는 아직 말을 못 한다. 말 대신에 갓난쟁이만의 독특한 언어가 있다. 벙어리는 말을 못 하는 대신 수화(手話)로 소통이 가능하다. 이처럼 갓난쟁이는 울음이라는 특별한 소통의 수단이 있다.

아기를 잘 돌보기 위해서 엄마는 갓난쟁이의 울음 언어를 익혀야 할 필요가 있다. 아기의 울음은 장단과 고저와 음색이라는 비교적 간단한 3가지를 취합하여 울음을 운다.

엄마의 센스가 바닥이라면 어쩔 수 없지만, 아기 울음 언어를 익히기 위해서는 울음소리에 신경을 집중하여 귀를 쫑긋 세워 집중하면서 동시에 아기의 몸 상태의 이상 유무를 점검하여 아기 울음의 의미를 기억해야 한다.

아기는 ①식욕과 ②배설 ③수면이 울음의 주된 원인이 되지만 다른 원인도 발생한다. ④무서운 꿈 ⑤외로움 ⑥놀람 ⑦병으로 인한 고통 ⑧공포심 등 여러 가지가 발생할 수 있다.

엄마와 아기 사이의 울음 언어 소통은 일심동체와 같은 깊은 애정과 끊을 수 없는 사랑의 고리로 연결되어 있다. 그 때문에 그 관계가 조금도 소원해지지 않고 더욱 돈독해지기 위해서는 아기의 불편을 재빨리 알아차리고 즉각, 아기의 불편을 해결해 주는 것이 아기에 대한 엄마의 극진한 사랑이고 따뜻한 배려이다.

 아기는 엄마의 수고를 덜어 주기 위해 몇 가지만의 울음을 구사하는데 울음 언어를 알아듣고 아기의 요구 사항을 해결해 준다면 아기는 엄마에게 시시각각 방긋방긋 웃어줄 테지만 아기의 언어를 묵살한다면 아기는 괴로워서 엄마의 배 속으로 다시 들어가려고 시도할지도 모른다. 엄마의 배 속으로 다시 들어가는 방법이 있다면 말이다.
 엄마는 이 연약한 갓난쟁이가 고통에 시달리는지 살펴보고 괴로움에 힘들어 발악하는 울음을 울지 않도록 세심한 배려로 이 갓난쟁이의 갈급한 요구를 신속하게 해결해 주기 위해 세심한 관심으로 보호해야 할 것이다.

✎ 중요 6

 자신의 사랑스러운 아기를 누구에게든 맡기지 말라. 단 몇 분 동안일지라도 안 맡기는 게 좋다. 더구나 아기를 낳아 키워 보지 못한 기혼녀나 처녀나 남자에게는 맡겨서는 안 될 일임을 명심해야 한다.
 유아교육과를 졸업하고 사설 유아원에 근무하는 전문가의 손에 맡기는 것은 낭패를 볼 확률이 높고도 높다. 왜냐하면 사설 유아원은 천재 양성 교육을 하고 있는 기관이 아니고 단순히 어느 일정한 시간 동안 아이를 돌봐주는 일을 담당할 뿐이기 때문이다.
 내 아이에게 천재 교육을 시킬 수 있는 교사는 아이 엄마가 최적격이다. 아이를 돌봄에 있어서도 가르침에 있어서도 엄마보다 더 잘 돌보고 잘 가르칠 사람은 이 세상에 아무도 없다는 것은 명백한 사실이다. 천재를 교육하여 양성하는 기관이 생기기 전까지는 그렇다는 이야기다.

갓난쟁이의 언어는 다음과 같다.

• 배가 고프면 잉잉거리며 운다.
기저귀에 응가를 했을 때, 기저귀가 젖어 피부에 이물감으로 견딜 수 없을 때는 찢어질 듯이 운다. 괴로운 것이다. 울다가 지치면 칭얼거리다가 더 지쳐 힘이 빠지면 잠이 든다.

• 위험에 도달했을 때, 자지러지게 앙앙거리며 운다. 누구든 빨리 달려와 아기를 도와주어야 한다.

• 아기의 상태가 이상이 없는데 두 다리를 높이 들고 자지러지게 운다면 소아과에 가 보아야 한다.

• 갓난쟁이는 외로울 때 응애 운다. 안아 주고 피부 접촉을 한다. 얼굴과 손과 다리, 어디든 부드럽고 사랑스럽게 쓰다듬어 주기를 바란다.

• 졸리면 짜증스럽게 운다. 자장자장 재워 줘. 왁자지껄 떠들고 시끄러우면 더 짜증스럽게 운다.

• 깜짝깜짝 놀라며 운다. 길가 집이나, 소음이 격렬한 지역은

아기를 위해 창문을 닫는 게 좋다.

- 몸이 아플 때 컹컹 개처럼 울거나, 쉬어빠진 헛바람 소리를 내며 울 때는 소아과에 가야 한다.

- 아기 홀로 재웠는데 자지러지게 운다면, 개나 고양이, 쥐나 바퀴벌레가 접근하여 아기를 놀라게 했을 수도 있고, 무서운 꿈을 꾸어 겁에 질려 울 수도 있다. 그러나 울음을 그치지 않고 계속 울거나 칭얼거린다면 소아과에 가야 한다.

16. 아기와 애완동물

애완동물인 개나 고양이로 인하여 발생하는 질병으로 광견병은 아기의 신경계를 교란한다. 광견병에 감염된 개는 성질이 매우 난폭하게 바뀌고 지팡이를 짚거나 노인이나 남루한 옷을 입은 사람을 보면 맹렬히 짖고 아무 것이나 물어뜯는다. 전염의 경로는 상처를 통한 침으로 야생 동물이 보균한다.

그리고 연충(蠕蟲), 촌충, 옴, 이, 벼룩은 애완동물에게 병을 전염시키는 매개이며 특히 광견병은 신경 계통의 이상을 초래하며 다른 동물이나 사람에게 전염되면 치명적이며 무서운 병이다.

강아지는 기생충 아스카리스(Ascarid)에 감염되면 치사율이 높다고 한다. 구충제와 청결을 유지하고 감염을 막기 위해 애완동물의 목욕을 자주 시키는 것도 예방법이다.

독방 촌충(Echinococcus granulosus)은 분변을 통해 사람, 특히 아이에게 감염될 수도 있다고 한다. 이 기생충은 낭포(囊胞)로 성장하고, 뇌나 다른 장기로 이행하여 심각한 증상을 발현하기도 한다고 한다.

진드기가 일으키는 옴은 개의 모낭(毛囊)에 살며 탈모 및 소양감(搔痒感), 그리고 염증이 발생한다고 한다.

개 디스템퍼(Canine distemper)는 개·여우·늑대·족제비 등에 감염되는 전염성이 강한 급성 바이러스성 질병이며 다른 동물들은 잘 감염되지 않다고 한다.

바이러스에 노출된 지 며칠 후에 열이 나고, 무감각해지며 음식과 물을 먹지 못한다. 더 진전되면 기침이 나고 눈과 코에서 이물질이 나오는 증세가 나타난다. 또 구토와 설사가 나고 근육 연축과 둔부 마비 또는 경련이 오기도 한다.

즉시 혈청 글로불린을 주사하는 것이 가장 좋은 치료 방법이며, 항생제를 써서 2차 감염을 막을 수 있다. 백신을 접종하면 면역이 생길 수 있고, 치료하지 않으면 거의 사망에 이른다고 한다.

또한 개의 간염은 간에 손상을 입히는 질병으로 증상은 개 디스템퍼와 비슷하다. 거의 배설물을 통해 전염되는데 치료를 완료한 후 회복한 개가 장기간 균을 보유하고 있어 아이에게 전염되기도 한다.

톡소플라스마 곤디(Toxoplasma gondii)라는 단세포 기생충에 의해 감염된 질환은 아주 위험하다. 톡소플라스마 기생충은 사람의 소화기관을 둘러싸고 있는 세포들 속에서도 증식한다. 또한 뇌, 골격 근육, 심장 근육, 눈, 폐, 림프절을 포함하여 모든 장기로 퍼질 수 있다.

애완동물에게 구충제와 전염병의 예방 접종을 하지 않으면 병균이 득실거리고 털이 날려 성인에게도 위험하므로 항상 주위 환경을 청결하게 유지하고 목욕을 자주 시켜야 한다.

고양이는 톡소플라스마(Toxoplasma)라는 원충을 지니고 있어 감염되어도 증상이 나타나지 않기 때문에 모르다가, 원충이 고양이 배설물로 개나 사람에게 전염되어 폐나 뇌에 서식하게 되면 어른이나 아기의 뇌에 기식하게 된다.

전염이 되면 뇌 기능이 일부 정지되어 저능아가 되어 버린 것을 자각하지 못하고 그대로 사는 경우가 있다고 한다. 그러므로 철저하게 방역하고 고양이가 쥐를 사냥하는 습성을 차단하고 좋은 먹이로 길들이는 것이 좋다.

고양이나 개의 아이큐가 70 정도인데 그런 동물의 재롱을 보는 감염자는 영리하다고 감탄을 한다. 톡소플라스마 원충이 자신의 뇌에 서식하므로 자신의 아이큐가 70으로 떨어진 줄 자각하지 못하고 애완동물에게 더욱 애착한다고 한다.

톡소플라스마 원충의 감염으로 태아의 신경계에 침범하게 되면 뇌에 이상이 생겨 치명적이며, 가족들이 뇌염, 폐렴 따위의 감염증을 일으키기도 한다.

아기를 개와 같이 키우면 아기는 개가 지니고 있는 습성을 무의식중에 따라 하고 익혀 개처럼 엎드려 짖기도 하는데 부모는 이 모습을 보고 그냥 웃기만 할 것인가? 방바닥에 과자를 흩트려 놓고 개처럼 입으로 핥아 먹는 아기를 보고 저 아기가 천재가 될 수 있을 거 같다는 생각은 물거품이 되고 아이큐 70을 향하여 달음질 치고 있는 중이라는 생각에서 벗어나지 못하게 된다.

만약, 아기가 장난감을 가지고 놀다가 개의 반응을 보기 위해 장난감으로 개의 눈을 때렸다면, 개는 필연코 아기를 물어 버릴 것이다. 개에게 물리면 그 더러운 짐승 이빨 독에 의해 아기의 귀중한 생명을 잃을 수도 있다.

이건 오래 전에 있었던 해외 토픽이지만, 개가 질투심을 촉발하여 아내와 성교 중인 남편의 목을 물어뜯어 죽였다는 기사도 있었다.

더구나 아기를 키우는 방에서 짐승과 같이 동거를 하게 된다면 짐승에 대한 애착으로 인하여 아기에 대한 사랑이 반감되며 그로 인하여 아기에게 소홀해지게 되는 것이다.

아기를 돌보랴 짐승을 돌보랴, 가사 일을 하랴 남편 뒷바라지 하랴 식사준비를 하랴 세탁을 하랴, 개똥을 치우랴 개똥 묻은 손으로 아기를 안거나 쓰다듬는다면 개똥에서 묻은 세균이 아기에게 전염될까 당연히 염려해야 할 것이다.

임신을 아직 하지 않은 부부 중 한쪽이 동물에게 애정을 쏟는다면 한쪽은 소외감을 느끼게 된다. 여자가 개를 방에서 키우자고 제안한다면 두 남편을 섬기겠다는 것과 같고, 남자가 같은 제안을 한다면 두 아내를 두겠다는 것과 비슷한 것으로 언제 터질지도 모르는 시한폭탄을 안고 부부생활을 하는 것과 다를 바 없다.

2018년도 서울에서 어떤 여자가, 남편이 애완견을 꾸짖었다는 이유로 과도로 남편의 목을 찔러 버렸다는 뉴스를 듣고 경악을 금치 못했다. 남편이 개만도 못했거나 개가 남편보다 더 소중했었기 때문일 것이다.

아무리 훌륭하고 조건이 좋은 배우자라 할지라도 동물과 같이 실내에서 동거하기를 제안한다면 그 결혼은 심각하게 고려해야 할 사안이 아닐까 여긴다. 동물은 반드시 바깥의 마당에 집을 마련하여 키우는 것이 좋다. 그리고 동물과 방 안에서 동거하게 되면 장수하기는 이미 틀렸다고 봐야 한다. 짐승에게 서식하는 각종 전염병이나 질병의 균에 감염되어 시달려야 할 가능성이 높으니 말이다.

 세균이 득실거리는 짐승을 안고 잠을 자는 사람은 참으로 용감한 사람이다. 동물과 동거함으로 자신의 생명이 단축될 수 있는 확률이 높다는 사실을 모르지 않을 텐데 말이다.

 아기와 동물을 같은 방에서 키우고자 하는 사람은, 아기를 천재로 훌륭히 키워 낼 수 있는 부모로서의 자세가 아주 결여되어 있다고 보는 게 맞다.

 아기를 개와 동등하게 여기며 그냥 감정대로 맘대로 멋대로 아기를 키워 내게 된다면 그 아기가 성장하여 부모에게 효도하지도 않고 자기 자신만 챙기며 개의 습성을 받아 동물적 야욕을 드러내는 인격으로 성장하게 된다. 이것 또한 안타까운 일이 아닐 수 없다.

 부모 자신들이 자기 자식을 아이큐 70의 무능력자로 만들었다는 사실을 깨달았다면 이것이야말로 실로 기가 막히는 일이 아닐 수 없다.

 창세 이래로부터 아기를 키울 때 부모는 본능대로 아기를 양육하여 왔다. 별다르게 특출 난 양육법에 관심을 두지 않고, 본능적 습관으로 지금까지 인류의 역사와 함께 육아하여 온 것이다.

 아기를 본능적으로 양육하여 왔기에 아기도 본능에 따라 성장하여 본능적 사고방식으로 가정을 꾸리다가 파탄을 일으키기도 하고 불화도 야기하며, 이기적 욕심을 드러내어 가족 간의 갈등과 분쟁 등을 야기하며 살아왔다.

이러한 구시대적인 본능적인 아기의 양육법은 이제 탈피하여 과학적·의학적·현대적이며 합리적인 육아법을 사용하여 훌륭한 천재를 만들어 내어 삶의 질을 획기적으로 높이기 위해 힘써야 할 것이다.

앞으로 탄생되는 아기를 훌륭한 천재로 양육하게 되면 점차 천재가 늘어나면서 인류는 삶의 질이 향상되고 개선됨으로 지금보다 더 나은 삶의 수치가 점점 상승하여 인류를 행복의 길로 인도할 것이다.

그러므로 양식이 있는 모든 분들은 천재 양육을 시행해야 하는 일이 시대적 요구임을 인식하고 발전적이며 선구자적인 역할에 앞장서서 기꺼이 천재 양육에 이바지해야 할 것이다.

우리들이 먼저, 천재 양육을 실행하기 위하여 힘써 노력한다면 우리의 후손들은 보다 나은 행복을 구가하는 삶을 누릴 수 있게 될 것이며 우리는 좋은 유산을 후손들에게 남기게 될 것이다.

사람이 믿음직하고 솔직하며 순수하다면 그리고 상대를 등쳐먹으려고 하지 않고 서로 도움이 되려는 마음을 가지고 세상을 이롭게 하는 삶을 지향하는 생활을 했다면 사람들은 개보다 사람을 더 좋아 했을지도 모른다.

어떻게 하면 상대를 이용해 먹을까 하고 잔머리 굴리며 치사하며, 이기적이며, 독선적이어서 신물이 나도록 환멸스러우니까 차라리 맘 편하게, 더럽지만 동물과 친해지려는 추세에까지 이르지 않았을까 하는 생각도 해 보는 것이다.

지금까지 사람들은 맘대로, 멋대로, 감정이 내키는 대로 자신의 아기들을 양육하여 왔기 때문에 '머리 검은 짐승은 거두지 말라.'는 속담까지 생겨난 것이며 '올빼미 새끼가 성장하면 어미의 눈알을 쪼아 먹고 날아가 버린다.'는 이야기가 파다하게 문서에 기록되지 않았을까 생각해 본다.

그래도 개는 역겨운 짐승 냄새를 풍겨도 순수하니까, 오갖 세균을 지니고 있어도 주인을 '등치고 간 내 먹으려고' 하지 않고 비열하고 얄팍한 수작과 배반이라는 칼을 뽑아 들고 뒤통수를 치려는 짓은 하지 않는 지능이 엄청 낮으므로 인간을 등치고 간 내 먹을 수 없으니까 그저 주는 대로 먹고, 시키는 대로 재롱도 부리고, 자라면 자고 눈 감으라면 눈을 감았다가 주위가 조용하면 슬며시 일어나 어슬렁거리기도 하는 그저 그런 동물이니까….

17. 엄마의 애정이 아기의 인격을 만든다

아기가 울음을 울 때는 반드시 이유가 있다. 여행 가고 싶다고 울진 않는다. 아기는 여행 가는 것이 뭔지 모르기 때문이다. 아기가 우는 이유를 알아내는 엄마가 현명한 여성이다. 아기가 운다고 때리지 말라, 때리면 아프다. 아프면 아기는 더욱 운다. 아기를 때리는 엄마라면 성격에 문제가 있어서 천재 만들기가 어려울 것이다.

아기는 아직 욕을 들어 본 적이 없기에 욕할 줄은 모른다. 그러나 아기가 욕하는 소리를 많이 들었었다면 자기를 때리는 엄마에게 아주 심한 욕을 해댈 것이다.

아기에게 절대 폭력은 쓰지 말라. 무고하고 유약한 아기에게 엄마의 성난 감정을 나타내는 일은 후회되는 일이다. 갓난쟁이는 백 번을 생각해 봐도 매 맞을 만한 일을 하지 않았기 때문이다.

엄마는 갓난쟁이가 왜 우는지 생각해 보고 모르겠으면 아기의 얼굴과 아기의 몸 상태를 자세히 살펴보아야 한다. 엄마가 아기 울음 언어에 대한 집중력이 시원찮으면 센스라도 있어야 하는데 기억력이 시원찮은 엄마는 대개 센스가 없어서 울음을 멈추라고 아기에게 성질을 부리며 때린다.

이런 엄마라면 아기는 죽고 싶을 만큼 괴롭다. 아기는 엄마에게 몸이 아프다고 울음으로 말하는데, 그런 말을 하지 말라고 때리는 엄마로 인하여 아기가 커서 천재가 되기는커녕, 무능력자가 되어 엄마에게 의탁하여 살고자 평생을 진드기처럼 달라붙을 것이다.

엄마가 아기에게 젖을 물릴 때 애정이 가득한 마음으로 아기를 꼭 껴안고 젖을 먹이면 엄마도 아기도 몸에 호르몬의 분비가 촉진되고 옥시토신의 양이 여유롭게 증가하는데, 아이가 성장하게 되면 정서적으로 안정되고 믿음직한 인격으로 발전할 가능성이 높게 된다.

그러나 대충 의무적으로 아기에게 젖을 먹이는 엄마에겐 옥시토신의 증가가 생성되지 않을 수 있으므로 아기에게 젖을 먹일 때는, 애정이 가득한 마음과 사랑이 넘치는 신체 접촉으로 친밀감을 가지고 자주 아기를 안아 주거나 젖을 입에 물린다면 아기의 인격 형성에 엄마의 애정이 아주 좋은 영향을 줄 수 있다는 사실이다. 따라서 엄마에게도 호르몬이 분비되어 자신의 신체에 좋은 영향을 받게 된다.

엄마와 아기 사이에 애정이 가득한 접촉이 잦을수록 아기에게 미치는 영향력은 아기를 믿음직한 인격이 형성되도록 하는 데 도움이 된다는 사실이다.

그리고 아기에게 환경은 너무 중요하다. 단조롭고 공허한 환경은 아기의 신경 발달에 크게 도움이 되지 못한다. 고요하고 쓸쓸한 환경은 아기로 하여금 거칠고 피폐한 성질과 품격을 지니게 해 조급성을 드러내는 아기가 된다.

　아기의 탯줄을 끊기 전에 엄마의 품에 최초로 안겨 주고 탯줄의 맥박이 멈춘 다음에 즉시 탯줄을 끊고 목욕을 시켜 엄마의 맨살 품에 안겨 주게 되면 아기는 스스로 무엇 하나 할 수 없는 무력한 아기라고 할 수 있다.

　이렇게 무력한 아기로 시작하여 모든 것을 갖춘 훌륭한 천재가 되기까지 부모의 세심한 배려와 노력과 질 좋은 환경의 제공이 절실히 필요로 하게 된다.

　질 좋은 환경이 필요한 까닭은, 아기의 신경 조직이 조화롭게 구성되기 위함이며 아기의 두뇌가 더 많은 자극을 받을 수 있는 환경에 있어야 천재로서의 기능을 구성하는 데 도움이 되기 때문이다. 아기의 두뇌는 자극을 받으면 받을수록 성장이 촉진될 수 있다. 아기 두뇌의 기억 창고에 풍요로운 정보가 입력되므로 단조로운 경험보다는 좀 복잡하면서도 새롭고 유익한 기억이 저장되게 하는 것이 보다 나은 도움이 된다.

　갓난쟁이니까 아무것도 모를 거라고 생각지 말라. 갓난쟁이가 태어난 지 4년 만에 말을 근사하게 구사할 수 있다는 것은 참으로 대단한 일이 아닐 수 없다.

　아기의 두뇌 기억 세포에 엄마가 하는 말과 가족이 하는 말들을 저장하고 그것을 질서 정연하게 정리하여 말을 할 수 있게 되는 것이므로 아기가 말을 못 하고 알아듣지 못한다고 여기지 말고 여러 가지 많은 말을 천천히 아기에게 들려주면 말을 더 빨리 배우게 된다.

　태교할 때 태교 동화를 읽어 주고 태교 음악을 들려주게 되면 태아에게 좋은 영향을 준다는 것은 다 알고 있을 것이다.

　말도 못하고 걷지도 못하는 아기는 엄마의 젖통에 매달려 지내지만 두뇌의 저장 메모리는 빠르게 움직이며 귀를 통하여 듣고, 눈으로 보고, 엄마의 말과 주위 사람들이 하는 말을 배우기 위해 말하는 입을 쳐다보며 그 움직임을 뇌에 저장하며 분석하여 말할 수 있는 기능을 향상시켜 나아가기에 아기는 참으로 매우 바쁘고 분주하다는 사실을 알아야 한다.
　아기가 가만히 누워 있어도 두뇌는 빠르게 움직인다. 기억력과 창조력과 그리고 앞으로 발생할 모든 일을 계획하는 능력과, 행동을 통제하는 신경 조직이 활발하게 세밀한 구성 조직 과정을 이행할 수 있도록 바쁘게 움직이며 작동하고 있는 것이다.
　그러므로 환경적 요인을 원인하고 기질적 특성이 어우러져 아기들의 기억 메모리나 신경 메모리가 아이마다 각각 다르게 구성되고 정착됨으로 말미암아 차원이 다르거나, 생각이 다르거나, 사고가 다르거나, 기질이 다른 인간으로 각각 성장될 수 있게 되는 것이다.
　엄마가 아기를 돌보는 것이 절대적이지만 부득이 보모에게 아기를 맡길 경우, 보모를 선택함에 있어서 좋은 성품과 너그럽고 인자하며 덕스럽고 마음이 따뜻하며 자혜로운 여성으로 아기를 키워 본 경험과 마음이 어진 중년 여성이 바람직하다 할 것이다.
　미혼 여성이라면 친족이며 유아 교육을 전공했다고 할지라도 아기를 맡기는 것은 위험할 수 있으므로 유의(留意)해야 한다. 왜냐하면 아기를 낳아 양육한 경험이 없는 미혼 여성이라면 그 여성이 성장한 환경의 영향을 받아 지식과 상관없이 본능적으로 아기를 보육할 가능성을 배제(排除)할 수 없기 때문이다. 그러므로 천재가 될 아기는 미혼 여성이나 아기를 낳아 양육하여 본 경험이 없는 여성에게 맡기는 것을 금하기를 다시 한번 강력히 권장한다.

조선 시대 왕자들의 교육 목표의 대부분은 기의기 천제를 만드는 치열한 교육이었다. 천재는 선천적으로 저절로 태어나는 것으로 알고 있지만 그렇지 않다는 것이 왕실의 왕자 교육에서 입증되었다. 천재는 저절로 생겨나는 것이 아니라 부단히 노력한 결과로 점차적이고 서서히 만들어진다는 사실이 확인되었다. 조선의 왕들 중 7명이나 천재가 나왔다는 명백한 사실로 미루어 보아 왕실의 왕자에 대한 부단한 천재 교육이 심오하게 뛰어났다는 것을 확실하게 밝혀주고 있다.

천재 왕들의 면면을 살펴보자면 세종대왕을 첫째로 꼽을 수 있다.

세종대왕은 정인지, 신숙주, 성삼문 등의 신하들과 함께 훈민정음을 창제(1443)하였다. 조선 시대의 문예 부흥의 초석을 세운 천재적 왕이라 일컫지 않을 수가 없다.

조선 시대, 바로 그 때에 세종대왕의 명으로 변효문 등이 편찬한 농사직설(農事直說) 등등 참으로 여러 분야에 두루 걸친 업적을 남긴 천재적 임금이었다.

그다음으로 조선 제5대 왕이신 문종은 세종대왕의 맏아들로 유학·천문·역수·산술 등 다양한 학문에 정통하였다. 예·초·해서 등 서예에 탁월한 재능을 지녔었고,《고려사》,《고려사절요》등의 편찬을 주도하였으며 군제 개혁안을 완성하였던 것이다.

그리고 조선의 7대 왕인 세조는 구태의연한 낡은 정치의 변혁을 주도하여 확실하게 개혁하는 성과를 거두었다. 그리하여 경제 사회의 안정을 도모하여 백성들의 어려움을 살피는 어진 임금으로 남았다.

조선의 9대 왕 성종은 어려서부터 성리학(性理學)으로 천재 교육을 받아 정치의 근간(根幹)에 백성들의 평안을 제일로 삼았으며 정치와 왕실을 철저히 단속하여 평안을 이룩한 위대한 화목의 왕이라 할 수 있다.

다음은 조선 제15대 광해군으로 전국의 논밭을 측량하였고 대동법(大同法)으로 공물(貢物)을 쌀로 통일하여 실시하였으며 외국과 외교에 탁월하여 실리를 챙기는 외교에 능한 왕이었다.

조선의 제21대 왕인 영조는 백성들의 부담을 덜기 위해 균역법(均役法)을 제정한 납세 제도로 그때가 영조 26년(1750)에 양포세(良布稅)를 반으로 줄이기도 했다.

뿐만 아니라《동국문헌비고》,《속대전》,《속오례의》,《해동지도》를 편찬했고 백성들을 교육하고자 하는 열의가 뛰어나 백성들을 일괄적으로 교육하고자 시도하였으나 큰 성과는 거두지 못했으나 천재성이 특출한 왕임에 틀림이 없었다.

조선 제22대 정조대왕은 사도세자의 아들이었으며 최고의 대학자였다. 정조는 서자와 그 자손을 배제하지 않고 인재로 등용하였으며, 노예 제도를 폐지하였고, 상인이 자유로이 상거래를 할 수 있게 하는 시장 경제를 활성화했으며, 법과 정의를 확립하고 왕실 재산을 아낌없이 내놓아 백성을 구제하는 결단을 보이기도 했다. 그리고 많은 학자들 양성에 투자하여 후세 번영을 도모한 훌륭한 왕이다.

이렇게 조선의 여러 왕들 중에서 천재가 많이 나오게 된 까닭은 왕자들의 교육이 탁월했던 점도 있었지만 태교부터 심혈을 기울인 노력도 있었다 할 것이다. 왕실의 천재 교육이 뛰어나게 특출했고 세심하게 정성을 기울여 실시하므로 충분한 조화가 이루어지므로 천재기 나올 수 있었다고 할 수 있다.

천재 교육의 목표는 무엇보다도 두뇌 발달이라고 할 수 있다. 두뇌 발달을 궁극의 목표로 삼고, 두뇌 발달을 위해 두뇌 기억 메모리에 학습 교육법과 두뇌 건강법을 기억하도록 도모하고 활성화 되게 하므로 두뇌가 활발히 즉각적으로 움직일 수 있게 도모한 것이 적중했다고 할 수 있다.

그리고 인품이 높고 지식과 기량이 풍부한 스승을 선택하여 어린왕자들을 치밀하고 정밀하며 고급스럽게 교육함으로써 나라와 온 백성을 선도해 나갈 수 있는 영명한 품성과 재능을 지닌 왕으로 만들어질 수 있었던 것이다.

18. 조선 시대 왕자 교육법

우리나라 조선의 왕이 될 왕자들의 교육법은 다음과 같이 시행되었다고 전해지고 있다.

그전 시대부터 왕자들의 교육은 세심하고 특별하게 실시되어 이어져 왔지만, 계획적이고 체계적이며 효율적으로 왕자들을 교육하게 된 것은 조선의 태종 대왕 때부터 시작되었다고 알려지고 있다.

하지만 교육의 효과가 실제로 표면에 나타나기 시작한 것은 천재가 되어 나타난 세종대왕 때부터였으며, 이후로부터 왕자의 교육이 더욱 중요하여 나라의 근간(根幹)에 엄청난 역할을 한다는 사실을 인정하고 왕자의 천재 교육이 한층 더 정교하고 세심하게 시행되었으며 활발히 이루어졌다고 할 수 있다.

왕가에서 왕비가 왕자를 잉태하게 되면 그때부터 태교를 본격적으로 시작하였는데, 왕실의 보호와 황후와 상궁들의 통제 속에서 태교와 임부의 건강관리가 철저하면서도 엄격하게 시행되었다.

그리고 왕자가 태어나게 되면 왕실에서 정해진 양육법으로 도리도리 짝짜꿍, 곤지곤지 잼 잼, 불이야 불불불 등의 손놀림 운동으로 두뇌 발달을 나름대로 시행하였고, 아기 왕자에게 말을 수시로 걸어 언어 발달에 상당한 영향을 주었다.

더구나 유아기 때부터 충과 효를 들려 줘 가르치고 예의범절과 '삼강오륜'을 꾸준히 반복하여 가르쳤으며 신하를 공경하고, 백성들의 어려움을 헤아려 살필 수 있도록 사물을 보고 분별하는 견식을 기르도록 여러 방면에 걸쳐 폭넓은 교육을 아기 때부터 실시하도록 했다. 너무 어린 아기니까 아무것도 모르리라고 생각하지 않고 철저한 교육에 임했다는 것은 실로 놀라운 교육법이었다고 아니할 수 없다.

유년 때부터 시작한 경륜(經綸)을 쌓기 위한 교육으로 제자백가와 사서오경을 철저히 공부하여 수시로 시험을 치러 통달하도록 지도하였으며, 왕자의 육신을 견고하도록 단련하고 마음과 정신을 단련하여 훌륭한 덕성을 지니게 하고 뛰어난 자질을 함양(涵養)하도록 교육하였다.

그뿐만 아니라 역사 교육을 통해 역사적 지식과 식견이 풍부하도록 길렀다. 요즘말로 초등학교 입학할 나이쯤 되면 왕은 왕세자를 불러 마주앉아 직접 문답 방식으로 개인 교습을 하였는데 정확한 판단력과 지혜로운 언행을 할 수 있고 풍부한 식견을 소유할 수 있도록 교육하기 위하여 일반적인 도리(道理)와 인륜도 교육하였다.

조선의 조선왕조실록을 살펴보면 왕자 교육에 대한 왕족과 대신들의 기대와 관심이 매우 컸다고 한다. 그도 그럴 것이 한 나라를 다스리며 이끌어 나갈 왕이 될 재목이니 특출 나고 빼어난 영재라야 했다.

그렇기 때문에 왕자들의 유아기 때의 정서 교육을 시작으로 왕자의 영재 교육으로 사서삼경을 통달하게 하고 지도자 교육으로 제자백가의 사상을 연구하게 했으며, 교육을 담당하는 유능한 스승을 선정하여 왕자로 하여금 천재 교육을 받도록 시행했던 것이다.

왕위를 이을 계승자로서 출중한 능력을 갖추어야, 여러 다양한 능력을 지닌 훌륭한 대신들의 의견을 판단하여 나라와 백성을 잘 다스리고 운영할 수 있는 뛰어난 지도자로서의 역할을 담당할 수 있는 왕자를 만들기 위해 온갖 방법과 정성과 심혈을 기울일 수밖에 없었다.

왕자의 정신 교육과 지도자 교육에 지대한 관심이 많은 대신들의 안목에도 세자의 우수한 정신력과 풍부한 지식과 견식의 바탕이 일반의 인재들 보다 더 압도적이며 특출 날 만큼 뛰어나야만 세자로 인정하고 우러러 섬겼다고 한다. 의타심, 의지박약, 불성실, 불안정한 태도를 보이면 세자에서 끌어내리고 다른 왕위 계승자를 골라 선정하여 세자를 삼게 했던 것이다.

그리하여 세자의 천재 교육을 다시 시행하여 사서삼경을 암송하고 제자백가의 저술을 통달하여 스승의 질문에 답하는 난이도가 아주 고도한 수업을 수행했었다.

왕세자의 시험 제도로는 과거 시험에 응시하는 자들이 보는 시험과 같은 고강(考講)이 있었는데 세자시강원(世子侍講院)에서 고강을 치러 그 점수를 왕에게 보고하였다고 한다.

왕의 대를 이을 세자로 선정이 되면 수시로 고강을 보게 되어 있고 성적을 기록하여 주기적으로 왕에게 보고했다. 그리고 왕세자의 심신을 단련하는 수련법은 비밀리에 은밀하게 이루어졌는데 왕이 될 재목으로서 심신을 강건하게 단련함으로 심신과 학문과 지혜가 뛰어난 왕으로 만들기 위해 왕실에서는 최선의 교육을 시행하였다.

심신 수련의 주목적은 시련과 난관을 극복하며 고난을 과감히 이겨낼 수 있는 저력을 기르는 것이며, 두뇌를 성장시키기 위한 일반적인 방법으로 크게 소리 내어 책을 읽고, 모두 암송하여 두뇌 발달을 촉진시키는 방법이었다.

이것을 소위 '인두 수련법'이라고 하는데, 인두 수련법이란 인간의 두뇌를 자신의 노력으로 발달시키는 수련법을 말한다.

이 수련법의 효과는 책을 소리를 내어 읽고 암송함으로 두뇌를 연마하여 역량을 강화하는 방법이다. 또한 이것은 고도한 정신력이 필요한 극기의 훈련이라 할 수 있으므로 유아기의 아이가 천자문을 암송하도록 하면 일석삼조(一石三鳥)의 효과를 볼 수 있다고 하니 필히 시행하여 두뇌의 성장과 발달에 도움이 되기를 바란다.

또한 새벽에 일어나 우물로 나아가 마른 수건으로 냉수에 적셔

온몸을 비비는 냉수 마찰을 하고 눈이 내린 겨울에도 눈으로 팔다리와 등을 비비는 마찰을 하며 자신의 몸을 단련하기 위해 마당을 몇 바퀴씩 뛰는 '사신 수련법'이 매우 유용하다. 사신 수련법은 신체를 단련하는 수련법으로 강건한 신체를 지니기 위해 저항력과 굳건한 힘을 기르는 수련법이다.

  조선 시대 왕자의 교육법은 다양했지만, 심신 수련과 정서 교육을 기본으로 하는 것을 중요하게 했다고 볼 수 있다.

  이것은 조선 시대의 천재 교육법으로 현대에 이르러서도 참고하며, 또는 활용하면 유용할 수 있다.
  그리고 현시대적 천재란, 문화적이고, 법률적이고 인문 과학적인 동시에 사회성이 밝아 정치, 경제와 사회와 종교를 꿰뚫어 직시할 수 있으며, 합리적인 모든 특출하고 재빠른 사고 행위자를 천재라고 말할 수 있다.

19. 아기의 성장

  처음으로 세상에 태어나는 아기는 모두가 일률적으로 언어 학습 프로그램을 지니고 태어난다.
  갓난쟁이가 4개월 정도 자라게 되면 응용력이나 추리력은 없으나 호기심을 자극하는 장난감이 손에 쥐게 되면 신기하여 흔들어 보기도 하고 자세히 보며 그 장난감의 이 모양 저 모양을 살펴보며 정보를 알고자 하나 알 수가 없다.
  아직 두뇌가 발달하는 단계이기 때문이다. 엄마가 그림책을 펴 놓고 아기랑 같이 볼을 대고 그림책 설명을 해 주면서 깔깔대며 장난치는 것도 도움이 될 것이다. 똑같은 그림만 줄기차게 반복적으로 보여 주면 아기는 싫증을 낸다. 아기가 싫증을 내면 다 배웠다는 뜻으로 간주해도 된다.

 장난감을 가지고 놀다가 손에서 떨어뜨려 이불에 숨겨지면 그만 그 장난감을 단념해 버린다. 그 장난감을 다시 갖고자 하나 몸을 움직일 수도 없고 이미 그 장난감에 대한 정보가 나름대로 아기의 저장 메모리에 입력이 되었으니 아기 두뇌에서 작동되는 프로그램은 그 단순한 장난감에 대한 흥미를 갖지 않는 것이다.

 엄마가 그 장난감을 다시 집어 손에 쥐여 주면 가지고 놀지만 흔들다가 던져 버린다. 새로운 장난감이 필요한 것이다. 이미 알아 버린 장난감은 아기에게는 흥미를 유발하지 않는다.
 엄마가 까꿍 놀이를 아기와 함께 하는 이유는 아기가 대상영속성을 획득하도록 하는 데 있다. 까꿍! 하며 엄마가 얼굴을 감춘다. 그 순간 아기의 눈앞에 엄마가 없어지므로 아기는 어리둥절 정신이 얼떨떨해진다.

 아기는 무슨 영문인지 몰라 하는데 엄마가 다시 까꿍 하면서 나타난다. 여러 차례 이런 놀이를 하게 되면 아기는 엄마가 잠시 보이지 않는다 하더라도 아주 없어지는 것이 아니라 곧 돌아올 것이라는 예측을 하게 되고 엄마에 대한 신뢰감을 갖게 된다.
 이 놀이를 반복하여 아기가 익숙해지면 재미가 붙으면서 대상영속성을 획득하게 된다. 엄마가 아주 사라져 영영 가 버리는 것이 아니라 곧 다시 되돌아온다는 확신을 갖게 되므로 분리불안이 생기지 않게 된다.

　그러나 이런 놀이를 하지 않으면 분리불안장애가 될 수 있으므로 신생아와 필히 까꿍 놀이를 하여야 한다.

　분리불안을 충분히 극복했다고 판단되면 아기와 헤어졌다가 다시 만나는 연습을 하는 게 좋다. 왜냐하면 인간의 분리는 필연적이기 때문이다. 일찍부터 분리에 익숙해진 아이라면 별 어려움이 없겠지만 그렇지 않은 경우에는 부모와 떨어지는 데 상당히 애먹게 된다.

　그러므로 아이와 떨어질 때는 반드시 그 이유를 알아듣도록 설명하고 아이가 납득을 하게 되면, 아이와 부드럽고 다정하게 웃으면서 작별을 하고, 나중에 다시 만나게 될 때는 반갑고 따뜻하게 재회해야 함은 물론이다. 이러한 분리 연습이 몇 차례 이루어지게 되면 곧 익숙해져서 나중에는 간단한 한 마디 말로도 아이는 납득하며 재회를 기다릴 수 있게 된다.

　아이가 부모와 떨어져 있는 시간을 갖게 되면 지루하고 심심함을 느끼게 되어 무언가 본능적으로 소일거리를 찾아 둘러보게 된다. 그리하여 무엇을 하려는 의욕이 생겨나게 되면서 자립심이 움돋게 된다. 아이는 부모와 떨어져 있는 시간이 많아 무료하기 때문에 떨어질 때는 아이에게 어떤 임무를 주는 것이 좋다.

　그림책을 다 읽어 보라든지, 장난감을 상자에 다 넣어 놓으라든지 그러면 다녀와서 아이가 좋아하는 그 무엇을 주겠다고 약속을 한다. 그런 다음에 다녀와서 선물을 주면 아이는 책임감이나 약속을 알게 된다. 아이가 임무를 완수하지 않았더라도 칭찬을 해 주어야 한다.

　갓난쟁이 시절의 아기는 자신이 깨닫지 못하는 속임수를 엄마에게 사용하기도 한다. 사실 아기는 속임수가 무엇인지 모른다. 그리고 미소나 웃음의 의미가 무엇인지 모를 뿐더러 아기 자신이 스스로의 생각이나 감각이나 느낌으로 자의에 의하여 웃는 것이 아니다. 웃을 수도 없다. 아기는 생후 12주 안팎이다.

그러나 인간 본태의 생존 전략 프로그램은 적소적시에 얼굴 근육을 움직여 웃음을 짓게 만들었다. 이것은 자연발생적이며 저절로 근육이 움직여지는 것이다. 아기가 자신도 모르는데 웃음이 지어지는 것은 생존 전략의 일환으로 아기의 웃음을 본 사람들이 아기에게 애착을 느끼어 아기를 돌보게 하고자 하는 오묘한 전략인 것이다.

아기의 방긋 웃는 웃음을 보고 가까이 다가가 그 아기를 보살피려는 마음을 자아내게 하는 것도 원래부터 인간에게 장착된 프로그램의 일부이다.

인간은 자연발생적인 웃음이나 성냄의 표정의 변화로 감정의 움직임을 나타낸다. 감정은 무궁무진한 변화의 속성을 지녔다. 이것은 성인(成人)이나 아기나 시시각각으로 눈에 보이는 것이나 느끼는 감정에 의해 얼굴 표정이 갖가지로 변화한다. 이것이 인간의 본태이며 실상인 것이다.

그러므로 아기가 상황에 따라 갖가지 표정을 짓는 것은 감정의 움직임과 함께 생존의 법칙으로 장착되어 있는 것이며 아기의 미소를 보고 무의식적으로 다가가 보살피고자 하는 마음의 움직임도 원래부터 만들어져 장착되어 있는 프로그램인 것이다.

아기가 엄마에게서 태어나면 제일 먼저 엄마나 다른 양육자에게 애착을 형성하게 된다. 이것은 아기의 인생 시작이며 최초의 인연을 맺는 계기다. 아기는 엄마를 안전한 안식처로 삼아 주위에 널려 있는 모든 인연을 맺어 나가면서 사물들을 탐색하여 세상을 이길 힘을 기르기 시작한다.

　아기는 본능적 움직임을 사용하여 엄마에게 매달리며, 선천적으로 지니게 된 웃음이라는 강력한 무기로 엄마를 공략하여 엄마의 혼을 빼 얼빠지게 해 놓고 마음껏 매달린다. 엄마는 사랑스럽기 그지없게 웃고 깨물어 주고 싶을 만큼 귀엽게 미소 짓는 아기를 그냥 내버려 둘 수가 없어서 온갖 정성을 다하여 보살피게 된다.

　엄마는 아기를 떠나지 못하고 자신이 배 아파 낳은 분신이기도 하므로 온갖 정성과 심혈을 기울여 돌보게 된다. 엄마는 아기의 얼굴만 보고도 무엇을 원하는지 알아채서 아기가 원하는 바를 공급해 주게 된다. 이것을 아기의 속임수에 엄마가 걸려들었다고 말할 수도 있지만 그렇게 말하기에는 적절치 않다고도 할 수 있다. 이것은 아기 때의 생존 법칙으로 인간은 누구나 다 똑같은 과정을 거쳐 성장해 왔기 때문이다.

　이렇게 엄마가 민첩하게 아기의 욕구를 알아서 충족시켜 주어 아기와 안정적인 애착이 형성되고 나면, 아기는 이제, 엄마와 떨어져 있는 시간을 견디는 힘이 점차적으로 서서히 생겨나기 시작한다.

　만약, 엄마와의 교류에서 엄마로부터 적절한 사랑을 받지 못하고 자라게 되면, 아기는 애착 형성에 큰 문제가 생기며 불합리한 고집이나 욕구불만 등 불균형이 나타나게 된다. 그 불균형은 아기 일생에 엄청난 파장을 가져올 수 있으며 정상적인 삶이 깨지는 결과를 초래할 수도 있다.

　이것은 아기와 엄마 사이의 관계 정상화가 되어야만 하는 중대한 사안이므로 엄마는 신중한 마음으로 아기를 지극한 정성과 극진한 사랑으로 양육하여야 한다는 것을 명심하여야 한다.

20. 아기의 생존 전략 프로그램

갓난쟁이는 12주가 되면서부터 사물을 인식하고 자기 먹이(젖)를 지키기 위해 위험을 감지하는 능력을 갖게 된다. 그래서 아빠가 아닌 생면부지의 남자가 먹이에 가까이 접근하면 가차 없이 공격한다. 단, 사정거리 안에 있을 때만 공격이 가능하고 사정거리 밖에 있을 때는 아기도 속수무책이다.

갓난쟁이라고 얕보지 말라. 아기의 손톱에 의해 얼굴에 깊은 상처가 패일 만큼 할큄을 당하게 된다. 아기의 손톱은 할퀴어 상처를 내기 때문에 엄마는 아기의 손톱을 자주 살피고 잘라 주어야 치료비의 지출을 막을 수가 있을 것이다. 물론 엄마가 아기를 안고 있을 때 낯선 얼굴이 아기의 먹이에 접근하는 것을 금지하는 것은 물론이다.

아기는 먹이를 지키기 위해 할 수 있는 수단을 다 동원하기 때문에 잔인하기 이를 데 없다. 모든 동물이 동일하게 여기에 해당된다.

멍멍이가 밥을 먹고 있을 때, 밥그릇에 손을 대어 움직여 보라. 당신의 손이 깨물려 피가 흐르는 것은 약과이고 잘못하면 개의 이빨의 독에 의해 세상을 하직할 수도 있다. 먹이를 지키기 위한 동물들의 생존 전략을 가볍게 생각지 말라.

아기는 사물을 구별하고 판단하진 못해도 먹이를 지킬 줄 알며, 엄마가 자신의 생명줄이라는 것을 인식하여 본능적으로 매달리며, 부당하게 때리고 꼬집고 내동댕이쳐도 이 여자가 아니고서는 자신의 생존이 보장될 수 없다는 것을 생존 전략 프로그램화되어 있기에 자신을 죽이든 살리든 엄마에게 맡겨 버리는 교활함을 서슴없이 발휘하는 것이다.

 아기 자신은 그러한 자신의 교활성을 전혀 모른다. 이미 인간의 생존 전략 프로그램이 본능적으로 먹이를 지키도록 되어 있고 엄마에게 매달리도록 프로그램화되었기 때문에 프로그램대로 움직일 뿐인 것이다.
 그러나 갓난쟁이라고 때리고 학대하면 우선은 자신의 생존을 위해 매달리겠지만 갓난쟁이의 기억에, 그 흔적이 메모리에 저장되고 소멸되지 않고 남아 있어서 성장한 후 무의식중에 흔적이 떠오르게 되어 전혀 의도하지 않았음에도 보복성이 발휘된다. 이건 인간이나 동물의 끔찍한 보복적 생리 현상이다.
 두세 달밖에 안된 강아지에게 매질을 한 번만 해 보라. 강아지는 매를 맞은 후부터 매를 든 사람만 보면 짖으며 달려들려는 자기 방어 심리로 인한 공격성을 나타낸다.
 개는 자기를 공격한 사람을 잊지 않으며, 자기에게 먹이를 준 사람도 잊지 않는다.

 군대에 근무하던 시절, 작전실 벙커 입구에 '까치집'이 있었다. 얼마나 시끄럽고 요란하던지 참다못해 장병 10여 명이 지나가기에 까치집을 향하여 돌멩이 사격을 시켜 '까치집'을 완벽하게 부수어 버렸다. 그런데 문제가 생겼다. 까치 암수 두 마리가 나만 보면 따라다니며 카악 깍 거리며 짖어대는 것이다. 사복을 입어도 기막히게 알아보고 따라다니다가 전역하고 나서야 까치의 사정거리에서 해방될 수 있었다.

짐승도 자신을 해코지한 사람을 기억하는데 하물며 만물의 영장인 사람이 못 하겠는가? 더욱이 인간은 동물보다 더 잔인한 습성을 지녔다. 법이, 도덕과 윤리가, 그리고 종교와 교육이 제동장치 역할을 하므로 잔인성이 고개를 숙이고 있는 것이다. 자식일지라도 부모가 무고하게 폭력을 사용하면 반드시 그 억울함에 대한 대가를 받게 된다는 것을 기억하고 참고해 두는 게 좋다.

다시 말해서 아기를 함부로 다뤄서는 절대 안 된다는 것이 법칙이고 불변의 경고이다. 왜냐하면 아기는 무고하며 억울함에 대한 보복의 기회가 생기면 가차 없이 시행할 수 있는 교활성과 보복성이 다분한 잔인한 인간이라는 사실이다.

나쁜 짓을 한 학생이 자신의 과오를 인정하면서도 그 나쁜 버릇이 근절되지 않을 때는, 스승으로서 당연히 초달을 시행하여 고치려고 시도하게 된다. 갓난쟁이 때부터 엄마가 아기의 교육을 잘 시켰으면 스승이 초달을 할 필요가 없을 것이고, 제대로 된 가정교육이 아이에게 잘 시행되어 있지 않았기 때문에 스승이 얼굴 붉힐 일이 발생한다는 사실이다.

아기가 태어난 지 4주가 넘었을 즈음 기저귀를 갈아 주거나 젖이나 우유나 먹이를 주면 방긋방긋 웃는다. 이것은 먹이를 주는 자 누구에게라도 웃도록 프로그램화되었기 때문이지 엄마나 아빠를 알아보기 때문이 아니다.

아기들은 태어날 때부터 자신을 아는 척하고 돌봐주는 사람에게 미소 짓는 생존 전략이 프로그램화되어 있다. 웃음을 상대에게 보여주어 자신을 보살피도록 만드는 것이다. 아기가 필요 사항이 있어서 울음을 우는 것은 자신을 돌보아 달라고 하는 아기의 언어이다. 이러한 아기의 말을 알아듣고 얼른 보살펴 주게 되면 아기는 방긋 웃는 웃음으로 보답하게 된다.

 아기는 자신의 미소가 타인에게 특별한 감정을 일으킨다는 것을 생후 사 개월로 접어들면서부터 어렴풋하게 느끼고 있고, 생존 전략 프로그램이 그렇게 되어있으므로 자동적으로 미소를 머금게 되는 것이다.

21. 아기는 남녀를 구분하며 스트레스도 받는다

 엄마나 아빠를 몰라보는 아기가 어떻게 남자와 여자를 구분할까?
 그런데 아기가 세상에 태어나 눈을 뜨면서 눈에 보이는 모든 사물의 모습을 눈의 렌즈로 좌르르 비디오로 찍어 자료로 저장한다. 이것이 아기의 두뇌에 데이터로 저장이 된다. 이 저장된 데이터가 분류되어 두뇌에서 정리되면, 환경과 아기가 본래 지니고 있는 기질적 안목과 식별의 영향을 받아 여자와 남자를 정확히는 아니고 어렴풋이 구분하게 된다고 한다.
 아기에게 주먹을 쥐어 보이며 공포감을 주는 남자나, 아기가 원하는 어떤 요구 사항을 들어 준 여자를 구분할 줄 알게 된다. 공포감을 주었던 남자가 멀리서 나타나는 것을 보게 되는 아기는 거부감을 드러내어 울음을 터뜨리고, 친절하게 대해 준 여자에게는 친근한 미소를 보여 주기도 한다.
 아기가 엄마도 몰라보는 상황에서 남자와 여자를 구분한다는 것은, 아기를 놀라게 한 그 남자의 모습이 각인되었고 친절을 베푼 여자의 얼굴이 저장 메모리에 각인되었기 때문이다.

또, 아기를 안아 주고 필요한 것을 공급하였을 때와, 아기를 안아 주고 짜릿한 놀이를 하여 즐거움을 느끼게 했을 때, 그런 것들이 데이터에 각인되어 무의식 상태에서도 그런 스릴과 재미, 즐거움을 다시 바라며 그에게 친밀감을 보이며 좋아하는 미소나 눈빛을 보내게 된다.

 강아지는 자기를 때린 사람이나 밥을 준 사람을 기억하여, 때린 사람을 보면 맹렬하게 짖고 밥을 준 사람을 만나면 꼬리를 흔든다.
 까치는 사람이 돌멩이를 던져 자기 집을 허물고 새끼를 죽인 그 사람을 만나면 어디까지 쫓아다니며 까악, 깍 우짖는다. 몇 년이 지나도 그 사람을 알아보며 옷을 바꿔 입어도 알아보며 짖으며 따라다닌다.

 아기가 자리에 누워 혼자 놀다가 텔레비전에서 소리가 나면 그쪽으로 얼굴을 돌리며 텔레비전을 보게 된다.
 아기는 화면에 움직이는 사람들의 행동에 재미를 느끼고 눈을 떼지 못한다. 아기의 눈에는 너무나 생소하고 자극적으로 움직이는 화면에 흥미를 느끼고 정신없이 바라보면, 엄마들은 아예 아기가 텔레비전을 잘 볼 수 있도록 위치까지 조정해 주고 집안일을 하는 경우가 많다.
 또한 아기에게 핸드폰을 켜서 맡겨 놓고 다른 볼일들을 본다. 이런 아기들은 핸드폰에 정신이 팔려 엄마를 쳐다보지도 않는다. 엄마는 시간을 벌었으므로 자신의 볼일에 열중하게 된다. 아기는 이제 핸드폰이나 텔레비전보다 더 자극적이지 않으면 흥미를 갖지 않고 돌아보지 않게 된다.
 엄마나 할머니들은 알지 못해서 아기가 핸드폰을 가지고 놀도록 허용한다. 예쁘고 사랑스러운 아기가 좋아하니까 핸드폰을 맡기는 것이다.

아기의 시력에 얼마나 해로운지, 전자파와 텔레비전 광고가 아기에게 미치는 영향이 어떠한지[7] 부모는 당연히 염려해야 하고 적어도 아기가 4살이 될 때까지는 텔레비전이나 핸드폰이 안 보이는 곳에 아기를 두도록 하는 것을 권장한다.

아기에게 해로운 자극을 주는 것은, 이로운 자극을 주는 것보다 못하고, 아기라는 생각을 잊어버리고 성인들을 대할 때처럼 아무렇지도 않게 대하게 되면 성인과 유사한 스트레스를 받는다는 것을 유념해야 한다.

어른들이 생각 없이 무분별하게 아기를 사랑하여 아무렇지도 않게 행동하는 것은 지양해야 한다. 왜냐하면 분별력 없이 무의식중에 아기를 어른 대하듯이 다루게 되면 아기는 스트레스를 받게 되고 그로 인하여 아기가 신경과민이 이루어질 수 있는 것이다. 아기가 성장하면서 신경과민 증상으로 신경계의 불안정한 상태에 이르게 되면 괴상한 성격으로 발전할 수도 있으므로 정신과 치료를 받아야 될 수도 있게 되는 것이다.

---

[7] 영국의 엑서터 대학의 생명과학 피오나 매슈스(Fiona Mathews) 교수는 휴대폰에서 나오는 방사선이 남성 생식 기능을 떨어뜨릴 수 있음을 시사했다.

22. 말을 못 해도 알 것은 다 안다

  엄마가 아기를 순산하여 처음으로 아기를 가슴에 안을 때는, 맨살 위에 아기의 알몸을 안고 피부를 접촉해야 한다. 그 순간이 아기와 엄마 사이에는 최초로 사랑이 형성되기 시작하는 순간이다. 엄마는 사랑이 가득 담긴 마음과 몸과 언어로 아기를 안고 사랑한다고 말해 주며, 감싸 안고 어루만지며 쓰다듬어 주며 사랑의 언어를 아기에게 들려주어야 하는데, 부정적이거나 한탄조의 말은 하지 않아야 한다.
  마음이 따뜻한 엄마가 포근하게 아기를 안고 정성스럽게 애정이 담긴 말을 전달하게 되면 아기는 엄마를 의지하는 믿음이 생기게 된다. 이렇게 엄마에 대한 믿음을 갖게 된 아기는, 엄마를 자신의 생명줄로 여기고 엄마에게 매달리게 된다.
  아기는 자기를 안아 주는 사람이 엄마인지 누군지 알지 못해도, 자신을 보호해 준다는 것만은 확실히 안다. 피부 접촉으로 인하여 자신을 돌보아 주리라는 것을 확실하게 믿는다. 그러므로 아기의 마음에 안정이 오고 평안함이 아기의 몸을 건강하고 평강하게 하는 것이다.
  핏덩이 갓난쟁이니까 아무것도 모르리라고 우습게 보지 말아야 한다.

  "너를 낳기 위해 이 엄마가 얼마나 죽을 고생한 줄 알기나 하니?"
  이러한 말투로 아기에게 투정이나 불평을 터트리면 아기는 부정적인 사람이 될 수 있다는 것을 알아야 한다.
  짐승들은 엄마의 배 속에서 나오자마자 걷는다. 그러나 아기는 아무런 행동을 할 수도 없고 그저 눈을 감고 무능력하게 있어도,

감각과 지능의 능력은 짐승들보다 몇 십 배로 능가한다는 사실을 예사로 생각지 말아야 할 것이다.

엄마가 아기를 아기 이불에 감싸서 재우고 부엌에서 집안일을 하는 동안 아기가 잠을 깨면 아기는 엄마를 찾는 울음을 디뜨린다.

엄마가 아기의 울음소리를 듣지 못하여 부엌에 머물러 있으면 아기는 자지러지는 울음소리를 발하며 자신의 필요 사항을 해결해 줄 사람을 애타게 부른다.

엄마가 속히 다가와 아기를 안고 아기의 갈급한 필요 사항을 충족시켜 주면 다행이지만 엄마가 아기에게 다가오는 시간이 길어지게 되면 아기는 불안감에 더욱 자지러지게 울게 되고 불안감이 아기의 뇌에 최초로 자리하게 된다.

아기를 재워 두고 이웃집에 갔을 경우, 엄마는 문득 방안에 두고 온 아기가 생각나 집에 돌아오니 아기는 깨어 울다가 지쳐서 다시 잠이 들었다. 아기는 두 번째 불안감에 대한 경험을 기억 장치에 저장하게 된다.

아기가 엄마와 주위에 대한 믿음이 시작되는 아주 중요한 시기에, 믿음보다 불안이 먼저 주입되고 기억 메모리에 저장되는 결과를 초래하게 되면 아기 최초의 신뢰심 발달로 이행되어야 할 자리에, 엄마와의 신뢰 관계가 시작되어야 할 시기에, 불안이 먼저 뇌에 기억되면 신뢰의 자리가 협소해질 수 있는 것이다.

아기의 양육 과정에서 친밀한 신뢰 관계로 일관되도록 극진한 사랑을 베풀어 주어야 되는 시기이다. 아기에게 기본적인 욕구를 충족시켜 주어야 아기는 상대에게 무한한 신뢰심을 갖게 된다.

아기가 신뢰하는 마음을 가짐으로 부모에 대한 긍정적인 태도와 의지할 수 있는 마음과 주위에 대한 믿음이 가득한 신뢰성을 소유하게 된다.

 그러나 아기가 채우고자 하는 욕구가 채워지지 않고 불안이라는 부정적인 경험을 쌓게 되면 불안이 불신으로 이행되어 이기적인 사고의 싹이 생성된다. 그것은 아기의 삶에 지대한 영향을 미치게 되며 불신과 이기적인 인간으로 발전하는 씨앗이 될 수도 있다.

 아기는 아무런 능력이 없고 아주 무능하기 때문에 자주 불안을 느끼고, 더구나 부모와 잠시라도 떨어져 있을 때 불안하게 되지만 성장하면서 반복되는 분리불안에 익숙하게 되고 이러한 경험들이 축적되어 점차 불안을 극복하게 되지만 그 불안했던 기억들이 잠재되어 간과할 수 없는 위험한 요소가 될 수도 있는 것이다.

 아기가 받은 스트레스가 뇌에 축적되어 아기가 성장한 다음에 나쁜 버릇으로 고착화될 수 있다는 사실을, 우선 눈에 보이지 않는 현상이며 잠복되어 있어서 나타나지 않는다고 간과하지 말아야 한다.

 인간은 참으로 복잡하기 이를 데 없는 동물이다. 더욱이 인간은 저마다 유전적 특질도 가지고 있다. 거기에 환경적 요인이 함께 작용하기 때문에 생활 습관과 같은 나쁜 버릇을 지니게 되면 스스로의 노력으로 자신의 나쁜 버릇을 개선하여 변화시킬 수 있는 나이가 될 때까지, 그 수년 아니, 수십 년이 걸릴지 모르는 인생 황금기의 긴 기간 동안 나쁜 버릇으로 인한 어려운 생활고를 겪을 수도 있게 된다.

 그러므로 부모는, 정성 어린 사랑과 희생과 진정으로 아이를 위한 부모의 드높은 애정을 풍족하게 베푸는 것이 천재를 만드는 부모의 임무라 할 수 있다.

아이가 성장하여 스스로 자기를 변화시킬 수 있는 깨달음의 연륜에 이를 때까지의 그 긴 황금과 같은 고귀한 기간, 부모는 아이가 조금도 어려움을 겪지 않게 해 주는 방편으로 언제나 사랑스런 내 아이가 스트레스를 받지 않도록 지혜롭고 슬기롭게 육아하는 것이 참으로 바람직하다는 것을 지금 말하고 있는 것이다.

23. 아기의 기질

아기들은 저마다 그 기질이 각양각색이다. 환경이 엇비슷해도 부모의 성격과 기질이 다르므로 아기들도 신체적 정서적 사고적인 반응과 행동이 현저히 다르다. 또한 유전적 기질이 포함되어 있으므로 기질이 다양할 수밖에 없다.

부모가 섬세하여 아기의 기질을 파악하고 있으면 아기를 양육하는 데 크게 도움이 되지만, 부모가 아기의 기질을 파악하지 못하고 있다면 상당한 어려움이 따를 수도 있다.

성격은 체험과 경험이 축적되면서 행동과 판단력 등으로 인하여 바뀔 수 있지만, 타고난 기질(器質)은 일생 동안 그 사람의 특성이 된다. 기질은 감정의 움직임처럼 자신에 대하여서는 좋고 나쁜 것이 없다. 옳거나 그름은 자신 나름의 소양(素養)과 지식(知識)과 기질에 따라 판단이나 관념이나 행동이 제각각일 뿐이다.

기질은 바뀌지 않는 특성을 지니고 있다. 그러나 성격은 성장하며 만나는 환경과 체험과 새로운 경험들로 인해 차츰 만들어지게 되는 저마다의 성질이 개성이라 할 수 있다.

기질은 바뀌지 않는 유전적 특성임에도 불구하고 부모의 현명한 지극정성과 희생이 포함한 사랑의 천재 교육으로만이 아이의 기질의 절반 이상을 사회에 유용한 기질로 바꾸어 줄 수 있다.

물론, 이것은 부모가 먼저 자신의 기질을 파악하고 있을 때에만 가능한 일이다. 자신의 기질이 유용하지 못하고 허접하다는 것을 알고 있는데, 아이가 그 허접한 행위를 거침없이 실행하는 것을 목격했을 때, 그것을 바로 잡아 교정하여 유용하도록 할 수 있는 것이다.

그렇지 않으면, 아이가 성인으로 성장하면서 충분한 학문적 배움과 자신의 기질에 대한 장단점에 대하여 많은 생각을 하고 깨달음을 얻게 됐을 때에야 비로소 스스로 기질을 수정해 나갈 수 있다.

마지막으로 기질을 바꿀 수 있는 기회는 노년이 되어 자신을 돌아보고 장단점에 대하여 깨달음을 얻은 사람만이 온전하고 참다운 기질을 가질 수 있게 된다는 사실이다.

1) 아기의 기질을 분별하는 요령

㉮ 아기가 가장 좋아하는 장난감을 엄마가, 다른 아이에게 줘 버리면 아이는 어떤 반응을 나타낸다. 이때 부모는 아기가 화를 내는 정도가 어떤지에 대하여 살핀다. 화를 내는지, 엄마의 눈치만 보는지, 체념하고 바라만 보는지.

㉯ 아기에게 최초로 모형 강아지를 보여 준다. 이때 아기는 적극적으로 흥미를 나타내는지에 대하여 살핀다. 손으로 만지는지, 당황하여 물러서는지, 바라만 보는지.

㉰ 아기가 배고플 때, 어떻게 반응하는지 반응의 정도를 살핀다. 울음소리가 거센지, 우는 소리가 작은지, 흐느끼고만 있는지.

㉱ 아기가 잠자리에서의 어떤 행동을 취하는 지 살핀다. 얌전하게 자는지, 재워줘야 자는지, 칭얼거려 어려운지.

위의 내용을 기록하여 두었다가 아기의 기질을 파악하는 데 활용하면 도움이 되며, 기질을 분별할 수 있게 된다.

2) 골치 아픈 기질의 아기

골치 아픈 아기는, 일상생활에 규칙을 정했는데도 규칙을 지키지 않고 제멋대로이다. 감정이 예리하여 민감하게 반응하는데, 낯선 환경에서의 적응은 상당히 힘들고 시간이 좀 걸린다.
기질적으로 골치 아프고 말수가 적고 불평불만이 많고 맘에 안 들면 사소한 일에도 문제를 일으키기도 한다.
교정할 수 있는 데까지 교정하는 것이 좋다. 골치 아픈 아기라는 것이 점차 밝혀지면 바로 초기 인성 교육을 실시하여야 한다.
엄마는 자신이 낳은 아기니까 그 심성을 세심하게 살펴서 아기에게 가장 적합한 방법으로 인성 교육을 틈틈이 몇 마디 말로 주입하는데, 아이가 잘 수긍하는 대답을 한다면 천재가 되는 길에 거의 문제가 없을 것이다.
그러나 엄마가 이성(理性)적이며 지혜롭게 교육하지 않고 대충 순간의 감정대로, 본능이 이끄는 대로 교육해 버린다면 문제가 발생하여 평생을 자식 때문에 괴로움에 살 수 있게 될 거라는 사실을 염두에 두어야 한다.

　인성은 그 사람의 성품으로 모든 대인 관계에서 가장 기본적이며, 자신의 인생을 즐겁게 영위하고 사회 속에서 더불어 살 수 있는 참다운 인간으로서 행복을 구가하기 위해서는 절대, 꼭 갖추어야 할 고귀한 품성이다.

　현대인이라면 모름지기 사람다운 사람이 되는 것이 우선이라고 할 수 있다. 그러기 위해서는 인의예지신(仁義禮智信)이라는 인성 교육을 아이의 유년 시절부터 실시하는 것이 바람직하다 할 것이다.

　인간관계가 원활해야 하고 생명존중과 인간애가 중요한 덕목이며, 특히 효를 실천할 수 있도록 부모가 먼저 효의 모범을 실천하여 보이는 선행 실천 교육이 참되고 훌륭한 교육이라 할 것이다.

　그리하여 고귀한 품성과 중후한 인격을 구비할 수 있도록 부모가 세심한 배려로 아이를 양육한다면 바람직한 천재가 되고, 소년기에 훌륭한 스승의 가르침을 받아 온전한 천재로 성장하여 크게 한몫을 하게 될 것이다.

3) 온화한 기질

　일상생활에서 규칙을 잘 지키고, 외부 자극에 평범할 정도로 반응하며, 긍정적인 정서로 일관하여, 낯선 환경에도 재빠르게 잘 적응한다.

　이러한 아이는 대체적으로 엄마가 안아 주는 횟수나 말을 걸어 주는 기회가 적게 되어 모자 관계에 애정이 결핍되는 부분이 발생하여 언어 발달도 현저히 뒤떨어진 아이로 자라기 쉽다. 언어는 그럭저럭 할 수 있다고 해도 사회성이나 지적발달이 뒤져 지능의 정도가 낮은 아이로 성장할 위험이 있다.

　아이의 생기가 왕성하지 못한 면이 있고 소극적이고 동작이 느리고 우둔하다는 것은, 엄마가 아이를 낳은 지 얼마 되지 않아서부터 신경을 쓰지 않았다는 사실을 말해 주는 것이다. 엄마는 아이를 보살피는 데 있어서 잔손길이 필요하지 않아 그다지 신경을 쓰지 않아도 되는 믿음직한 아이라고 생각할 수도 있기 때문에 아이에게 소홀할 수도 있다.

　아이는 엄마의 도움 없이 스스로 믿음직하게 되는 일은 거의 없다. 엄마가 아이에게 관심을 더 가지고 더욱 사랑하고 더욱 안아 주고 말을 자주 걸어 주고 함께 놀아 주면 아기는 생기 있고 늠름하며 믿음직하게 자라는 것이다.

　아기의 늠름함은 어머니가 아기에게 다양한 체험을 하도록 교육하기 위하여 어디든 함께 데리고 다녀서 여러 가지 사물을 접하게 하고 엄마가 설명해 줌으로 뇌에 좋은 자극이 전해져서 뇌에 기질을 담당한 부분이 발달하도록 하는 것이다.

　아기의 체험이 다부진 뇌를 만들므로 아기를 재워 두고 시장에 가지 말고, 유모차에 태우거나 아기를 가슴에 안고 아기와 대화하면서 장보기를 하는 게 좋다. 아기가 혼자 잘 놀고 있다고 해서 놔두고 가면 아기에게 불리한 천식이나 언어지체가 유발될 수 있고, 정서장애나 자폐증을 가진 아이로 성장할 수 있으므로 유의(留意)하는 게 좋다.

4) 게으르고 더디고 느린 아기

대체로 모든 면에서 적응이 느려, 외부 자극에 보통으로 반응한다.
 산에서 돌이 굴러 내리면 그 움직임이 느려 털끝이라도 돌에 물릴 정도일 수 있다. 그러나 지혜로운 엄마라면 아기의 기질을 바꿀 수도 있다는 사실을 염두에 두고 세심한 배려와 기질을 바꿀 수 있는 방법의 연구와 시도를 꼭 해야 한다.

24. 부모가 이혼한 아이도 천재 교육이 가능하다

엄마가 아빠와 이혼하여 아기가 계모에게 시달림을 받게 되거나 아니면 계부에게 학대를 받게 될 수도 없지 않아 있다. 그리고 아이를 친정어머니에게 맡기는 경우도 있는데 그렇게 되면 친정어머니나 또는 유모에게서 제대로 된 사랑을 받지 못하며 자라게 될 경우, 아기는 애착의 출구를 찾지 못하여 우왕좌왕하여 정신적인 스트레스가 쌓이게 된다. 이렇게 쌓인 스트레스는 아기가 성인이 되었을 때 부정적 결과로 나타날 수 있다.
 안정되고 친숙한 애착심을 나타내는 아기라도 엄마와 떨어지려고 하면 불안이 오고 두려움이 엄습하게 된다. 엄마와 떨어져 있는 동안 내내 마음속 한 구석에서는 그 불안이 도사리고 있어서 아기의 마음에 염려가 지속된다. 그러나 다행하게도 엄마와 다시 만나게
 되면 기쁨과 안정을 느끼게 되며 마음에 평안과 안락이 오게 된다.

> 미국의 교육 심리학자 해리 할로우(Harry Harlow 1905-1981)가 시행한 원숭이 실험이 있다. 이 실험은 '사랑의 본질'이 무엇인지 알아내기 위한 실험이었다.

1) 해리 할로우는, 어미 원숭이가 아기를 낳자마자 어미에게서 분리하여 철사로 만든 모형 엄마 원숭이가 있는 공간으로 옮겼다. 물론 모형 엄마 원숭이에게는 우유가 나오는 가짜 젖이 장착되어 있을 뿐 모형 엄마 원숭이는 엉성한 철사 원숭이일 뿐이었다.

2) 해리 할로우는 또 다른 어미 원숭이가 낳은 아기 원숭이들을 다른 공간으로 옮겼다. 물론 모형 엄마 원숭이에게는 우유가 나오는 젖은 없었고 대신 부드러운 천으로 철사를 감싸서 만들어졌을 뿐이었다.

3) 그런데 아기 원숭이들은 배고플 때는 철사 엄마에게 가서 젖을 먹고 다시 천으로 된 엄마에게로 돌아와 천으로 된 엄마와 놀고 뒹굴고 장난치며 지내는 것이었다.

이 실험을 통해 부모를 잃은 어린 아기 원숭이가 자신의 삶에 어떤 영향을 받았는지를 살펴볼 수 있었다. 아기 원숭이가 부모와 떨어지게 되었다 할지라도 대리 부모에게 애착을 느끼며 살아간다는 사실을 알 수 있었다.

아기가 입양되었다 할지라도 입양한 부모가 아기에게 천재 교육을 제대로 시키는 육아 방법을 시행하고 아기의 성장과, 인격 형성과 부모와의 애착관계가 소홀하지만 않다면 천재 교육에 문제가 없다는 사실이다.

 그리고 입양할 부모가 있는 아기는 출생 직후 바로 양부모에게 입양되는 것이 현명하고 지혜로운 입양인 것이다. 그러므로 아동을 입양하는 것보다 유아 입양이 유익하고, 그보다는 출산 즉시 입양하게 되면, 사랑에서 멀어져 버릴 수 있는 마음이나 이탈된 성격으로 발달될 위험에서 벗어날 수 있다.
 이것은 엄마의 사랑이 생리적이면서도 본능적이며 정서적이라는 사실과 맞물려 아기의 생리적 애착이 아기 생애 최초로 발동하게 되는 시기와 함께 함으로 아기의 심리적 발달에 아주 중요한 요소가 되며 아기에 대한 친화력이 발동하는 때와 같이한다는 사실이다.
 천재 교육이 시작되는 중요 시기와 긴밀한 관련이 있다는 사실로 미루어 보아 만약에 아기가 정서적으로 안정되지 못하게 되면 천재 교육이 어렵거나 불가능할 수 있고, 아기 인생의 방향이 바뀔 수도 있다는 점이다.

 생물학적 부모보다 심리적으로 안정을 제공한 친화적인 입양 부모에 의한 온전한 성격이나 개성이 더 유익하게 이루어질 가능성이 높다는 실험적 증거를 제공한 셈이다.
 우리나라 노인들을 대상으로 조사한 게 있는데, 혼자 사는 독거노인들의 사망률이 둘이 사는 노인들보다 훨씬 높다는 통계도 나왔다. 이것은 무엇을 말하는 걸까? 인간은 애착의 동물이라는 것이다. 밥만 잘 먹인다고 해서 아기가 훌륭하게 성장하는 게 아니라는 것이다.
 부모의 사랑, 이 사랑이야말로 내 아이를 천재로 성장시킬 수 있는 원동력이 됨과 동시에 아이의 저력이 되며, 사회에 적응하여 소기의 이상을 실현할 수 있게 되는 엄청난 힘이 된다는 사실이다.

그러므로 혼자 사는 부모라 할지라도 아기에게 사랑을 충분히 제공하여 천재 교육을 적극 시행할 수 있다면 천재로 양성이 가능할 수 있는 것이다.

그런데 혼자 사는 부모일 경우, 생활비 문제와 부모 자신의 성적 문제 해결의 어려움이 대두될 가능성이 있으므로 이런 문제가 해결되어야 천재를 키워낼 수 있지 않을까 걱정스러운 면도 있는 것이다.

25. 때가 되면 엄마 품에서 멀어진다

아기는 하루가 다르게 성장한다. 그렇다고 날마다 사이즈를 재보거나 몸무게를 달아보게 되면 세월이 지루하게 느껴질 수도 있다.

아기를 안으면 아기는 엄마의 얼굴을 만지려고 손을 내민다. 이때 엄마는 얼굴을 내밀어 만지게 해 주고 엄마는 손으로 아기의 얼굴을 부드럽고 사랑스럽게 만져 준다.

아기는 엄마의 코를 쥐려고 한다. 아기가 엄마의 코를 물어뜯는 일은 없으니까 맡겨 주면 아기와 엄마 간의 교감이 소통되는 순간이 되는 것이다. 아기의 손톱을 잘라 주지 않으면 엄마의 얼굴에 상처 입을 수도 있다. 아기의 손톱은 잘 자란다. 수시로 점검하여 잘라 주어야 엉뚱한 지출을 절감(節減)할 수 있다.

엄마와 교감이 잘 이루어지는 아기는 짜증을 내지 않는다. 얼굴을 서로 비비며 까꿍 놀이나 간지럼 태우기 놀이를 하며 깔깔거리고 놀면, 애착이 깊어지면서 엄마를 믿고 전적으로 의지하게 된다.

 아기가 엄마의 코를 쥐려고 할 때부터 아기는 뭔가를 손에 쥐고 싶어 하게 된다. 센스가 있는 엄마는 아기의 손에 쥘 만한 장난감을 쥐어 준다. 아기는 자기의 손에 장난감을 쥐게 되면 힘주어 움켜쥔다. 이것은 독립하고자 하는 싹이 자라나기 시작한다는 뜻이다.

 손에 뭔가를 쥐고 싶어 하는 아이는 무엇이라도 쥐고 있어야지 손에 아무것도 안 쥐고 있으면 쥐고 싶어서 달라고 손을 휘저으며 손을 쥐었다 폈다 반복하기도 한다. 장난감을 쥐어 주면 꼭 쥐고 다니며 엄마에게 손을 펴서 보이기도 하며 잠잘 때도 꼭 쥐고 자기도 한다.

 이때가 바로 엄마에 대한 애착이 멀어지려는 의식이 움트는 시기이며 아기의 눈은 새롭고 흥미로운 사물을 탐색하기 시작하여 주위를 두리번거린다. 아기가 손에 쥐고 있는 물건이나 장난감을 빼앗으면 운다. 빼앗지 말아야 한다. 아기의 손에 든 물건이 부러진 장난감 조각이라 할지라도 아기에게는 아주 중요한 마음의 안정을 주는 요소이기 때문이다.

 이 시기의 아기는 엄마 품에서 벗어나 온 방안을 거북이처럼 기어 다니며 탐색을 하게 된다. 이때 머리카락도 줍고 화장지 조각이나 이쑤시개 토막도 줍는다. 대개는 손에 뭔가를 주워 쥐고 있기가 쉽다. 아기가 쥐고 있는 물건이 쇠붙이거나 깨지는 물건이거나 위험하지만 않다면 그냥 놔두는 것이 좋다.

 아기는 나날이 성장하므로 아기가 크는 만큼 부모의 생각도 발전하여 크고 넓어져야 한다. 4주 된 아기와 8주 된 아기는 그 생각과 행동과 특징이 다르다. 아기가 8주가 되었다면 4주 된 아기대하듯이 하면 안 된다. 왜냐하면 초등학교 2학년 아이에게 초등학교 1학년 교과서를 들이밀며 공부하라고 하는 것과 같기 때문이다.

아기는 커 가면서 원하는 것과 바라는 것이 달라지기 시작한다. 눈에 보이거나 주위에 널려 있는 사물들에 대한 호기심이 증가하고 궁금증이 생기므로 엄마는 아기의 기대를 만족시켜 주기 위하여 무엇이거나 설명해 주지 않으면 아기는 지능적 성장이 멈출 수 있고, 지적장애인이 되어 그저 웃기만 하는 아이가 되기 쉬우므로 무엇이든 세심하고 자세하게 설명을 해 주어야 한다.

26. 아기의 생각 알아보기

출생 후 4주가 되어도 아기는 아직 엄마를 알지 못한다. 그래서 아기의 대뇌에 기존에 저장되어 있던 생존 전략 프로그램의 움직임으로 아기는 울고 웃고 짜증을 내기도 한다.

어르다가 젖을 줄 때나 기저귀를 갈아 줄 때 방긋방긋 웃는다고 엄마를 알아본다고 착각하여 좋아하는 것은 엄마의 자유로운 생각이다. 그러나 아기는 그 웃음이라는 그 강력한 무기로 엄마의 애간장을 녹이고 엄마의 애착심을 자아내게 하여 아기 자신을 잘 보살펴 주도록 된 생존 전략프로그램의 한 과정일 뿐이다.

아기가 요람에 누워 해맑은 얼굴로 웃고 있는 모습을 보던 할아버지가 이렇게 말한다.

"할멈, 이 녀석 좀 보라고. 내가 지 할아빈 걸 아나 봐."

옆에서 젖병에 분유를 타고 있던 할머니는,

"아유 영감, 영감을 알아봐서 그런 게 아니고요. 빨리 먹을 거

달라고 아첨 떠는 거라고요."

"설마…?"

"이 조막만 한 게 얼마나 약은 줄 아세요? 자기 눈앞에 보이는 사람마다 웃어 준다고요. 엊그제 태어난 강아지가 아무나 보고 꼬리치는 것과 같다고요… 아기 아첨꾼의 미소에 홀딱 넘어간 줄도 모르고 좋아하시기는…."

물론, 할머니나 할아버지도 아기 아첨꾼과 똑같은 과정을 거쳐 자랐지만 어른이 되어서 그런 것을 잊어버렸을 뿐이다.

아기는 보통 32주가 되어야 아빠 엄마에 대한 애착이 형성되기 시작한다.

아기들이 엄마나 누구를 보고 방글거리거나 우는 것은 무엇이 필요할 때 우선 사람을 불러 필요 사항을 충족해야 하므로 울음으로 소리를 발하는 것이며, 아기가 갈급한 필요 사항이 충족되었을 때 웃도록 되어 있으므로 눈앞에 어른거리는 사람 누구에게라도 방글거리는 것이다.

아기들이 지니고 태어난 프로그램 종류 중에 상황에 따라 작동하는 요긴한 프로그램은 자기를 아는 척하고, 돌봐 주는 사람에게 방글거리게 되어 있는 기막히게 신비한 프로그램이다.

한마디로 아기가 엄마에게 방글거리는 것은 누구인지 모르지만 나를 좀 보살펴 달라는 의미이다. 다시 말해서 아기는 엄마가 눈에 보이지 않아 우는 게 아니라 자신을 돌봐 주던 존재가 안 보이기 때문에 울음이라는 언어로 소리를 내어 돌봐 주는 존재를 불러 현재 갈급한 필요 사항을 해결받기 위해 찾고 부르는 것이다.

아기는 자신의 미소나 웃음이 자신을 돌보는 사람의 마음에 어떤 특별한 자극과 감정을 불러일으킨다는 사실을 감지하고 있다. 이건 실로 대단히 신비로우면서도 상상이 안 되는 놀라운 사실이다. 거울 속에 비춰진 얼굴이 자기 모습이라는 사실을 인식하려면 아직도 몇 개월은 더 성장해야 하는데도 말이다.

거울 속에 비친 자신과 실제의 자신이 동일하다는 사실을 인식하려면 적어도 18개월까지는 족히 자라야 한다. 그런데도 그런 것과는 전혀 상관없이 아기들은 거울을 좋아하고 그 신비하게 비춰 주는 즐거움에 빠져드는 이유는 지금까지 맛보지 못한 다양한 재미를 거울을 보며 즐길 수 있기 때문이다. 내가 웃으면 거울 속 녀석도 따라 웃고, 이리저리 몸을 움직이는 신비스러운 거울 속의 녀석을 보는 것으로 아기는 상당한 즐거움을 느낀다.

"저건 뭐야? 저 녀석이 어떤 녀석인데 나를 보고 있네. 웃고 있잖아?" 이런 분별과 판단도 아직은 못 하는 상태이다. 다만 거울 속의 어떤 녀석이 자꾸 움직이는 것이 보이니까 그 녀석의 움직이는 모습을 보는 것만으로도 재미있어서 즐거움에 빠져드는 것이다.

우리가 창문을 열었을 때, 창문으로 보이는 어떤 두 사람이 서로 멱살을 움켜쥐고 싸우는 것을 보게 되면 우리는 다른 일을 잊고 그 싸움 구경에 집중하는 것처럼, 거울 속의 신비하고 이상한 녀석의 모습에 흥미와 관심을 가지고 신비하여 지켜보는 것이다.

그러면서도 아기는 새로운 사물인 거울에 대해 인식을 하므로 거울을 배우게 된다. 여기에 멈추지 않고 엄마가 거울의 원리에 대하여 설명해 주면 아기는 거울에 대한 지식을 갖게 될 수 있는 것이다. 그러므로 부모는 아이에게 많은 사물을 익힐 수 있도록 견학시켜 준다는 교육적 의미를 가지고 어디든지 데리고 다니면서 설명해 주면 아기의 배움의 범위가 넓어지며, 언어의 구사력이 좋아지고 다양한 지식의 첩경이 되는 방향으로 나아가는 길라잡이 역할을 부모가 해 주게 되는 것이다.

 아기에게 사물에 대하여 설명할 때, 아기가 나의 설명을 알아들을까 하고 의심하거나 걱정할 필요가 없다. 더구나 주위의 사람들을 의식하여 "저런, 저런, 아기가 무슨 저런 말을 알아듣는다고… 저, 엄마라는 여자 어떻게 된 거 아니야?" 할 거라고 신경 쓰지 말라.
 이웃의 눈이나 이웃이 어떻게 생각할까? 다른 사람의 생각을 헤아리며 행동한다는 것은 인식 부족으로 자신의 목적을 이루는 데 걸림돌이 될 뿐이다. 이웃의 눈이나 생각들을 의식하지 않고 아기에게 교육을 실행하는 것이 유익한 것이다.
 아기를 누구에게 봐달라고 맡기는 것보다, 밥을 지어달라거나 세탁을 해 달라는 일을 부탁하고 자신이 아기를 보살피는 편이 천재 교육적 측면에서 이롭다. 적어도 만 9세가 될 때까지 어떤 괴로움이나 어려운 상황이 와도 부모가 아닌 누구에게 아기를 위탁하지 않고 부모가 키우는 것이 확실한 천재로 성장시키는 첩경이다.
 아기 엄마가 생활 전선에 나서지 않아도 천재 만드는 기간은 마음만 곧게 먹으면 버텨질 수 있다. 상황이 어렵다면 가까운 친지에게 사실을 이야기하고 도움을 요청하는 방법도 생각해 볼 수 있다. 돈에 대한 욕심과 출세에 대한 열망을 천재를 만드는 10년 동안만이라도 내려놓지 않으면, 자신의 노후를 보장받을 수 없게 되고 마는 것이다.
 그리고 앞으로 천재를 키우기 위한 정부의 정책이 만들어지게 되면 어느 정도 지원을 받을 수 있게 될 것이다. 그때가 언제일지 모르지만 머지않아 모두가 천재를 키울 수 있는 정책이 수립될 것이다.

 사람은 마음에 탐욕이나 욕심을 버리게 되면 천재를 키우는 데 큰 문제는 없을 것이나, 천재도 키우고 돈도 모으자는 생각에서 적금도 들고 보험도 들고 자꾸 욕심을 부추기기 때문에 탐욕을 버리기가 쉽지 않은 게 사실이다.

 그러나 천재를 키우는 데 필요한 지출을 제외하고 천재를 키우는 기간만이라도 지출을 줄이면 천재를 키우는 목적을 이룰 수 있을 것이다. 탐욕은 삶의 모든 불행의 근원으로 작동하기 마련이다. 왜냐하면 탐욕은 불의한 탐욕으로 발전하기 쉽고, 불의한 탐욕의 유혹을 벗어나지 못하는 의지가 약한 사람이 많기 때문이다.

 마음을 비운다는 것은 말이 쉽지, 본능이기 때문에 조절이 심히 버거울 때가 많다. 그러나 절제 연습에 대하여 교육을 받으신 분이나 어린 시절 교회 학교에 다니면서 세례를 받은 사람이라면 천재를 만드는 일을 완수할 때까지 견딜 수 있을 것이며, 기필코 천재 만들어 성공을 거두는 데 어렵지 않을 것이다.

27. 세상을 탐험하는 아기

 28주부터 아기는 세상을 알아가는 데 흥미를 느끼기 시작한다. 두 손과 두 무릎으로 기어 다니며 새로운 지식을 수집하기 시작하면서부터 날마다 멋지고 흥미로운 것들을 알아가게 된다. 아기의 두뇌 회전이 활발하게 움직임에 따라 기어 다니는 속도가 빨라지고 새로운 사물에 대한 흥미를 느끼게 되어 말이나 동작이 빠르게 된다.

이것은 아기가 일어서서 걷게 될 준비의 과정이며 세상을 알아가는 속도나 안목이 넓어지고 아는 정도가 많아지므로 움직임이 분주해진다.

아기들은 간혹 꿈을 꾸며 꿈에 있었던 일이 사실로 생각되어 착각에 젖어 들기도 한다. 그리하여 꿈에 엄마에게 받았던 선물이 실제로 받았던 선물처럼 생각되기도 하여 엄마에게 달라고 손을 내밀어 보기도 한다.

아기의 생각에도 긴가민가하여 그걸 확인하기 위해 손을 내밀어 본 다음에야 엄마의 반응을 보고 꿈이었다는 것을 알게 되기도 한다.

아기가 이러한 엉뚱한 행동을 보이면 엄마는 당황하지 말고 얼른 아기를 안아 주고 "우리 아기 꿈을 꾸었구나. 그래, 꿈에 어떤 선물을 받았지?" 하면서 아기를 다독이면서 과자라도 한 개 입에 넣어 주면 된다.

대개 엄마는 아기의 뜻을 짐작하는 데 그리 어렵지 않으므로 아기의 진위를 알게 되면 엄마는 아기와 대화를 나누며 보듬어 주면 될 것이다. 엄마는 아기에게 무조건 칭찬해 주고 자신감을 북돋아 주므로 아기의 마음에 불만의 싹이 생겨나지 않도록 하는 것이 중요하다.

아기는 어리광을 부리며 엄마의 애정을 바라기도 한다. 귀여운 아기를 안아 주며 쓰다듬어 주는 것은 어렵지 않으나, 너무 생각 없이 잘 받아 주면 자기중심적인 사고가 형성될 수 있고 이것은 이기적인 성격으로 발전될 수 있으므로 어리광은 부리지 않고 필요한 사항을 말로 엄마에게 요구할 수 있도록 부드럽게 교육을 하는 게 좋다.

아기가 어리광을 부릴 때 받아 주면 반드시 어떤 요구 사항을 말하게 된다. 엄마가 화를 내게 되면 아이와의 관계가 소원(疏遠)해질 수 있고 그로 인하여 감정이 엇갈리면 아기의 마음에 상처를 받을 수도 있다. 엄마에 대한 서운한 감정이 생기면 난폭한 성질로 표출하거나 전혀 예상치 못했던 방식으로 성질이 나타날 수 있으므로 화를 내거나 꾸짖지 않는 것이 좋다.

어디까지나 사랑스러운 마음을 가득 품고 사랑스럽게 말한다.
"엄마에게 어리광을 부리면 남들이 흉을 봐."
귀엣말로 해 준다.
'착한 아이는 어리광을 부리지 않고, 필요한 것이 있으면 똑바로 말을 해야 바른 아이'라고 일러 준다.
"자, 엄마에게 말해 봐. 무엇이 필요한지? 뭘 갖고 싶은 거야? 먹고 싶은 것이 뭔데?"
그래도 말을 듣지 않으면 엄마의 말을 잘 듣는 아기는 훌륭한 아기로 자라 장차 천재가 되는데, 천재가 될 아기들은 모두가 다 어리광을 부리지 않는다고 말해 준다.

왜냐하면, 천재가 될 아기가 어리광을 부리면 벌을 받기 때문이며, 벌을 받으면 그 벌이 무척 힘들어서 한 번 벌을 받은 아기는 어리광을 그만두었고, 어리광을 그만두어야 훌륭한 천재가 된다고 일러주고 그래도 계속 어리광을 부리면 벌을 받아야 하는데 그 벌은 화장실 앞에서 손들고 서 있어야 한다고 조금은 겁을 준다.
아기가 버릇을 고치면 아낌없는 칭찬을 해 주고 안아 주며 자신감을 북돋아 주므로 천재가 뭔지는 몰라도 천재의 길을 가고 있다는,

훌륭한 사람으로 자라고 있다는 자각을 갖게 해 준다. 이때부터 천재의 길로 나아갈 수 있도록 꾸준히 이끌어 주는 것이다.

 아기가 좀 자라면 상황 판단하고 어떻게 하면 자신의 욕구를 충족할 수 있나 생각할 정도가 되면, 엄마가 자신에게만 집중하도록 계략을 꾸미기 시작한다. 엄마의 사랑을 독차지하여 엄마가 다른 사람과의 이야기하며 놀지 못하도록 자신에게만 관심을 갖고 놀아 주기를 원하는 생각으로 잔꾀를 부리기 시작한다.
 대개 엄마들은 아기가 부리는 잔꾀를 간파하여 무시해 버리기 쉽다. 아기는 자신의 잔꾀가 통하지 않으면 일부러 말썽을 피워서 엄마의 관심을 끌어 엄마가 다른 사람과 노는 것을 방해하기도 한다.

 엄마는 아기가 이러한 행위를 하지 못하도록 타일러도 매번 같은 상황이 되면 반복적으로 방해를 한다. 엄마의 관심을 독차지하려는 마음이 발동하기 때문이다.
 이럴 때는 아기에게 "엄마가 손님들과 이야기할 때는 얌전히 앉아서 이야기가 끝날 때까지 기다릴 줄 알아야 훌륭한 천재가 될 수 있다." 이렇게 타이르고 이야기가 끝나 손님이 간 다음에는 아기에게 '그렇게 의젓하게 잘 참고 너그러워야 훌륭한 사람'이라고 칭찬을 한 번만 해 주면 다음부터는 그런 일이 없어진다.
 아기를 꾸짖거나 벌을 주면 단박에 고쳐지겠지만 아기의 기억에서 지워지지 않는 상처로 영원히 남아 수십 년 후, 아기의 뇌리에 불현듯 떠오를 수도 있다.

 계모나 계부가 아기가 어리다고 함부로 대하거나 구박하면, 수십 년이 지나고 계모나 계부가 노년이 되거나 약해졌을 때, 장성한 아이의 기억에 영상으로 저장된 분개했던 기억이 파노라마처럼 불현듯 떠올라 적개심을 품을 수 있어 예기치 못한 상황이 발생할 수 있다는, 수정되지 않는 아이들의 보복 심리를 감당해야 할 수도 있는 것이다. 인간은 동물보다 더 지능적으로 잔인한 보복 심리를 지녔다는 점이다.

 단 한 번이라도 아기에게 실수를 안 하는 게 좋다. 사랑과 정성을 다하여 자식을 키우게 되면, 그 자식은 사랑을 다하여 부모를 섬기며 봉양하며 보은하는 것도 인간이라는 점을 잊어서는 안 된다.

D. 유아기(幼兒期, Infanthood)

28. 행동하는 아기

아기의 몸집이 커지고 똘똘해지는 만큼, 세상을 보는 아기의 안목도 넓어지고 욕망이나 감정도 그 폭이 점점 넓고 깊어지게 된다. 그러나 부모의 입장에서 보면 12개월이나 30개월이나 똑같이 아기 취급을 해 버리기 마련이다.

아기는 성장하면서 이유식을 먹어야 하듯이 정신도 성장하므로 아기를 상대로 노는 놀이도 바꿔야 하는데, 곤지곤지보다 가위바위보나 묵찌빠로 바꿔보는 것이 좋을 것이다. 세 살짜리를 한 살짜리와 똑같이 상대하게 되면 지능 발달에 도움이 되지 않으므로 부모님은 관심을 가지고 아기에게 천재 교육을 하고 있다는 의식을 새롭게 고찰하고 다짐해야 할 것이다. 세월의 흐름에 따라 알아서 잘 자라 주겠지 하고 방관해 버리게 되면 아기는 어느새 이상한 짓에 물들기 시작하고 있다는 현상을 볼 수 있다.

"엄마. 나, 파는 먹기 싫어… 당근도 맛이 이상해서 싫어."

이것은 부모의 관심을 끌고 자신을 나타내고 싶어 하는 엉뚱한 수작이다. 가족 중에서도 자신만이 특별하다는 것을 나타내고 싶어서 음식에서 골라내는 것이다.

"어머, 그러니? 그럼 먹지 마라."

이렇게 말하면 아기의 잔꾀에 끌려가는 모양이 된다.

"음식을 골라내려면 네 밥을 들고 네 방으로 가서 혼자 먹도록 해야 한다. 훌륭한 사람 중에는 음식을 골라내는 사람은 한 사람도 없단다."
"그래도 먹기 싫어."
"먹기 싫으면 먹지 마라. 엄마나 아빠나 할머니나 온 식구들은 이제부터 너랑 같은 상에서 밥을 같이 안 먹게 될 거야. 음식을 골라내는 사람과 누가 같이 밥을 먹겠니?"
"으앙~ 싫어. 나 밥 먹지 않을 거야!"
 이렇게 숟가락을 내던지고 일어나는 아이에게 냉정하게 관심을 보이지 않아야 한다. 밥을 먹게 하려고 달래면 실패하게 된다. 아이에게 대용식을 권해도 실패하는 것은 마찬가지이다. 아이가 배가 고프면 스스로 먹을 것을 찾을 때까지 인내심을 가지고 기다린다.
 먹지 않으면 배고프다는 것을 절실히 느끼게 하여 밥을 안 먹으면 자신만 손해라는 것을 깨닫게 해 줘야 한다.
 아이의 잔꾀를 한 번 허용하게 되면 아이는 그 잔꾀를 계속 사용하기 위해 잔머리를 굴리게 되므로 식구들을 배려한다든가, 식구들에게 도움을 주려는 생각 따위를 못 하게 되고 무슨 일에나 잔머리를 굴리게 되고, 평생을 잔꾀로 살아가려는 인생 낙오자가 되고 말게 된다.

 할머니로서는 손자가 가엾어서 손자 편을 들며 잔꾀를 허용하게 되면 손자의 일생을 망치는 일이 된다는 것을 설명해 드려야 한다.
 아이가 엄마의 강한 한마디에 마음을 고쳐먹고 음식을 골라내지 않고 잘 먹으면 극진히 칭찬해 주면서 상으로 보듬어 주어야 한다.
"우리 멋쟁이 아이(이름)는 노력해서 훌륭한 천재가 꼭 될 거야."
 이렇게 자주 격려를 해 주면 아이는 천재가 되는 길을 멋지게 진행해 나아가게 될 것이다.

29. 5개월이 되었을 때 아기는 민감하다

그런데, 민감하지 않고 나쁜 상태의 아이는 다음과 같다.

- 온순하여 혼자 놀게 하며 방관하여도 군소리 없이 그냥 알아서 논다.
- 옆에 누가 있어도 말을 걸지 않고 원하는 아무것도 없이 그저 무덤덤하다.
- 언짢아하지도 않고 도무지 감정의 표현이 없다.
- 누가 장난을 걸거나 간지럼을 태워도 딱히 웃지 않고 대응하려 하지 않는다.
- 맛있는 별식도 달가워하는 표정이 없고 시무룩이 간식이나 별식도 거의 남긴다.

아이가 이러한 상태에 이르렀으면 온 가족이 관심을 가져야 하고 아이에게 정성을 기울이면서 말을 걸고 놀아 주어야 한다. 특히 엄마가 더 많은 애정을 표현해 주며 보듬어 주고 아낌없이 칭찬해 주고 쓰다듬어 주어야 한다.

아이가 울음을 터트리면 재빨리, 즉시 안아 주면서 초콜릿 같은 먹을 것을 주어야 한다. 이것은 너무나 엄청나게 중요한 사안이다. 그러므로 아이가 울면 엄마는 즉시 안고 칭찬하는 말로 달래 주고 쓰다듬어 주고 위로하고 흔들어 줘야 한다. 엄마가 아이에게 애정을 가지고 달래 주는 것이 좋다. 엄마가 아이에게 불만이나 투정 섞인 말과 부정적인 말로 또는 핀잔을 주는 말을 하면 역효과를 초래하게 되므로 엄마는 부정적인 언어는 아이 앞에서는 결코 입 밖으로 내어서 안 된다.

 엄마가 힘들고 귀찮다고 아이를 울도록 방관하면 아이는 울다가 지쳐 체념하여 약한 울음소리밖에 나오지 않다가 울음을 그치고 잠이 든다. 아이는 애정에 대한 갈증으로 애정결핍이 되어 성격이 거칠어질 수 있고, 주의력 결핍 과잉 행동장애(ADHD)로 발달할 수 있다.

 사랑스러운 아이에게 정서 장애를 엄마가 만들어 줄 수 있으므로 엄마는 아이가 정서 장애를 일으키지 않도록 세심한 관심을 가지고 유쾌하고 즐겁게 놀아 주는 것이 좋다.

 아이는 자신의 필요를 해결하거나 충족해 달라고 열심히 울음의 언어로 외치며, 목이 아프도록 울어도 뜻이 전달되지 않고 문제가 해결되지 않으면 아이는 실망하고 낙담하여 힘이 빠진다.

 아이가 엄마에게 보내는 울음 언어가 통하지 않기 때문에 엄마에게 신호를 보내는 방법에 혼란이 오게 되어 일시적으로 엄마에게 보내는 신호를 알 수 없게 된다. 그리하여 울음의 언어로 전달하는 신호를 단념해 버리므로 무기력한 상태가 되어 버린다.

 생후 8개월까지 어머니와의 충분한 애정을 교류하며 사랑을 받고 자란 아이는 정서 장애가 없다. 그러나 아이가 무기력한 상태에 빠지도록 방관해 버린 엄마로 말미암아 아이는 정서 장애가 된다.

 아이가 사회성을 익히는 것은 엄마와의 접촉으로부터 시작된다. 아이는 자신의 곁에 엄마가 항상 와 주기를 원할 때는 언제든지 엄마가 와 준다는 사실을 알면 아이의 기분은 매우 안정된다. 울고 있을 때 보듬어서 쓰다듬어 주면 호흡이 매우 고르게 되고 기분도 좋아진다. 이리하여 아이는 자신을 돌봐 주는 사람에게 무한한 신뢰를 갖게 된다.

아이에게 애정결핍이 생기도록 엄마가 애정을 아끼면 아이는 어쩔 수 없이 호흡기 장애를 지니게 되고, 자율신경의 기능이 미발달하여 감기에 걸리기 쉬운 병약한 아이로 자라게 된다. 감기는 바이러스에 의한 것이 아니라 애정결핍에 의한 것으로 어느 정도 약을 먹여도 잘 낫지를 않는다. 최근 아이 감기의 75%가 애정결핍에 의한 감기이다.

〈민감한 아이〉

잘 웃고 잘 울기도 하며 무엇이나 하려고 하는 의욕이 왕성한 아이를 비하하는 별명이나 장난삼아 별칭으로 아이를 부르지 말라. 아이가 특징이 두드러진 장난꾼일지라도 꾸짖지 말라. 장난꾸러기라 칭하지도 말고 별명도 절대로 붙이면 안 된다. 별명이나 비하된 명칭은 아이를 그 명칭 속에 가두는 것과 같기 때문이다.

무한한 가능성을 지닌 천재를 장난꾸러기, 울보, 심술쟁이, 바보, 멍청이, 욕심쟁이, 내 강아지, 잠꾸러기, 고집쟁이, 못난이, 등등 허접한 명칭은 아이를 그 별명 속으로 감금시키는 꼴이 된다. 아이에게 의욕을 충분히 북돋아 주는 언어를 사용하면 아이는 훌륭한 천재가 된다.

아이를 별명으로 부르면, 아이의 잠재의식이 그 별명을 받아들여 그 별명의 모양을 자신의 뇌리에 심게 되고 그 별명의 틀에서 벗어나지 못할 가능성이 발아(發芽)한다는 것을 명심할 필요가 있다.

30. 부모의 애정이 메마르면 비행소년이 된다

신생아가 출생하여 12개월 동안 엄마와의 접촉이 어떻게 이루어지느냐에 따라 비행(非行)자가 되느냐 선행자가 되느냐? 결정된다.

엄마의 사랑을 충분히 받고 자란 아기는 선행자가 되고 엄마의 애정을 충분히 받지 못한 아기는 비행소년이 되는 것이다.

애정을 받지 못하고 자라게 되면, 애정을 이해할 수 없는 마음을 갖게 되고 다른 사람에 대해서도 애정을 품을 수 없으므로 비행의 원인이 되는 것이다.

모든 인간이나 동물의 특유 몸짓과 행동은 외부에서 가해지거나 내부의 감정에서 일어나는 자극으로 유발된다. 그러므로 인간의 아기는 출생하면서 다른 사람에게 접근하여 애착심을 유발하여 다른 사람이 나에게 관심 가져 주기를 바란다. 다른 사람 역시 자신을 상대에게 나타내어 서로 나누고자 하는 욕구를 지니며 살아가게 되는 것이다.

이것을 '애착 욕구'라고도 하는데 이러한 애착 욕구는 인간이라면 누구나 가지고 태어나므로 서로에게 충족시켜 줄 수 있는 요소를 모든 아기는 이미 충분히 가지고 태어난다는 사실이다.

젖먹이는 선천적으로 어른에게 접근하고자 하는 성향을 가지고 태어나 주위에 엄마가 없고 모르는 사람이 있으면 손을 내밀어 모르는 사람을 붙잡게 된다. 어른은 생물학적으로 아이의 접근에 반응하는 것으로 아이를 사랑스럽게 안아 주게 되고 사랑의 말을 아이에게 하게 된다. 이처럼 애착의 교류가 이루어지므로 서로에게 위안이 되는 것이다.

 젖먹이가 엄마나 보모나 또는 지나가는 사람을 보고 미소를 짓게 되면 아이와 관련이 없는 누구라도 미소 짓는 사랑스러운 아기를 보고 다가가 안아 주고 보살펴 주게 된다. 그리하여 둘 사이에 애착이 형성된다. 아기의 미소뿐만 아니라 아기가 울거나, 미소를 짓거나 모르는 사람을 붙잡는 행동 같은 것들도 어른의 마음을 끌고 감동시키는, 아기만이 가지고 있는, 상대에게 감흥을 일으키게 하는 독특한 애착 행동인 것이다.

 그런데 아기의 이러한 애착 행동이 모든 사람에게 동일하게 나타나는 것은 아니다. 그때의 상황에 따라 감정과 표정이 다르기 때문이다.
 동물의 경우는 애착의 행동이 길지 않고 대체로 생후 몇 시간 이내로 끝나 버리지만, 아기는 엄마를 비롯한 여러 사람에게 장기간에 걸쳐 애착 행동을 본능적으로 보이게 된다.
 또 아기는 자신을 잘 돌봐 주고 세심하고 알뜰하게 챙겨 주며 같이 놀아 주는 특별한 모성 행동을 보이는 사람에게 애착 행동을 더 자주 표시하며 달라붙는데 이것은 생존을 위한 본능적 행위이다.

 이러한 애착 행동이 주로 엄마와의 관계에서 유연하게 이루어지며 아기자기하게 발전하여 밀접하게 형성되는 것은 매우 바람직하다.
 그런데 아기에 대한 엄마의 유연하고 너그러운 마음이, 시어머니의 부당한 꾸중이라든가 그로 인한 남편과의 격렬한 마찰 등으로 말미암은 엄마의 마음에 분노나 미움이 일어 걷잡을 수 없는 충격에 휩싸일 수 있는 상황에 분노의 출구를 찾지 못해 숨을 가쁘게 몰아쉴 때도 있을 것이다.

 그러니까 외부의 충격에 의하여 엄마의 갑작스러운 돌변된 감정에 의하여 평정심을 잃고 분노가 일거나 냉정하지 못하게 되어 지금까지와는 전혀 다른 감정의 변화, 즉 주체하기 어려운 격한 감정을 지니게 되어 괜히 옆에서 칭얼거리는 아기에게 화풀이를 가하게 되므로 인하여 모성애 상실이 되는 경우가 허다하게 돌발할 수 있으므로 미리 가족회의를 열어 심사숙고하며 유의(留意)할 필요가 있다.
 엄마가 갑작스러운 감정의 변화를 일으켜 그 감정을 엄마로서는 해소할 수 있는 배출구가 전혀 없으므로 아기에게 엄마의 감정이 미치므로 아기에게는 치명상이 될 수 있다는 사실이다.
 엄마가 다른 사람, 또는 가족이나 외부의 사람들과의 충돌로 인하여 격해진 감정을 아기에게 화풀이가 되는 경우를 말하는 것이다.

 아기에게 끼치는 영향은 정서불안을 야기(惹起)시킬 수 있으며, 엄마와의 애착 관계가 어긋날 수 있으며, 엄마의 과도한 분노를 아기에게 쏟음으로 인하여 아기로 하여금 복수심과 죄의식 그리고 억울함 등의 씨앗이 되어 아기의 마음이나 기억 속에 뚜렷이 새겨질 수 있는 돌변의 사태가 발생할 수 있다는 점이다.
 이러한 전적인 모성 상실은 아이의 성격 형성에 결정적인 악영향을 주어 반사회적 행동을 야기하는 결과를 초래할 수 있게 된다. 그러므로 아기와 엄마의 관계가 매우 심각하게 뒤틀어지게 될 수 있는, 엄마는 아기를 상대로 감정의 변화를 쏟아내는 일은 절대 자제(自制)해야 하며, 천재로 양육하면서 신중에 신중을 더하여 그리고 조심스럽게 주의하는 것이 옳은 방법이다.

 영유아기 때의 모성애 상실을 경험한 아이는 그것이 원인이 되어 반사회적인 범죄자로 전락하여 전 인생을 그늘에서 보낼 수 있는 가능성을 품을 수도 있다는 사실이다.
 부모의 감정의 변화가, 다시 말해서 부부의 가정불화가 아기에게 미치는 영향이 실로 엄청나게 크므로 천재를 완성하는 10년 동안만은 잘 인내하고 견디어 주는 것이 천재를 만드는 법칙 중의 하나라는 것을 꼭 기억하고 각별히 유의하는 것이 훌륭한 부모의 길이다.
 사랑을 충분히 듬뿍 받고 자란 아이들은 부모의 노력과 정성과 희생과 은혜로 건강하고 유용한 자아상을 가지게 된다. 반면에 엄마의 사랑을 받지 못하고 자란 아이들은 불행을 자초하며, 병들고 찌든 자아 상태를 지니게 되어 힘든 삶이 될 수도 있다는 사실이다.

 부모의 사랑을 제대로 받지 못하고 자란 아이는 마음에 상처를 쉽게 받게 되고, 이 상처는 마치 파종된 씨앗처럼 기억 속에 저장되어 있다가 아이가 어른이 된 다음에 어려움을 당하게 되면 마치 씨앗이 발아되듯이 비정상적인 병들고 찌든 행동을 표출하게 될 가능성이 높다는 것이다.
 그러므로 아기를 천재로 키울 수 있는 핵심이 되는 중요한 쟁점은 아기가 살아가는 데 있어서 스트레스를 피하며 살아갈 수 있도록 영유아기 때에 부모가 병든 씨앗을 아기의 기억에 절대 심지 말아야 하는 것이다.

중요하므로 다시 한번 언급한다면, 엄마가 아기에게 상처를 주지 말아야 한다. 부모가 아기에게 주는 상처는 곧, 병든 씨앗으로 아기의 뇌리에 심어져 성년이 된 후에 그 씨앗이 발아되어 불행으로 작동될 수 있으므로 불행을 초래하지 않기 위해 세심한 배려와 인내심을 거듭 발휘할 필요가 있는 것이다.

성년이 된 자식들이 무의식중에 저지르는 병든 행동은 부모가 아기에게 사랑을 베풀지 않음으로 말미암아 씨앗이 심어지고 발아되어 표출되는 불행이라는 실로 무서운 사실이다.

신생아가 초기에 받은 엄마의 모성적 애정은 성인이 된 아이의 정신건강에 결정적인 영향을 미친다. 아이가 엄마의 따뜻한 돌봄을 받지 못하는 상태가 모성상실(母性喪失)이므로 기왕에 키우는 자식이라면 천재로 키우기 위해 아기에게 끊임없는 희생과 봉사와 사랑을 아낌없이 베풀어야 한다.

아기의 마음 밭에 엄마의 사랑의 씨를 심음으로 인하여 아기는 훌륭한 인간으로 성장할 수 있고 가정과 사회에 기여하고, 진정으로 부모를 섬길 수 있는, 다시 말해서 유아기 때 받은 부모의 은혜를 보답할 수 있는 천재로 성장한다는 사실이다.

만약에 부모가 아기에게 애정을 주지 않고 왕따를 시키거나 스트레스를 주면 정신적인 충격을 받아 히키코모리(ひきこもり)가 될 수 있다. 히키코모리란, 자기 방에 틀어박혀 다른 사람이나 사회와 접촉하지 않고 생활하는 상태를 말한다. 한마디로 은둔형(隱遁形) 외톨이를 말하는데, 유년 시절 부모에게 심한 학대를 받게 되면 야기되는 현상이다.

우리나라에서도 1990년대에 청소년 사이에서 이런 현상이 만연하여 심각한 사회 문제가 되기도 했다.

31. 아기의 감각은 부모가 발달시켜 줘야 한다

아기의 방이나 침대 주변에 천연색 풍경화나 사진이나 그림 등으로 색채를 화려하게 꾸미는 게 좋다. 천연색 큰 글씨로(에베소서 6장 1절부터 4절까지) 써서 붙여 놓고 아기에게 보여서 읽어 주고 반복하여 20회 정도 설명하면, 아기는 아무것도 모르는 것 같아도 아기의 뇌에 있는 언어 프로그램이 다 듣고 저장하여 말 배우는 데 활용할 뿐만 아니라 암기하여 평생을 기억에서 지워지지 않는다는 사실이다.

《자녀들아 주 안에서 너희 부모에게 순종하라 이것이 옳으니라. 네 아버지와 어머니를 공경하라 이것은 약속이 있는 첫 계명이니 이로써 네가 잘되고 땅에서 장수하리라. 또 아비들아, 너희 자녀를 노엽게 하지 말고 오직 주의 교훈과 훈계로 양육하라. 엡 6:1-4》

아기에게 음악은 상당한 효과를 발휘한다. 왜냐하면 아기의 정서에 음악은 지대한 영향을 주기 때문이다. 부드럽고 감미로우며 정서적인 조용한 곡을 아기에게 잠깐씩 들려주면 아기의 마음에 안정된 차분한 감정이 생성될 수 있으며 서정적 감정이 솟아날 수 있도록 하는 묘약이 될 수 있다.

그러나 너무 오래 듣게 해 주면 효과가 반감될 수 있으니 5분 정도만 들려주면 좋다.

그리고 무엇보다도 아기에게 말을 자주 걸어서 이야기를 나누는 것이 좋다. 동화를 읽어 주고 아름다운 노래도 불러 주면 좋을 것이다. 아기가 아무것도 모를 것이라고 생각지 말라. 말을 걸어 주는 엄마나 이쁘의 입올 빤히 쳐다보는 아기의 눈 속에는 아기 자신도 모르는 말 배우기 프로그램이 작동하며, 두뇌의 심오한 작용이 배움을 충족시키기 위하여 녹화되고 있다는 사실을 알아야 한다.

아기의 촉각은 섬세하여 태어나는 순간부터 조금씩 본 것, 들은 것을 모두 심층 의식 내에 저장하여 사용할 준비를 완료하게 된다.

아기에게 분유가 아닌 엄마의 젖꼭지를 물리는 것은 삶의 시작을 알리는 전주곡이다. 엄마의 젖을 통하여 아기는 촉각을 배우고 엄마의 애정을 감각으로 느끼며 만족하여 마음의 안정을 이룬다.

엄마가 정성을 다하여 아기를 사랑으로 성장시켜야 온전한 천재로 자라게 되는데, 엄마가 바쁘다고 아기에게 조금이라도 소홀히 양육하게 되면 천재 교육이 실패로 돌아갈 수 있을 뿐만이 아니라, 아기를 낳지 아니함만도 못하게 될 수도 있는 실로 위험한 것이다.

부모가 자신들의 감정대로 멋대로, 매 순간의 기분이 움직이는 대로, 아기를 양육하게 되면 올빼미 새끼가 자신을 낳고 길러 준 어미의 눈알을 쪼아 파먹고 날아가 버리는 것처럼 참담한 상황으로 삶이 전개되어 예측불허의 멋대로의 인생이 되고 말 수도 있는 것이다. 그러므로 엄마의 애정이 깃든 양육이 아주 중요하며 아기에게 있어서 부모의 사랑이 절대적으로 필요하다는 것을 천 번을 강조해도 모자람이 없을 정도이다.

엄마는 내 아이를 천재로 만들기 위해 키운다는 뿌듯한 자부심은 갖되, 다른 가족이나 남편에게 아기를 천재를 키워 준다는 자만심을 지니지 말 것이며, 천재를 볼모로 이득을 노리지 말 것이며, 위세를 떨지 말며, 교만은 더더구나 금물이다. 왜냐하면, 교만은 실패의 근원이 되며 자만심을 가지게 되면 마음속에서 천재에게 보양(保養)이 될 겸손한 사랑이 사라지기 때문이다. 엄마의 마음속에 겸손한 사랑이 존재하지 않게 되면 천재 양육에 있어서 알맹이가 빠져 버린 빈껍데기 천재로 양육될 수 있기 때문이다.

아기에게 미각을 알게 해 주는 것도 중요하지만, 후각의 중요성도 배제할 수 없는 요소이다.

부모가 아기를 천재로 만들기 위해서는 수고를 아끼지 않아야 한다. 태교에서부터 세 살까지 온갖 정성을 다하여 양육하는 것이 노고의 첫 단계이다.

그다음이 완성 단계로서, 세 살에서 아홉 살까지이다. 아기에게 십 년만 투자하면 천재가 탄생한다는 사실이다. 천재는 가정에서도 가장 귀한 존재이고, 사회에서도 아주 훌륭한 인재일 뿐만 아니라, 나라에서도 귀중하게 쓰임을 받는 간성(干城)이 되는 거물이다.

신생아는 하루에 거의 20시간 정도 잠을 잔다. 잠에서 깨어나면 배를 채우기 위해 엄마의 젖꼭지를 물고 정신없이 빨기에 분주하다.

아기가 젖을 먹고 있는 동안 엄마는 아기의 몸을 부드럽게 쓰다듬어 주면 아기는 젖으로 배를 가득 채우고는 스르르 잠이 든다.

엄마는 아기가 잠자는 동안 모유의 질을 높이기 위해 영양가 높은 음식이 소화가 되는 만큼 자주 섭취해야 한다.

아기가 웃고 울고 몸부림치는 움직임이 있어야 정상인데, 웃지 않거나 울지 않으면 이상한 것이다. 그러므로 웃거나 울지 않는 아기에게는 자주 말을 걸어서 놀아 주어야 한다. 아기가 잠들지 않고 눈을 뜨고 있으면 이야기도 해 주고 대화 상대가 되어 주고 자주 말을 걸며 놀아 주는 것이 좋다.

아기와 대화하면서 노닥거리다 보면 아기는 조금씩 엄마의 말을 알아듣게 된다. 아기가 울고 있을 때 엄마가 말을 걸면 울음을 뚝 멈추고 엄마를 쳐다본다. 엄마는 당연히 아기를 안고 추스르고 어르며 둥개둥개도 해 준다. 아기에게 사랑스럽다고 말하며 대화적인 이야기를 아기에게 해 준다.

엄마는 아기가 난청(難聽)이 아닌가를 알아보기 위해 말을 걸어 주고 반응을 살펴본다. 아기 이름을 불렀을 때 아기가 듣고 얼굴을 엄마 쪽으로 돌리고 간지럼을 태울 때 웃으며 소리를 내면 안심해도 좋다.

엄마가 아기의 기저귀를 갈아줄 때 아기에게 운동시켜 준다. 손과 발을 굽혔다 펴게 해 주고 손가락을 폈다 오므렸다 하게 해 준다. 물론 아기의 무릎도 굽혔다 폈다 해 준다. 또 시작한 김에 마사지도 빼놓지 않고 해 주면 좋다. 그리고 빼놓을 수 없는 것은 일광욕시켜 비타민 D를 보충하게 해 준다.

아기가 6개월이 되면 몸을 움직여 궁금한 물체를 쥐고 살피기 시작한다. 알고 싶은 물건들이 눈에 띄어 그걸 쥐기 위해 기어 다니며 탐험을 시작하는데, 세상 모든 만물이 생소하고 신기하기만 하여 눈에 보이는 대로 손으로 만져 보나 도무지 알 수 없어 느낌으로 알아보고자 입에 넣어 보고 나름대로 느끼게 된다. 그러므로 아기가 있는 방에 있는 물건은 깨끗하고 청결하게 그리고 할 수 있다면 위생을 깔끔하게 해 놓는 게 좋다.

그리고 아기는 소리에 대하여 상당히 민감한 반응과 흥미를 보이며 소리에 귀를 기울이기도 하며 자신의 입을 움직여 소리를 발하기 시작한다. 이때가 말을 하려는 시초이다. 엄마가 아기와 눈을 맞추고 말을 걸어 주면 아기는 웅얼웅얼 들릴 듯 말 듯한 소리를 발하며 엄마에게 다정한 듯 손을 내밀어 손에 쥐고 있던 무언가를 내밀기도 하고 내던지기도 한다.

이것은 아기가 엄마나 낯익은 사람에게 아는 체하는 시초이다.

이때의 아기는 손에 잡히는 무엇이거나 잡는다. 엄마가 안고 있을 때도 마켓에 매달아 놓은 상품을 쉽게 낚아채 거머쥔다. 아기의 눈에는 끊임없는 탐구심이 솟아오르는 때이기 때문이다.

이 시기에는 아기가 생각하고 느끼며, 판단력이 생겨나고, 말을 배우고, 상대의 말을 기억하기도 한다. 엄마는 아기에게 어떠한 경우라도 나무라지 말고 꾸짖지 말아야 한다. 가볍게라도 때리면 더더구나 안 될 일이다. 아기를 위축되게 하면, 정상적으로 성장하던 아기의 신체 조직의 크기가 줄어들고 기능이 떨어지는 일이 생기기 때문이다.

신생아는 허물이 없다. 신기한 물건이 보여서 손으로 잡았을 뿐이다. 나무라는 부모는 아기에게 크게 실수하는 것이다. 이것은 부모가 감내해야 하는 사안이다.

부모는 아기를 유모차에 태우고 다니는 것보다 안고 다녀야 가르칠 수가 있다. 눈에 보이는 모든 것이 생소한 자연을 아기에게 하나하나 설명해 주기 위해 벤치에 앉아 가르치기도 하고, 아장아장 엄마의 손을 잡고 걸어가 꽃봉오리도 만져보고 꽃향기도 엄마랑 같이 맡아 보기도 한다.

집안에서는 모든 가구를 되풀이하여 설명해 주고 사용법을 가르친다.

　목욕탕에 데리고 들어가 물장구를 치면서 즐겁게 같이 논다. 비누나 스펀지를 손으로 움켜쥐게 하여 손과 팔을 닦는 법을 가르치고 스펀지 사용하는 법도 가르친다.

　엄마든 아빠든 누구든 아기에게 적극적으로 말을 걸어 주고 반복하여 말을 가르치면서 이야기를 자주 하게 되면 말 배우는 속도가 현저히 빠르게 된다.

　아기가 걸을 수 있게 되면 어린이 놀이터로 나가 여러 가지 놀이기구 사용법을 익힌다. 그리고 또래의 아이들과 이야기하며 놀 수 있도록 분위기를 조성해 준다. 그리고 아이들과 헤어질 때, 인사하는 법도 가르친다. 아기가 인사법을 단번에 배워 버리면 아기는 이미 수십 개의 단어를 알고 있다. 이때가 되면 업어 달라든지 손 잡아 달라고 도움을 요청할 수 있게 된다.

　아기가 6~7개월이 될 즈음이면 젖 이외의 부드러운 음식을 조금씩 먹이기 시작하여 서서히 젖을 떼어야 한다. 이유식이 늦어지면 말하기 능력이 저하되어 말을 늦게 시작할 수 있고, 지능 발달이 늦어지는 원인으로 작용할 수도 있어 말 더듬는 일이 발생할 수도 있게 된다.

　그리고 아기들은 손가락이나 무엇을 입에 넣고 빠는 것을 즐기는데 말리거나 호통을 치면 안 된다. 손잡이가 달린 사탕이나 과자를 빨아 먹을 수 있게 해 주는 게 좋고, 손가락을 빨지 못하도록 제재를 가하게 되면 의욕이나 자신감 등을 잃어버릴 수 있으므로 그냥 하고 싶은 대로 하도록 막지 않는 게 좋다.

엄마나 아빠가 아기와 놀아줄 때 즐겁게 노래도 불러 주고 짧은 이야기를 들려 주면 좋다. 이때 아기가 웅얼웅얼 소리를 내어 보고 자신의 소리에 귀를 기울여 보기도 한다. 자신의 궁금한 점에 대하여 알려고 하는 시기이므로 엄마는 아기의 웅얼거림이나 옹알이를 자세히 듣고,

"우리 아기가 엄마에게 뭐라고 말한 거야?"
"이젠 말도 할 줄 알고. 아유, 기특해라."
"엄마에게 다시 한번 말해 줄 수 있니?"
아기가 엄마를 빤히 쳐다보며 다시 종알거리게 된다.
"예쁜 우리 아기, 말도 잘하네."
"그래그래, 착한 우리 아기 이젠 엄마랑 이야기하며 놀자."
아기는 이제 엄마가 자기 말을 받아 주는 이야기 상대가 되어 주는 새로운 현상에 대하여 흥미를 느끼기 시작하며 즐거워한다.

32. 성장하는 우리 아기

신생아가 6개월쯤 되면 낯가림이 시작되어 만나는 사람을 식별한다. 다른 사물에 대한 식별 능력이 구체적으로 발달한 것이다. 그것은 자주 보는 얼굴의 사람이 누구며, 처음으로 보는 사람은 누구인지 무서운 얼굴이 누구인지 호감이 가는 사람이 누구인가를 식별하여 선택하게 된다.

11개월이 되면 아기는 혼자 걸어 다니며, 어른들의 다양한 행동을 모방하려고 시도한다.

말과 행동을 연결 지어 의미를 하나씩 터득하게 된다. 세상을 보는

안목이 일취월장하게 된다. 그러나 세상을 배우기란 그리 녹록치 않다. 처음에는 두뇌 발달 속도가 느리지만 1년이 지나면서 비로소 속도가 붙는다.

 자신에게 머을 것을 주는 사람과 안 주는 사람, 호감이 가는 사람과 무서운 사람, 자주 보는 사람과 생소한 사람, 경계할 사람과 경계심을 가질 필요가 없는 사람, 사랑을 베풀어 주는 사람과 말로만 놀아 주는 사람을 구분하게 된다.

 가정교육은 태교로부터 시작되어야 하는데 그 시기가 어느 때 해야 하느냐면 임신하면서부터 시작하여 만 10살까지 해야 한다. 그러니까 10년 동안 물심양면과 지극정성의 희생을 감수하고 애를 쓰고 노력을 투자해야 천재를 만들어 내게 되는 것이다.

 이 일은 대사 중의 대사로서 일생일대의 대박을 터뜨리는 일이며, 온 가족이 평생을 의지해도 좋을 확실한 보험을 마련하게 되는 대업이므로 희생을 아낌없이 제공해야 보람과 노후를 보상으로 받을 수 있는 일이다.

 그러므로 아이에 대한 교육은 다음과 같이 실시하여야 한다. 우선 글자를 가르치는 것이 급선무이다. 그러므로 우선 한글을 눈에 익히기 위해서 매일 한 글자씩을 넉넉한 크기로 써서 엄마나 아빠는 아기와 볼과 볼을 비벼 가면서 나란히 엎드려 글자 하나를 써서 가르쳐 준다.

 그리고 아기를 데리고 나가 모든 자연을 다 보여 주면 좋지만 여의찮다면 여러 종류가 실린 유아용 그림책이나 도감(圖鑑)을 보여 주는 것도 무난할 것이다. 그리고 장난감을 가지고 놀게 하면서 감추기 게임을 한다든가 상자에 넣기 게임을 하는 것도 좋다.

그리고 유아용 동물 그림을 보여 주면서 동물의 이름과 동물의 신체 부위를 가르칠 수 있으며, 간단한 단어를 익힐 수 있다.

신체의 각 부분을 이해할 수 있게 반복하여 가르친다. 기본적인 말을 이해할 수 있도록 반복하여 가르치는 것도 중요하지만 10분 정도에서 끝내야 한다.

아기에게 양 손바닥으로 박수 치는 연습을 하게 한다. 손가락을 하나씩 꼽으며, 손가락 펴기 놀이해 보며 익숙해지면 숫자 세기 놀이로 넘어가도록 시도해 본다.

철봉에 매달려 보게 한다. 걷기는 큰 공을 굴려서 잡으러 가게 한다. 작은 공 던지기도 한다.

아기가 자랄 시기에 가장 중요한 일은 언어의 발달을 촉진하는 일이다. 엄마가 가르치는 대로 따라 할 수 있도록 아기를 잘 다독여 준다. 글자 하나를 배우면 그 배운 글자가 많은 글자 중에서 어디에 있는지 찾게 되면 아기는 무척 기쁘고 즐겁다.

아기가 그날그날 익힌 글자를 엄마가 카드에 써서 아기에게 주면 아기는 즐겁게 카드를 간직하면서 글자가 아기에게 기억되어 진다.

이렇게 날마다 글자 하나씩 배워 가면 아기는 어느새 많은 글자 중에서 자신이 아는 글자를 찾아내는 즐거운 놀이를 할 수 있게 되고, 날마다 계속하여 글자를 하나씩만 배워 나가면 아기의 뇌는 급속히 성장하게 되므로 하루도 빠짐없이 글자 공부를 계속하는 것이 중요하다.

아기는 무엇이나 알고 싶고 손으로 쥐고 싶으며, 궁금한 게 너무나 많은 시기이므로 딸랑이나 방울을 주면 흔들어 보고 입에 넣어 보고 만져서 나름대로 조사한다. 이 시기에는 꾸짖거나 부정적인 말로 아기를 윽박지르면 안 된다. 안 돼, 못 써, 하지 마, 아니야 하고 꾸짖으면 흥미와 관심이 위축되어 움츠리게 된다.

 오히려 자유로이 만지게 하고 뒤엎어 버려도 다시 뒤집어 주면서 놀게 한다. 아기가 무슨 짓을 하더라도 칭찬과 격려에 인색하지 않아야 아기의 성격이 위축되지 않고 여러 가지 장난감으로 아기 나름대로 실험하면서 좋은 지식과 성격을 형성하게 된다.

 아기에게 좋은 환경을 조성해 주고, 지식이나 체험 등을 깊이 있고 다양하게 하는 데 도움을 주는 것이 천재 양육의 밑거름이 된다.

 12개월쯤 되면 아기가 장난감을 찢거나 돌리거나 누르거나 잡아당기거나 내던져도 막지 말아야 한다. 그것은 나쁜 버릇이 아니기 때문이다. 열 번을 내던져도 아기는 그것이 각종 실험이다. 어떤 소리가 나는지? 누가 집어 주는지? 던지면 어디로 가는지? 던지면 누가 화를 내는지? 부서지는지를 알기 위해 하는 행동이라는 것을 알고 있으면 아기의 반복적인 지식 습득 행동을 이해하게 된다.

 아기는 나날이 언어를 받아들이는 태도가 상당히 진전되어 지금까지 가르친 글자들이 많이 기억되어서 아기와 엄마의 소통이 어느 정도 이루어지게 된다. 말은 아직 못하지만, 내면적으로는 굉장히 발달하면서 자라고 있는 모습을 감지할 수 있다.

 그러므로 아기의 눈에 보이는 사물을 가르칠 때는 사물의 명칭을 분명하고 확실하게 꼬박꼬박 일러주는 것이 중요하다. 꽃을 가르칠 땐 꽃 이름을 일러주며, 자동차를 가르칠 때는 차의 종류와 용도와 쓰임새를 가르치며, 채소를 가르칠 때도 역시 구체적으로 자세하게 일러주는 것이 좋다.

 13개월에 접어들면 이제부터는 짧은 단어 중심의 그림책을 아기에게 보여 주어 하나하나의 낱말을 되풀이하며 엄마랑 볼을 맞대고 노는 것이 좋고, 엄마는 그림책에 그려져 있는 그림을 자세히 아기에게 이야기해 주면 아기는 초롱초롱한 눈빛으로 엄마의 입을 응시하게 된다. 엄마의 친절한 설명으로 아기는 그림에서도 단어와 글을 많이 배우게 된다.

 이 시기의 아기는 유동식에 익숙해지도록 하고 어른들과 같은 식사를 서서히 할 수 있도록 점차 접근시킨다. 간식으로는 엄마가 만든 맛있는 죽이나 과일을 갈아서 만든 주스를 엄마랑 같이 먹도록 하는 게 좋다.

 그리고 아기가 말을 배우기 시작할 때 옹알이하다가 유아어로 어눌하게 말하기 시작한다. 맘마, 찌지, 아바 등 아기가 말을 만들어 내기 시작하는 시기에 부모들은 아기가 예쁘고 귀여운 나머지 아기의 유아어를 따라 하며 아기의 말을 흉내 내어 아기가 말하는 그대로 아기와 대화하기도 한다.

 부모가 아기의 말을 흉내 내어 말하게 되면 아기의 언어 발달에 전혀 도움이 안 된다. 부모는 정상적이며 발음도 정확하게 어른의 목소리와 음성을 그대로 아기에게 말을 해야만 아기가 말을 배우는데 도움이 된다.

 어른의 다양한 목소리와 억양을 아기에게 그대로 구사해야 아기가 말을 제대로 배우게 된다는 말이다.

 아기는 말하기 능력보다도 듣기 능력이 더 뛰어나다. 그러므로 부모는 여러 가지 다양한 이야기를 아기가 잠자리에 들 때마다 들려주는 것도 즐거운 일이다. 하나의 명작 동화를 여러 차례 반복하여 귀에 익도록 읽어 주어도 아기는 반복하여 들은 이야기에 더욱 익숙해지면서 아기가 이미 들었던 아는 주인공이 나오면 아기는 손뼉을 치며 좋아한다.

그림책을 읽을 때마다 아기에게 질문을 던져 생각할 시간을 조금씩 주고 그 질문한 내용에 대하여 설명을 해 주면 아기는 책을 가까이하는 버릇이 들게 되므로 그림책이 눈에 익도록 3번 정도 읽어주면 아기는 즐거워하는 중에 글을 익히고 그림책에 나오는 명칭들을 알게 되고 이야기를 만들 수 있는 능력을 갖게 된다. 부모가 아기에게 이야기를 많이 해 줄수록 창의력이 커지게 된다.

꼭 명작 동화가 아니라도, 위대한 문학 작품이 아니라도, 엄마나 아빠가 꾸며낸 간단한 이야기일지라도 잠자리에서 아기와 함께 저녁 한때를 유익하고 즐겁게 보낸다면 아기에게는 큰 도움이 되는 것이다.

아기는 반복적인 이야기에서 흥미를 더해 간다는 성향에 따라 만든 이야기가 지루하지 않도록 조금씩 변형시켜서 어려움을 극복하여 마침내 성공한 소년의 이야기라든가, 잡았던 손을 놓쳐 서로 떨어지게 된 아기와 엄마가 결국은 만나게 된다는 이야기를 대충 만들어서 자주 반복하여 들려주면, 아기는 그 이야기를 다 알게 되어 더욱 흥미를 느끼고 다시 또 듣기를 원하며 좋아하게 된다.

33. 아기도 속임수를 쓴다

모든 아이가 다 그렇듯이 나이가 두 살이 되면 말을 배우게 되면서 흥미로운 능력이 생기는데, 바로 어른을 속이는 지혜이다. 이것을 기술이라고도 할 수 있으며 자연 발생적으로 아기들의 두뇌에서 발생하는 삶의 지혜인데, 아기가 혼자서 재미가 없고 심심하고 지루하고 답답할 때, 엄마나 아빠나 주위의 누구에게라도 시선을 끌려고 행동하게 된다.

 아기는 주위에 있는 누구에게라도 자신에게 관심을 갖도록 하게 하기 위하여, 잠시라도 같이 놀아주도록 유도하기 위하여 아픈 척하거나 울음을 발하기도 하고, 접근하여 잡아당기기도 한다.

 아기들은 태어나면서부터 이러한 울음이라는 언어의 전략으로 자신의 애로사항을 엄마에게 알려 해결을 받았다는 것을 응용하는 것이다. 아기의 이러한 전략은 불순한 것이 아니며, 자신을 위한 순수한 요령이며 세상에 태어나 최초로 발휘해 보는 기지이며 수단이다.

 이러한 기지로 위로받은 아기는 새로운 깨달음에 도달하게 되는데, 아기 자신이 위급하다는 비명이나 울음을 발하기만 하면 주위에 있던 누구라도 달려와 준다는 것을 알게 되는 것이다. 이러한 체험이 두뇌에 저장된 아기는 언제든지 저장된 체험을 꺼내 자신의 목적을 이룰 수 있다는 자신감을 깨닫게 된다.

 아기의 언어 발달은 유동식을 시작하여 음식을 씹을 수 있어야 원활하게 발달한다. 혀의 놀림과 입천장 소리 등 기관의 조정이 발달하여 주위 어른들의 말소리와, 그 소리의 높낮이, 음의 강약을 아기는 흉내 내어 자신이 목소리를 조정하려는 언어 프로그램의 작동으로 소리를 조정하여 발할 수 있게 된다. 그러나 모유나 분유를 끊을 때까지는 어눌한 유아어가 발휘될 수밖에 없다.

　아기의 정확한 발음을 위해서는 음식을 씹는 힘을 키울 수 있도록 유도해야 한다. 씹는 힘이 부족하면 발음이 어눌해진다. 혀의 움직임도 느리고 혀 짧은 소리를 하거나 발음이 제대로 이루어지지 않아 유치한 발음의 아기가 되고 만다. 그러므로 잇몸으로도 씹는 연습을 할 수 있도록 잘게 썰어 넣은 채소에 불린 쌀을 넣고 푹 끓인 걸쭉한 죽을 한 스푼씩 주다가 점차 조금씩 늘려 나가는 것도 한 방법일 수 있다.
　아이는 점점 자라면서 허약한 아이가 있을 수 있다. 이런 아이가 잔머리를 굴리면서 음식을 골라 먹으며 음식 씹는 힘을 기르지 않게 되면 언어 발달이 매우 늦어지게 된다. 언어의 발음도 근육에 의해서 이루어지기 때문이므로 식사 시간에 묽은 죽이 아닌 된 죽을 먹게 하여 씹는 힘을 키워 주는 것도 한 방법이 된다.

　그리고 식사가 끝난 다음에 언어 발달을 위해서는 아이에게 자꾸 질문을 하여 계속 대답을 할 수 있도록 훈련을 충분히 시키는 것도 좋고, 장난감 놀이를 할 때 팔의 근육을 단련시키기 위해 플라스틱 장난감 아령을 들어 올리는 놀이를 꾸준히 하여 근육을 만들도록 하면 무난할 것이다.
　이때 식구 중 누구라도 아기와 같이 아령 놀이를 유도하면 즐겁고 유쾌한 자부심을 소유하게 될 수 있다.
　그리고 아기의 입으로 들어가는 것은 자연식이 좋고 인스턴트나

가공 식품은 가까이하지 않는 게 좋다. 아이의 이가 자라면서 채식을 할 수 있도록 쌀죽에도 여러 가지 채소를 잘게 썰어 조금 넣고 푹 끓여 채소가 물러지게 하여 식탁에 같이 앉아 식사함으로 몸과 마음 모두가 건강해지고 활기차게 자라가는 아이를 보는 뿌듯한 즐거움도 생길 것이다.

아기의 병은 거의 식생활에서 오는 것이므로 엄마는 바른 식사를 준비하기 위해 세심하게 배려하는 수고가 있어야 할 것이다. 가족의 건강을 위한 첫 번째 덕목은 바른 식생활을 도모함이라 해도 과언이 아닐 만큼 중요하므로 엄마는 가족의 영양과 건강을 위하여 위생과 식품 영양에 관심을 두는 것이 유익하다 할 것이다.

아기 양육의 본질은 아기를 잘 먹이는 방법에 있다. 이것을 잘못하면 건강도 공부도 생각도 잘되지 않기 때문에 엄마가 훌륭한 지도 기술을 가지고 육아하여도 그 교육을 받아들이는 아기의 심신이 온전하지 않고 건강하지 못하면 충분한 교육의 성과를 기대할 수 없게 되는 것이다.

34. 반항하는 우리 아기

아기가 무럭무럭 빠르게 성장하면서 대뇌에서부터 발생하는 반항기가 솟는다는 것은 극히 자연스러운 현상이다. 이것은 발달이며 성장이다. 아기들은 누구나 다 그렇듯이 이런 성장기를 거치는 것은 아주 자연스러운 것이며 자라는 과정의 일면이다.

아기는 지금까지 엄마나 가족에게 일방적으로 보살핌만 받았다. 그러나 이젠, 자기 자신이 사물에 대한 생각이나 견해가 싹트기 시작한 것이다. 그러므로 자기 확장을 하고자 하는 의식을 갖게 되면서 나름대로 판단력이 생기게 된다.
그리하여 독립심이나 품위를 나타내고자 할 만큼 성장하고 있다는 지존을 보여 주려는 오만함이 반항으로 표출이 되는 시기이다.
독일의 심리학자 헷츠는 반항기가 있었던 아기들과 반항기가 없었던 아기들 두 그룹의 아기들을 오랜 기간 동안 추적 조사를 했다.
그리고 그 아이들이 각각 어떻게 성장했는지를 살펴보았다.

반항기를 거친 아기들은 자주성이 대단한 사람으로 성장했다. 그러나 반항기를 거치지 않고 성장한 아기들은 자주성이나 자발성이 결여된 사람으로 성장한 경우가 태반이었다는 것이다.
이 연구를 근거하여 발표한 바에 의하면 다음과 같다.

〈아이가 반항기를 보이지 않는 것은 아이 자신이 자신을 주장할 수 있는 자주성이 결여되었거나 신체가 허약하고 정신력이 부족하거나 또는 부모가 부모 자신들의 의지에 따르도록 아이에게 지나치게 강요한 경우 이러한 문제가 발생할 수 있다.〉

부모의 간섭이 지나치고, 가정교육이 완고하고 독선적이면 반항기를 보이지 않고 그냥 넘어갈 수도 있다.
반항을 모르고 자라는 아기들은 대체로 온순할 수 있지만 편향된 성격을 지닌 사람으로 성장할 우려가 다분하다. 하지만 건강이 좋고 반항심이 있는 아기들이 온순한 아기보다 더 바람직한 이유는 자기주장의 체험을 해 본 아기들이 그 체험을 바탕으로 자신의 욕구나 주장을 발전시켜 가는 방법을 터득해 나갈 수 있는 자질을 갖기 때문이다.

 반항이 모두 좋고 환영할 만하다는 뜻은 아니다. 부모가 아기의 주장을 받아들여 주기만 하다 보면 이것도 골치 아픈 아기로 키우는 원인이 될 수 있다. 아기의 반항을 수정해 주지 않고 그냥 받아 주기만 하면 아기는 자신을 억제할 수 없는 제멋대로의 아기가 될 수 있고, 아기가 함부로 자라게 되면 더 골머리 아픈 상황으로 발전하게 될 수도 있다.
 아기를 부모가 억압하며 키우는 것보다 자유를 주는 게 좋다. 아기는 만 12개월이 지나고 환경에 익숙해지면서 자신감이 생기기 시작할 시기와 때를 맞추어 걸음마를 하고, 자기 의사를 말로 어설프게나마 표현하며, 숟가락이나 장난감을 다룰 수 있게 되며, 자신감이 움트면서 자아 존중감이 생기게 된다.

 이 시기의 아기에게 강압적인 명령어는 금물이다. 그런데 부모들은 아기를 자기 뜻대로, 부모의 생각대로 움직이도록 명령하여 시키는 대로 움직여 주기를 바란다. 부모의 생각에 아기는 아무것도 모르니까 부모가 시키는 대로 따라야 하고 부모가 시키는 대로 아기가 움직이는 것이 옳은 교육이라고 생각하여 아기를 강압적 명령에 따르도록 억압적 명령을 한다.
 부모는 아이와 동행했을 때 아이가 무슨 생각을 하며 어떤 감정을 갖고 있는지에 대하여 염두에 두거나 살피며 말과 행동과 생각을 해야 한다. 아이가 옆에 있다는 생각을 망각하고 무의식중에 남에게 비굴함을 보이거나 사납게 성질을 내며 싸우거나 하다가, 불현듯 아이가 옆에 있다는 생각이 떠올라 비로소 아이에게 미안한 감정이 생겨 지나친 애정을 발휘함으로 아기로 하여금 수치심과 창피함과 모멸감을 느끼게 할 수도 있다.

이것은 아이의 자존의식을 생각하지 않고 부모의 감정대로 행동하여 아이의 감정의 흐름 같은 것은 안중에도 없이 행동함으로 아이에게 새로운 영향을 미치는 것이다.

부모의 행동으로 인하여 아이가 충격 내지는 감정에 손상을 입는다는 것을 고려해야 하는데 부모는 아이가 어리다 하여 안중에 두지 않고 행동하므로 아이에게 자극이 되면서 부모의 색다른 일면을 접하게 되는 것이다. 그러므로 부모는 단연코 깊이 생각하고 거듭 재고해서 행동하는 것이 좋다.

아기가 부모의 비굴함을 목격함으로 인하여 수치심을 느끼거나 모멸감을 느껴 자존심이 상하면 좌절감이 생길 수도 있고, 그 좌절감이 분노가 되어 반항하고 공격적인 기질로 길러질 수 있다는 점을 고려해야 한다.

아직, 한 살짜리라고 자존심을 건드리는 말을 함부로 하면 실수하는 것이다. 아기도 창피함을 느낄 수 있어서 나쁜 감정이 유발될 수 있다. 아기의 마음이 상한 감정을 가졌다고 생각될 때 재빠르게 아기의 마음속에 자리한 상한 감정이 빠져나갈 수 있게 해야 한다.

"엄마가 우리 아기에게 자존심 상하는 말을 해서 미안해."

"엄마가 저 사람에게 너무 비굴하게 굴었지? 엄마가 잘못한 거야, 우리 아기가 엄마를 용서해 줘. 다음부터는 절대 그런 일이 없을 거야, 알았지?"

이렇게 적절한 말로 아기의 감정을 어루만져 따뜻이 감싸 주는 말이 필요하다. 아기에게 상한 감정을 가져선 안 된다고 설득하려 들면 역효과가 나타날 수 있다.

"엄마나 아빠가 아들 앞에서 비굴함을 보여서 미안하다. 어쩌다 보니 그렇게 말이 잘못 나간 것 같다. 앞으로는 그런 일이 절대 없을 거야. 우리 아기가 아빠와 엄마를 이해해 주면 안 되겠니?" 하고 솔직하게 잘못을 수정하고 사과하는 게 좋다.

부모의 이 사과를 듣는 아기는 사과하는 법을 배워 버린다는 사실이다. 그뿐만 아니라 아기는 엄마처럼 스스럼없이 자신의 감정을 솔직하게 표현하고 수정하는 방법까지 익히게 된다.

그리고 어떤 경우라도, 어떤 내용일지라도 아기가 보는 앞에서 부당하거나 비굴하거나 비인격적이고 비합리적이며 나쁘다고 생각되는 말이나 행동은 절대 삼가는 것을 원칙으로 하고 모범을 보여야 한다. 더구나 부모 자신들의 실수로 인하여 엉뚱하게 아기에게 화를 내거나 야단을 친다면 아주 나쁜 교육으로 천재 교육의 범주에서 벗어나게 된다.

부모들의 어리석음의 결과를 예쁜 우리 아기에게 돌려서는 절대로 안 되는 일이기 때문이다.

오직 아기의 이야기를 진지하게 들어 주고, 공감의 표시를 보여 줌으로 아기는 자기 생각, 느낌을 솔직하게 털어놓을 수 있는 계기를 만들어 주므로 아기는 자신감이 생기며 말이나 대화로 관계가 좋아질 수 있다는 것을 최초로 경험할 수 있기 때문이다.

아기도 성인에 버금가는 자존감이나 우월감을 가지고 있다. 따라서 좌절감이나 참담함도 느낀다는 사실이다. 그러므로 부모는 되도록 아기의 기를 살려 주어야 천재로 발아(發芽)를 할 수가 있다.

아기가 실망감을 느끼기보다는 긍정적인 가능성을 찾을 수 있게 해 주는 것이 좋다.

딱딱하고 융통성 없이 설득하기보다는, 때로는 여유 있게 부모 자신의 과오를 자인하는 솔직성을 보여 주는 것이 모범으로의 교육적 효과가 크다고 할 수 있다.

35. 부모의 영향력

아기가 성장해 감으로 사물에 대한 식별 능력과 판단 능력의 시야가 점차 넓어지는데, 이때 부모의 도움이 절실히 필요하다.

그 까닭은 식별 능력과 판단 능력을 바르게 정립해 줄수록 아기의 행동이 민첩해지기 때문이다. 물론 스스로 식별과 판단을 할 줄 알게 되어가지만, 워낙 미숙한 아기로서는 오류가 포함되지 않을 수가 없는 것이다.

그 오류란, 주관적이며 이기적인 식별과 판단을 내릴 수 있기 때문이다. 이것은 아주 중요하다. 부모의 본질이 이기적이면 아기의 식별과 판단에 영향을 미칠 수 있음을 말한다. 다행히 부모가 합리적인 식별과 판단으로 영향을 끼친다면 천만다행이지만 그렇지 않다면 유감스러운 방향으로 성장이 진행될 가능성이 크다 할 것이다.

이것을 유전의 영향력이라고 할 수 있는데, 이를 극복하지 않으면 천재 만들기에 부분적으로 불편한 걸림돌이 된다. 성격이 이기적이면 천재가 되어도 독불장군으로 참담한 숙명으로 떨어질 확률이 크기 때문이다. 물론, 인생을 살아가는 중에 깨달음이 일찍 온다면 이기적인 사고를 버릴 수도 있겠지만 세 살 버릇이 여든까지 간다면 십 년의 천재 훈련도 부분적으로 효과를 내지 못하는 결과를 초래할 수 있다는 사실을 염두에 두어야 할 것이다.

　아기가 24개월이 지나게 되면 걷기 시작하고 지각이 발달하면서 유아어로 한마디씩 말하기 시작한다. 그리고 사고의 세계로 들어선다. 기억하고 생각할 수 있다는 것은 감정의 움직임이 시작되었다는 것이며, 자기를 표현하기 위해 움직임이 자유로워지고 말이 많아진다. 비록 정확한 표현이 안 되고 언어가 미숙하기 그지없지만, 엄마가 세밀히 들으면서, 자세히 관찰하면 아기가 하고자 하는 내용을 파악하는 건 그리 어렵지 않다. 더구나 아기가 말을 배우려고 무척 애를 쓰고 있다는 것도 알게 된다.

　그러므로 엄마는 아기의 언어 발달을 위해서 아기와 눈을 맞추고 발음도 정확하게 말을 아주 자주 해 줘야 아기의 언어 학습에 도움이 된다. 아기는 엄마가 말하는 것을 보고, 듣고, 느끼고, 생각하며 엄마의 언어를 통하여 말을 배우게 될 뿐만 아니라 엄마의 습관까지 익히게 되므로 아기에게 엄마의 나쁜 습관이 배지 않도록 자신의 그릇된 습관을 자각하고 있는 부모라면 아기에게 노출이 되지 않도록 특히 주의하거나, 자신의 나쁜 습관을 스스로 교정하는 것이 바람직하다 할 것이다.

　'신부가 될 처녀의 됨됨이를 알려거든 그 어머니를 보라'라는 말이 있다. 여자 아기는 대개가 엄마의 습관이나 버릇을 그대로 답습하는 경향이 있다. 엄마의 말하는 습관, 말하는 요령까지도 그대로 배운다. 거짓말, 속임수, 둘러대기, 흉보기, 무뚝뚝하기나 애교부리기까지, 아기는 엄마의 행동 하나하나를 머릿속에 넣어 두고 표정과 말투를 따라 하기 위해 기억하려고 상상의 세계를 향하여 날개를 펴기도 한다.

  이러한 나쁜 습관을 아기에게 대물림하지 않으려면 자신을 자세히 되돌아보거나 남편이나 시부모에게 자신에 대한 장단점의 평가를 부탁하여 자신의 나쁜 습관을 빨리 수정(修正)할 수 있다면 참으로 좋을 것이다.

  그리고 아기가 사색(思索)하는 모습을 발견하고 빙그레 웃을 수 있는 엄마라면 자신의 허접한 습관(결점)을 버리고 아기를 제대로 키우고자 하는 마음을 갖고 자신을 과감히 고칠 의향이 있을 것이다.

  사람에게는 누구나 나쁜 습관을 한두 개 지니고 있기 마련이다. 이 습관은 죽음에 이를 때까지 누구에게도 내보이기 싫어한다. 그 나쁜 습관이나 버릇은 이미 스스로 합리화했기 때문에 누가 그걸 지적하게 되면 철천지원수처럼 여길 뿐만 아니라 분노하여 가차 없이 단절을 결단해 버리고 마는 것이 인간의 알량한 자존(自尊)이다. 이러한 자존을 건드리면 친구의 연분(緣分)도, 부부의 연분도, 천륜도 원수가 될 수가 있는 아킬레스건으로 내심에 작용하게 되므로 되도록 스스로 나쁜 습관을 찾아 내어 수정하는 것이 가장 바람직하다 할 것이다.

  그리고 아기가 24개월이 넘었는데도 몸놀림이 둔하고 어색하다면 세밀한 관찰의 눈으로 집중해 볼 필요가 있다. 말이 유난히 늦은 아기들이 없는 건 아니다. 감각 발달이 늦어 멍한 아기도 있고, 표현능력이 현저하게 뒤처지는 아기가 있는 것도 사실이다. 이런 경우는 다음과 같은 경우를 생각해 볼 필요가 있다.

  임신부 때에 음식(술)이나 약물을 오용하지는 않았는지, 유전적인 자질로 인하여 발생하지는 않았는지, 아기의 관리 소홀로 물리적인 충격을 주어 그리 되지 않았는지. 가령 예를 들어 아기가 무엇이 갈급하여 울음을 터뜨렸을 때, 엄마나 아빠는 아기의 울음의 언어를 알아듣지 못하고 아기의 울음이 시끄럽다고 아기를 내던져 버리면, 아기는 그 충격을 받아 몇 개월이나 몇 년이 지난 다음에 어떤 이상 증상이 나타날 수도 있는 것이다.

 아기를 잘못 키우면 그 결과는 부모에게 고스란히 돌아오기 때문에 아기의 울음소리(언어)를 부모들이 못 알아듣더라도 울음소리에 관대해야 하며, 소중하고 귀하게 아기를 보호해야 한다.

E. 발달기(發達期, Developmental period)

36. 아기의 고집

 두 살이 지난 아기는 독립적인 존재가 되어 인생의 여정을 시작하기 위해서 무엇이든지 자신이 선택하여 살아가려는 경향이 두드러지게 나타나게 된다. 부모의 입장으로서는 아기에게 무엇이거나 모든 것을 선택하여 줬기 때문에, 아직도 여전히 뭐든지 선택해 줘야 하는 입장이라고 생각한다. 때문에, 불가피하게 아기와 마찰을 빚게 되는 상황이 벌어지게 된다.
 그러나 아기로서는 지금까지 누려 보지 못한 새롭고 자유로우며 흥미진진하기까지 하며 즐거운 신세계가 펼쳐지는 호기로운 때인 것이다.
 그것은 아기가 식탁에서 수저에 대한 선택이나 거부를 주장하기도 하고, 당근이나 파에 대한 거부 의사를 말하기도 한다. 이것은 부모의 관심과 주목을 받고자 하는 요령이며, 수단의 발로이면서 아기의 내부에서 이제 막 자라나기 시작하는 독립심이 유발하는 자아의 근사한 표현이기도 하다.
 아기로서는 최초로 부모에게 저항하는 본능적 독립 의지의 발로로서 엄청난 용기를 내어 독립하고자 하는 기틀을 시험하는 일이기도 하면서, 아기의 개성이 싹이 돋는 과정이기도 하다. 따라서 한 개체로서 험난한 세상을 살아가야 하는 여정의 첫 출발임을 선포하는 신호이기도 하다.
 한마디로 아기의 고집이란 자아 욕구의 관철이라고 할 수 있다. 아기는 지극히 단순하다. 그 때문에 자신의 욕구를 관철하기 원한다. 나름의 흥미로운 사물을 발견했을 때나, 자기 신체에 어떤 상황이 벌어졌을 때나, 마음을 끄는 어떤 현상이 눈앞에 펼쳐졌을 때, 그것으로 즐거움을 유발하는 놀이로 삼기 위해 아기인 자기를 전적으로 믿어 주고 사랑해 주는 엄마에게 원하고 바라는 것을 요구하게 된다.

 엄마는 아기의 요구를 알아듣지만 하찮은 것이기에, 엄마의 눈에는 불필요하고 보잘것없는 일이기에 아기의 요구를 무시해 버린다. 그러나 아기에게는 아주 중요하다는 것을 엄마 자신이 아기였던 그 시절 그 나이 때를 되새겨 보면 알 수 있을 것이다. 엄마는 눈을 감고 조용히 그 시절 그때를 심도 깊이 추상(追想)해 보면 아기를 이해하고 아기의 요구에 공감하게 될 것이다.
 엄마나 아빠가 아기의 요구를 거절하거나, 아기가 즐기는 놀이를 강제로 봉쇄시켜 버리게 되면 아기는 절망과 좌절을 느끼게 되어 강한 반발을 하거나 침울하게 된다.
 이러한 반발을 떼쓴다고 말하기도 하고 억지라고도 하며 고집이라는 표현으로 아기를 매도하는데, 아기의 입장에서는 아주 흥미진진한 놀이이면서 새로운 것을 알기 위해 실험을 하는 데 방해를 받는 일인 것이다.

 신기하고 신비스러운 사물이 발견되어 그것이 무엇인지, 어떤 작용을 하는지, 내던지면 어떤 현상이 일어나는지에 대한 탐구하는 과정이며, 그것은 곧 세상의 모든 사물을 하나씩 알아가는 아기로서의 지식 축적의 공부인 셈이다.
 그러므로 아기가 피아노의 건반 뚜껑 위에 올라가 곰 인형으로 내리치는 행위를 못 하도록 엄마가 떼어 놓았다면 아기는 즉각 반발하여 떼를 쓸 것이다. 아기에게 화를 내면 아기의 입장을 전혀 고려하지 않고 아기를 배려하지 못한, 아기의 입장에서는 심히 부당한 처사가 된다.

 이때는 유연한 대처와 극진한 사랑의 배려가 절실히 필요하다. 천재로 만들어지는 과정에서 위기에 직면하여 자칫 아기에게 억압이나 분노를 쏟아 내면 아기와 괴로운 신경전으로 이어지며 아기의 기억에 충격으로 남을 수 있다.
 이 나이 때의 아기는 자신의 하는 일에 여러 번 봉쇄를 당하면 정서적인 압박감에 견디지 못하고 울화를 터트리며 절망과 좌절과 울분과 분노로 소리를 지르며 방방 뛰며 물건들을 내던지기도 한다.

 엄마는 엄마의 생각을 아기에게 자세히 이야기해서 아기가 이해할 수 있도록 하고 아주 합리적인 방법을 구사하여 아기를 설득해 보는 것이다. 그러나 최고 좋은 선택은 아기가 하고자 하는 행위를 하게 되면 어떤 현상이 일어나는지 그리고 결과가 어떤지를 자세히 설명해 주고 경제적인 손실까지 설명해 준 다음에 피아노 뚜껑을 열고 피아노 소리를 들려 주면 아기는 피아노가 어떤 것이라는 것을 배우게 되고 납득하며 즐거워하게 되는 것이다.
 그런데 그 엄마의 설득이라는 것이 아기를 윽박지르는 것이 되면, 아기가 알고자 하는 배움을 가로막는 행위가 된다. 아기가 이 세상의 모든 사물을 새롭게 알아 가는 과정에 있다는 것을 인지하고, 부모는 아기의 그 배움을 봉쇄하지 않고 유연하게 대처하는 것이 아기에게 참된 교육이며 유익하며 유용한 처사가 된다.

아기는 부모의 제지에 의해 좌절하는 일을 여러 번 겪다 보면 두려움과 불안에 싸여 점점 반항하는 강도가 높아진다. 더구나 기질적으로 강하게 반발하는 정서가 내재해 있는 아기라면 분노를 참다못하여 바닥에 마구 뒹구는 떼를 쓰게 된다.

아기의 이런 떼쓰는 상황을 맞닥뜨리게 되면 부모는 당황하게 되고 창피하기도 하여 아기에게 양보하여 아기 하는 대로 놔두든가, 아니면 크게 화를 내어 꾸짖든가 하게 된다. 아기를 설득해야 한다는 생각을 할 겨를이 없기 때문이다. 아기를 다른 말로 달래거나 회유하면 듣겠지만 아기 마음의 저변에 분노가 잠재하여 전에 쌓였던 분노와 합쳐져 잠재하게 된다.

아기의 마음에 분노가 쌓이는 것을 방지하기 위해서 부모는 아기를 설득해야 한다. 아기가 납득할 수 있도록 합리적이고 경제적이며, 현실적인 사실을 아기에게 제시하면 아기는 납득할 뿐만 아니라 부모로부터 새로운 정보를 배우게 된다. 그 새로운 정보란, 부모가 말하는 합리성과 경제성 그리고 현실성이라는 고차원의 논리를 아기의 두뇌에 기록하게 된다.

아기를 설득하지 않고 아기의 고집을 한 번 허용하여 아기가 하던 대로 놀이와 탐구를 계속하게 하였다면 아기로서는 배움에 도움이 되지만 고집이라는 새로운 무기가 하나 생긴 셈이 된다.

아기가 떼쓰는 버릇을 갖게 되었다면 아기가 떼를 쓸 때 아무런 제지나 설득 없이 허용했기 때문이다. 엄마의 역량(力量)에 의하여 아기가 행위를 하지 못하도록 차단했는데, 옆에 있던 남편이나 시어머니가 아기의 편을 들어줌으로 아기는 하고 싶은 대로 다시 놀이나 실험을 하게 되면서 아기는 또 하나의 새로운 사실을 깨닫게 된다. 떼를 쓰면 통한다는 새로운 사실이다.

떼를 한 번 허용하게 되면 두 번째 떼를 쉽게 허용하게 된다. 두 번째 떼를 허용하게 되면 고치기가 상당히 어렵고 아기를 그릇되게 교육하는 결과를 초래하기 때문에 아기의 편을 들어주는 남편이나 시어머니를 먼저 설득하거나 양해를 구하고 아예 처음부터 아기의 떼나 고집을 피우지 못하도록 아기를 설득하는 것이 으뜸의 처방이다.

아기가 세 번째 떼를 쓰게 되면 그것은 고집이 되고, 그다음은 아집으로, 더 나아가 이기주의로 발전하게 된다. 이기주의가 되기 전에 합리적인 사고를 할 수 있도록 설득하여 이기심보다 먼저 합리적 사고를 하도록 부모가 세심한 관찰과 배려가 필요한 것이다.

이제 겨우 걸음마를 하는 아기를 설득하다니, 설득될 수 있을까? 부드러운 말로 조용조용히 말하면 아기는 다 알아듣는다. 두 살이 되면 몇 백 단어의 말을 알고 있고, 말들을 상황에 맞추어 구사하려고 노력 중이라고 보아도 된다.

아기가 자기 손에 들고 있던 곰 인형을 혼내는 모습을 보면, 부모가 아기에게 혼내 주던 모습 그대로 곰 인형을 혼내는 모습을 어렵지 않게 관찰할 수 있다.

부모가 아기를 혼내지 않았다면 아기도 곰 인형을 혼내는 행위를 배우지 않았을 것이며, 곰 인형에게 부모로부터 배운 대로 분풀이하는 행위를 실행할 생각을 못 했을 것이다.

아기가 아직 더디게 자라 몇 마디의 말만을 구사한다고 해도 엄마가 하는 말은 거의 다 알아듣고, 이해한다. 더욱이 엄마의 말들을 듣는 대로 저장하여 말 배우는 기틀을 삼아 그 억양이나 버릇까지 따라 하게 되는 아기는 언어의 프로그램을 지니고 태어난다는 사실이다.

아기를 설득하는 일은 어렵지 않다. 어렵다고 할지라도 꼭 설득해야 한다. 설득하지 않고 아기의 그 첫 번째 고집을 그대로 들어준다면 아기는 이기적인 인간이 되는 길로 들어설 가능성이 있는 것이다.

이기적인 인간으로 자라면 합리적인 인간으로 자라 난 사람에 비해 성공할 수 있는 확률이 현저히 낮아진다.

이기적인 사람은 대인 관계에서 성취율이 낮고 독불장군이 되기 쉽다. 인생을 살면서 극히 한정된 직업에 매달리게 되며 생활 형편도 그리 윤택한 편이 아닐 수 있다.

대체로 이기적인 사람은 노력하는 데 서투르다. 만약 노력한다면 점차 합리적인 인간으로 변화되어 소기(所期)하는 바 이상을 달성할 수도 있을 것이다.

아기를 설득할 때는 밝게 웃는 얼굴로 아기를 포근하게 안아 주고 볼로 아기의 볼에 대고 비빈 다음 아기와 눈을 맞춘다. 그리고 애정이 담뿍 담긴 어조로 미소를 지으며 다정하면서 발음도 분명하게 천천히 말한다.

"네가 가지고 싶어 하는 저 인형은 세균이 많아서 병에 걸릴 수 있기 때문에 상당히 위험한 거란다. 그래서 엄마도, 다른 사람들도 더러운 인형은 다 싫어해. 그래서 엄마가 저 인형을 깨끗이 씻어 말려 세균이 없어지도록 한 다음에 너에게 다시 주려고 한단다. 인형이 마를 때까지 기다려라. 인형이 다 마르면 우리 예쁘고 똑똑한 아기에게 가져다 줄 테니까, 알았지?"

엄마가 말할 때 아기는 엄마 입의 움직임을 세세히 관찰할 것이다. 정확한 단어들은 모르지만, 뜻은 대충 다 알아듣는다. 다정하면서 미소가 가득한 엄마의 말을 느낌과 함께 듣게 된다. 더구나 엄마의 입의 움직임을 보고 언어 프로그램이 작동하여 아기가 말할 수 있는 기틀을 마련하는 데 활용한다. 그러므로 아기를 포근히 안아 주고 자애로운 눈으로 말을 하면 납득하고 마음에 평온과 안정을 갖게 된다.

아기의 두뇌는 말의 이해를 담당하는 베르니케 언어 영역(Wernicke language area)이 더 빨리 발달하기 때문에, 말하기를 담당하는 브로카 연설 영역(Broca's speech area)보다 먼저 발달하여 말을 알아듣고 이해하는 것이 말하기보다 더 수월하고 빠른 것이다.

생후 3개월밖에 안 된 강아지도 주인이 쓰다듬고 안아 주면서 다정하게 말하면 느낌으로 알아듣고 하지 말라는 짓은 안 하는 경우도 있다. 하물며 생후 24개월이 넘은 영묘한 영장이라 일컫는 사람은 충분히 알아듣는다. 그러므로 아기가 최초, 첫 번째 억지를 부린다고 판단되면 반드시 예봉을 꺾든가 억지를 부릴 빌미를 제공하지 않는 것이 좋다.

만약, 귀엽고 예쁘고 사랑스러운 아기의 매력에 혹하여 측은지심이 솟아 나와 아기의 억지를 허용한다면 두 번째 억지는 꺾기가 심히 어려워질 것이다.

아기는 교활성과 사악성과 잔인성을 지니고 태어난 간악하기가 이를 데 없는 인간이다. 그 때문에 아기에게 최초의 떼를 허용하면 아기는 그걸 빌미로 떼를 쓰면 통한다는 엄마의 자애로움을 간파하여 깊이 파고 들어가 두 번째의 억지를 부리게 된다.

엄마는 아기를 애지중지하니까 사랑하는 마음이 넘쳐 두 번째의 떼를 허용하게 되면 아기의 머릿속에는 억지라는 강력한 무기가 생기고 이것이 버릇이나 고집으로 굳어지게 된다.

 이렇게 되면 아기의 고집은 고치기가 어려워진다. 다시 고칠 수는 있지만 부모의 입장에서는 애를 먹게 되고 상당한 마찰과 시련이 따르게 된다. 그뿐만 아니라 고쳐진다 하여도 아기의 머릿속에 잠재되어 잠복하게 된다. 아기는 자신이 사용해 보았던 억지라는 무기를 다시 사용해도 될 만한 여건이나 기회가 주어진다면 자신의 이익을 위해서 언제든지 사용하려 드는 교활성을 발휘하게 된다.
 아기라고 소홀이 간과해 버린다면 아기의 인격 형성에 전혀 도움이 안 된다. 아기가 모태에 있을 때 태교하는 이유는 아기가 좋은 인품을 소유하게 하려 함이다. 좋은 인품이야말로, 행복하게 살 수 있는 가능성이 풍부해지고 마음의 안정과 긍정적인 사고를 펼칠 수 있는 가능성이 커지기 때문이다.

37. 아기의 정서(情緖)

 아기의 마음에 최초로 촉발되기 시작하는 정서는 태교의 음악처럼 신비롭고 유연해야 한다. 다시 말해서 아기를 안고 있는 엄마는 다른 사람을 대할 때 말을 가려서 해야 하고 행동이 얌전해야 하며, 과격한 말을 삼가고, 감정의 폭발을 억제해야 한다. 이것은 아기가 성장하여 어른이 된 다음에 엄마를 비롯한 모든 가족과 나아가 여러 대인관계가 원만할 수 있도록 준비하기 위함이다.
 아기가 갓난쟁이라고 우습게 여기거나 소홀히 여기거나 가볍게 여긴다면 실수하는 것이다.

인간의 삶이란 대인관계로 이루어진다. 대인관계를 얼마만큼 유연하게 잘하느냐 잘못하느냐에 따라 자기 삶의 질이 결정되는 것이라고 봐도 무방하다. 사람에게 있어서 정서가 메마르면 삭막하고, 정서가 혼란스러우면 두서가 없고, 아기의 정서에 부모의 감정이 주입되면 부모를 꼭 닮은 붕어빵이 나온다. 외모가 붕어빵이 아니라, 정서가 붕어빵이다.

자식이 부모의 정서를 닮았다면 부모로서는 과히 싫지는 않을 것이다. 그러나 자식이 부모보다 더 나은 인물로 성장한다면, 영재나 귀재나 천재로 성공해 준다면 더 바람직할 것이다. 하지만 자식을 인생 낙오자가 되도록 조성하지 말며 방관하지는 말아야 한다.

"정서가 뭐 별거냐? 나중에 돈만 잘 벌어 잘 살면 되지…."

그 돈을 잘 벌어서 잘사는 기틀이 정서로 말미암는다면 놀랄 일도 아닐 것이다. 정서가 뒤죽박죽 엉망인 사람이 자기 감정을 온전히 제어할 수 있을까? 대인관계를 순조롭고 성공적으로 이끌어갈 수 있을까?

대인관계가 서투른 사람이 혼자 해도 되는 직업을 선택하여 대성한 사람이 없는 것도 아니다. 그러나 그런 사람은 자신의 정서를 바로 잡으려고 노력하고 있기 때문이다. 사회의 제반 모든 일들은 대인관계로 이루어진다는 명백한 사실이다.

그러므로 아기에게 읽어 주는 동화에 등장하는 주인공이 새끼 코끼리라고 가정한다면, 그 주인공이 부모에게 효도하고 사회에 이바지하는 정의로운 용사로서 이해할 수 있게 해야 한다.

또한 자신의 윤택한 삶을 위하면서도 국가에 보탬이 될 수 있고, 인류를 이롭게 하는 모범적인 모험을 보여 주는 주인공으로 초점을 맞추어 이야기해 줄 수 있어야 한다.
 그러므로 부모는 아기에게 던지는 한 마디라도 아기에게 유익한 도움이 되며 영양가 높은 양식(良識)이 되는 언어를 구사할 필요가 있는 것이다.
 옛날의 문맹(文盲) 세대들은 자기 자녀들에게 저주의 말을 욕으로 함부로 막 아무렇지도 않게 했다. 그 욕이 어떤 저주의 뜻을 담고 있는지 생각해 보지도 않고 성질이 북받칠 때마다 상습으로 했었다.
 그러나 이제는 문명의 시대이므로 처음부터 끝까지 칭찬의 말을 하여 아기의 정서가 유연하고 아름다워질 수 있도록 교도(敎導)하는 일에 심혈을 기울이는 것이 보람되고 유익이 될 것이다.

 아기는 매일 새로운 것을 눈으로 보게 되고, 엄마의 이야기를 듣게 되고, 가족들의 대화를 듣고, 행동하는 것을 보고 두뇌에 정보를 축적하게 된다. 아기의 몸이 성장함에 따라 두뇌가 발달하고 느끼며 깨닫는 범위나 능력이 점차 넓어지고 생각하는 깊이가 점차 구체적이 된다.
 아기 두뇌의 발달은 시시각각 눈으로 보고 귀로 듣고 피부로 느끼고, 아기의 초롱초롱한 눈의 움직임처럼 두뇌가 활발히 움직이면서 몸과 함께 성장한다. 장래에 사용하게 될 기초적 지식을 눈에 보이는 대로, 귀에 들리는 대로, 피부로 느끼는 대로, 그 정보를 두뇌에 차곡차곡 저장하여 미래를 준비하게 된다.
 이러한 아기의 성장 과정에서 부모의 기분이나 감정에 의하여 아기의 마음에 상처를 주게 되면, 이것이 옹이가 되어 아기의 기억에서 지워지지 않고 평생 반복하여 되살아나게 된다.

 아기를 심하게 꾸짖었을 때, 아기의 마음에 옹이가 된다. 아기가 엄마에게 두 손을 벌리며 안아 달라고 했을 때, 안아 주지 않으면 아기의 기억에 지워지지 않는 옹이가 된다. 아기를 아무렇게나 내팽개쳐 버리면 아기가 평생을 가슴앓이하며 분노하는 옹이를 마음에 안고 살게 된다. 아기가 목메어 울도록 방치하는 것도 옹이가 된다. 어떠한 경우라도 아기를 때리거나 꼬집거나 하지 말아야 한다.
 배울 것이 산더미보다 더 많은 아기의 두뇌는 매 순간마다 쉬지 않고 바쁘게 움직인다. 넘쳐나는 입력 정보를 모두는 축적하지는 못하지만 몇 가지씩이라도 열심히 머리에 기억하여 미래를 열심히 준비해야 하는 아기를, 오로지 사랑으로 감싸 안고 포근하게 품어 주어야만 한다.

 느린 속도로 발달하고 성장해 가는 아기의 두뇌는 자기 신체에 스스로 명령하여 행동을 요구하기도 하나, 아직 성숙하지 못한 아기의 몸은 기어 다니는 것이나 엄마가 앞에 놓아 준 장난감을 줍거나, 엄마를 보며 안아 달라고 울거나 하는 정도의 일을 수행하는 것이 고작이다.
 그러나 아기의 기억 세포에 저장되지 말아야 할 아기의 장래를 저해할 요소들이 무분별하게 부모에 의해 저장된다면 아기의 장래에 나쁜 영향을 미칠 것은 자명한 일이다.
 아기는 태어나면서 인간이 가져야 할 감각의 모든 요소를 다 지니고 태어난다.

아기는 점점 성장하면서 체험을 통하여 감각이 발달하고 느낀 것이 기억되고 저장된다. 이렇게 저장된 것이 무의식중에 발현될 수밖에 없는 것이 감정의 동물인 인간이다.

그 때문에 아기의 인생을 저해할 요소가 두뇌 세포에 프린팅되지 않도록 예방해야 한다. 아기의 두뇌 세포는 100억 개나 된다고 한다. 이 엄청난 세포에 좋은 요소만, 즐겁고, 기쁘고, 긍정적이고, 합리적이고, 꼭 알아야 할 좋은 지식과 사랑으로 가득한 요소만이 저장될 수 있도록 해야 하는 것이다.

아기들의 두뇌 세포는 날마다 바쁘게 움직인다. 아기는 눈으로 보고, 귀로 듣고, 감각하고, 미세하지만 분별을 시작하고, 깨달으려고 애쓰는 결과를 나름대로 저장한다. 자신의 삶의 토대를 마련하기 위한 본능적 작동이 시작되는 것이다.

그러므로 아기가 태어나서 삶을 시작하는 그때가 가장 중요한 순간들이라는 사실이다.

우리가 A4지에 글을 쓸 때 잘못 쓰게 되면 구겨서 버리고 새로운 A4지에 다시 글을 쓰게 된다. 그러나 아기의 두뇌에는 잘못 쓰인 글들을 지우거나 찢어버릴 수가 없고 그대로 기억에 깊이 각인된다.

그렇게 각인되고 저장된 잘못된 요소들이 일생 무의식 상태에서라도 튀어나오지 않고 묻힌다는 보장은 절대 없다.

경우나 환경에 따라 베이비시터에게 아기를 맡길 수도 있다. 그러나 맡기지 않아도 되는데 엄마가 편하고 싶어, 또는 돈벌이를 해야 하기에 아기를 다른 사람에게 맡기게 된다. 이런 일은 참으로 위험한 일이다. 아기와 엄마와 온 가족의 장래를 베이비시터에게 맡기는 황당한 사태를 야기할 수 있는 것이다.

엄마의 품에서 자란 아기와 베이비시터나 유모나 시어머니나 친척의 손에서 자란 아기와는 엄청난 차이가 있을 것이라는 생각을 해야 할 것이다.

엄마가 아닌 사람이 엄마처럼 아기와 다정스러운 많은 이야기를 나누어 줄까? 아기가 맘대로 행동하며, 짜증과 고집을 부리면서 울면, 베이비시터는 엄마처럼 온화한 얼굴로 아기를 안고 달래 준다는 보장이 있을까?

아기는 나름대로 어떤 필요가 있어서 울고, 행동하는데 아기를 사랑으로 감싸 주지 못할 수도 있는 베이비시터가 아기와 상반된 생각으로 감정적 충돌을 야기한다면 어떤 일이 벌어질까? 엄마의 입장에서 가슴이 아프지 않으려면 심각하게 생각해 보아야 할 것이다.

물론, 대부분이 엄마처럼 헌신적인 베이비시터분도 계시겠지만 감정이 메마른 분도 포함되어 있지 않다고 단정할 수는 없다. 엄마와 아기가 많은 대화를 나누면서 사랑을 교류하고, 사랑이 가득한 눈으로 아기와 눈을 마주치면서 즐겁고 유익한 놀이를 한다면 아기의 두뇌는 좋은 엄마 사랑을 기억하며 그 따뜻한 사랑을 저장하면서 성장할 수 있을 것이다.

38. 자제력 부재의 원인

만약, 애정이 결핍된 부모가 육아한다면 그 애정의 부재로 인하여 아이는 사랑을 모르고 자라게 된다.

애정을 받지 못하고 자란 아이는 자제력이 없어 나약한 상태에 이를 수도 있게 된다. 엄마와 늘 함께 있는 아이라면 갖고 싶은 것이 있을 때 엄마에게 요구하게 된다. 그러나 엄마가 없거나, 함께 있다 하여도 아이의 요구 사항을 엄마가 거절하게 되면 아이는 갖고 싶은 욕구를 단념하기는 하나 욕구불만이 하나 둘씩 쌓이게 된다.

부모의 사랑을 받지 못하는 아이의 마음에 공허함이 깃들게 되고 그 허전한 마음속에 쌓인 욕구불만은 자신도 모르는 사이에 훔치는 일에서 짜릿한 스릴을 동반한 성취감을 느끼게 되기도 하는 것이다.

부모라면 매 순간 성장하는 아이의 모습에 행복해 하다가도 다른 한편으로는 아이를 제대로 키우고 있는지 두려움이라는 불안이 엄습하기도 할 것이다. 그러나 현실의 삶과, 살림과 육아로 지쳤다 할지라도 부모들은 천재를 만들어 내야 한다는 계획에 희망을 잃지 말아야 하고, 어떠한 난관이 닥쳐도 굳건히 천재 만드는 일에 최선을 다하여 매진해야 한다.

아기는 부모의 사랑과 관심을 바라며 자란다. 하여 어떤 때는 아기가 원하는 것을 달라고 떼를 쓰기도 한다. 이렇게 부모와 아기 간의 다툼이 시작되는데 아기들은 표현력이 서툴러서 하루에도 몇 번씩 웃다가 울며 변덕을 부리기도 한다.

아기를 키우는 일은 엄청 힘든 일이 분명하다. 그러나 그 힘든 순간도 아기의 웃음과 포옹, 예쁘고 귀엽게 성장하는 모습을 지켜보면 행복한 마음이 든다. 아기를 키우는 부모들은 다 같이 고통과 함께 즐거움과 기쁨을 수반(隨伴)하는 것이기에 아이들을 소중하게 보살피며 배려하며 사랑하며 그렇게 아기를 키우는 것이다.

아기가 걷기 시작하면서 의지(意志)를 발휘하기 시작한다. 이것을 부모들은 고집이라고 매도(罵倒)하는 경향이 있으니 잘 살펴야 한다.

아기의 개성이 드러나기 시작하면서 성격이 굳어지는 시기이므로 그른 것은 그르다고 분명하고 자세히 설명해 줘야 한다. 한 번쯤이야 하고 안일하게 생각하면 실패의 길로 들어설 수 있는 것이다.

 개성을 바르게 만들어 주기 위해서는 아이의 모든 행동을 자세히 들여다보면서 수정해 줘야 한다. 이런 일이 오랫동안 계속되는 게 아니고 어느 순간에 곧 일차적인 성격이 완성되어 끝나므로 이 첫 성격의 완성이 아주 중요하다 할 것이다.
 다음으로 이차적인 성격의 시작은 아이가 시도 때도 없이 질문을 던진다. 아이가 알고자 하는 질문에 대하여 그릇된 성격의 부모가 그릇되게 설명해 주면 그 그릇된 정보로 인하여 아이는 그릇된 인격자가 되어 버린다.
 이러한 그릇된 가정교육으로 자란 아이가 바른 성격과 바른 사고자가 되기까지는 세월이 많이 흐르면서 학문을 취득하고 깨달음을 얻기까지 시행착오를 거듭한 끝에 깨달음이 완성된 다음에야 온전한 사고력과 바른 인격자로 다시 태어날 수 있게 된다.
 그렇게 그 많은 세월 동안, 덧없이 흘러버린 허송세월이, 청춘은 가고 백발이 성성한데 지혜가 출중해 본들 그 용도가 오리무중(五里霧中)이 되니 실로 안타까울 수밖에 없게 된다.

 나이 40이 넘어서도 온전한 인격을 지니지 못한 사람들이 들끓는 이 세대를 벗어나기 위해서는 어떠한 일이 있어도 우리 아이는 기필코 천재로 키워내는 데 심혈을 기울여야 한다. 천재 교육이 세대를 거듭하며 쭉 이어진다면 세상은 온통 천재들로 가득하여, 더욱 나은 세상이 이루어지며 인간들이 오매불망 바라고 꿈꾸었던 화목과 화평을 누리며 부족함이 없는 풍족하고 아름다운 세상에서 행복을 구가할 수 있을 것이다.

　아기는 24개월이 지나면서 사고(思考)의 세계로 진입하는데 가능한 상상력은 다 할 수 있으며, 말은 두서없이 입에서 오르내리지만, 신체의 모든 움직임은 자유로워지고 하나의 인격체로서 부모 앞에 우뚝 서게 된다.

　세상에 갓 나온 아이는 눈에 보이는 모든 것을 학습하고 익혀야 하며 숙지하여야 하므로 너무 분주하다는 것을 부모가 인정하고, 깊은 사랑으로 배려하며 보호하며 위로하는 게 좋다. 아이가 장난질 치려는 기미가 보이면 얼마든지 장난질 치도록 먼저 아이에게 장난을 걸어 주면 더욱 좋다.

　아이는 모든 감각을 동원하여 세상을 탐색하고 낯익은 사람들에게 할 수만 있다면 질문하여 정보를 얻으려고 한다. 그러므로 부모가 천천히 또박또박 분명한 발음으로 아이에게 설명해 줄 수 있다면 금상첨화이다. 아이는 궁금한 요소가 있으면 기억 세포에 따로 저장해 두었다가 부모나 누구에게라도 질문하고 싶어 한다.

　늦된 아이는 4살이 되어야 말을 하지만, 태교와 천재 교육이 제대로 된 아이라면 2살이면 3백 단어는 문제없이 구사하여 엄마와의 대화 소통도 무난할 것이다.

　아이는 눈으로 많이 보고, 귀로 많이 듣고, 많이 생각할 수 있도록 부모가 배려를 해 줘야 하는데, 부모는 아이가 맘대로 나가서 놀지도 못하게 한다. 물론 아이가 맘대로 나가 놀게 하고 뒤에서 졸졸 따라다니며 지켜 주는 시간을 갖는 게 좋다. 다양한 느낌과 체험 쌓을 기회를 주는 것은 아이에게 새롭고 폭넓은 체험을 갖게 하는 천재 교육이다. 이러한 기간이 길지 않으므로 아기의 뒤를 따라다니며 보호하며 살피는 것이 좋다.

아이들은 새로운 것을 경험하고, 배우고, 발달해 나갈 힘이 아이 안에 있다. 그러므로 부모가 아이를 적극적으로 도와주는 게 맞다. 걱정하고 재촉한다고 되는 일은 없다. 아이 안에 있는 힘이나 능력이 발휘될 수 있도록 격려해 주고 이끌어 주는 것이 좋다.

아이에게는 엄마 아빠가 가장 실용적인 놀이 상대이며 스승이다. 엄마 아빠가 아이와 몸을 비비며 사랑을 나누고, 서로 눈을 보며 끌어안고 뒹굴며 언어로 소통하고, 말과 마음으로 소통하고, 눈빛으로 소통하면서 가족이 행복하게 웃을 수 있다면, 아이에게는 더없는 즐거움이며 기쁨이며, 온유한 성격을 조성하는 교육의 첩경이 된다.

천재는 부모가 만들어 낸다는 것과 둔재도 부모가 만들어 낸다는 것, 그리고 내 아이를 어떻게 키워 내느냐에 따라 그 가정의 행불행이 결정된다.

그러므로 아이를 천재로 만드는 데 전력을 기울여야 한다. 기왕 키우는 아이를 10년 동안만 온갖 정성을 기울이면 천재가 된다. 천재를 만들어야 부모의 노후가 보장되며, 그 어떤 보험보다도, 투자보다도 확실한 내 가족을 책임질 가장 믿을 수 있는 기둥이 천재이다.

일반적인 보통 아이 키우기와 천재 키우기가 특출 나게 다르지 않다. 일반적인 아이 키우기에서 조금만 더 신경을 쓰고, 조금만 더 정성을 기울이며, 조금만 더 일찍부터 천재 키우기를 시작하면 천재 키우기가 완성된다.

그런데 문제는 천재 키우기를 실행하지 않고 마음으로만 원하고 바라면 아무 소용이 없다는 사실이다.

39. 진정한 투자처는 우리 아기 천재 만들기

아기에게 천재 교육을 잘할 수 있는 사람은 이제 막 결혼하는 사람들이다. 젊은이는 문화와 신개념에 익숙하고 천재 만들기에 앞장설 수 있는 패기 왕성한 신세대이기 때문이다.

첫째, 책을 읽을 수 있다.
둘째, 의학과 과학과 심리학, 동물학, 영양학 등 학문에 친숙하다.
셋째, 대체로 내숭이 없다.

첫째, 책을 읽을 수 있다는 것은 천재를 키우기 위한 제반 정보를 얻을 수 있는 능력을 보유하고 있다는 뜻이며, 정보를 얻고자 한다는 것은 그 얻은 정보로 천재 교육을 하는 데 활용하고 적용할 수 있다는 뜻으로도 이해될 수 있다.

둘째, 제반 학문에 친숙하다는 것은 돌발 상황에 적절히 대처할 수 있다는 의미이며, 어떠한 위기라도 능히 감당이 가능하다는, 즉 현대인이라는 것이다. 현대인은 시어머니나 친정어머니에게 천재 교육에 대한 정보를 얻으려 하지 않고 서점이나 도서관이나 인터넷을 통하여 정보를 취사선택할 수 있는 지식인이라는 뜻이다.

셋째, 대체로 내숭이 없다는 것은 남녀가 둘이서 합작으로 천재를 만들 수 있는 기도(企圖)를 시행할 수 있으며, 이러한 자신의 반려자를 세밀히 구별하여 선택할 수 있다는 의미이다.

그뿐만 아니라 2세의 천재 교육에 적극 협조하는 탁월한 연합을 꾀할 수 있는 가능성이 충분하다는 이유다. 천재 교육법에 대하여 활용에 그치지 않고 응용하고 접목하고, 더 뛰어난 방법을 창안하여 우수한 천재를 만들어 내는 데 최선을 다한 협조를 시행하여 결국에는 천재를 만들어 낼 것이다.

그리고 자신들의 자녀가 확실한 투자처라는 것을 아는 지혜를 지녔다는 사실이다. 자신은 천재가 아닐지라도 자기 자녀만은 천재로 키워 영화를 보는 것이 소망일 수도 있으며, 자신이 성취하지 못한 이상(理想)을 자녀가 성취해 준다면 대리만족도 가능하다는 사실이다.

예쁘고 귀여운 아기를 낳아 10년 동안 정성스럽게 천재 교육을 시키면서 아기와 같이 즐기며, 아내와 더불어 기쁨과 행복을 함께 나누면서도 잊지 않고 신경을 써서 아기와 아내에게 노력과 정성을 다하여 봉사하게 되면 노후가 보장이 되어 즐거울 수 있으니 모든 일에 자신감을 갖게 되고 사회생활에 적극적으로 도전할 수 있어 성취도를 배가할 수 있으니 얼마나 좋은 일인가?

그러므로 마음에 여유가 생기고, 소박한 자신의 소망에 대한 성취에서 오는 생활의 즐거움과 만족을 누릴 수 있게 될 것이다.

아이를 낳아서 키운다는 것은 참으로 즐거운 일이며 보람찬 행복이 아닐 수 없다. 내 아이를 만 10년만 온갖 정성을 다하여 천재로 키우기만 한다면, 아이는 천재로 성장할 것이며 장성한 천재의 위력을 세상에 펼친다면 부모는 아이를 키운 큰 보람을 얻을 것이다.

기왕에 낳을 자식이라면, 어차피 정성을 다하여 키워야 할 자식이라면, 조금만 더 정성과 심혈을 기울여 양육한다면, 부동산이나 주식에 투자하여 쫄딱 망하거나 졸부가 되느니보다, 내 자식에게 확실하게 투자하여 확실하게 노후를 보장받는 것이 마음 편하고 즐겁고 행복한 보람이며 기쁨일 것이다.

40. 두뇌 공백을 채워 가는 아기

백억 개의 두뇌 세포를 가지고 있는 아기의 두뇌 세포는 아직 백지상태나 마찬가지이다. 어른이 되기 위해서는 백억 개의 두뇌 세포에 온갖 정보가 가득 채워져야 한다. 때문에 아기의 뇌는 쉬지 않고 바쁘게 정보를 쉼 없이 수집하여 채우고 있다.

아기가 기어 다니기 전에도, 기어 다니면서도, 눈에 보이는 정보와 귀로 듣고 생각하고 피부로 느낀 정보를 모조리 수집하여 저장한다. 그리고 걸어 다니게 되면서, 사람들을 만나는 숫자가 늘어나면서, 눈에 보이는 사물이 더 많아져, 주변 세상을 탐구하는 분량이 더욱 많아져 탐구에 흥미를 가진 아기의 두뇌는 더 바쁘게 미래에 사용하게 될 생소한 지식을 저장하기에 분주하게 된다.

무럭무럭 커 가면서 모든 뇌의 작용이 발달해 가는 아기는, 점점 범위가 넓은 감각 능력과 감지 능력을 발휘하여 세상을 체험하는 모든 것을 저장하며 빠르게 성장하면서 세상을 열어갈 수 있는 기초적 지식을 아기 자신도 모르는 사이에 쉬지 않고 그리고 아주 충실히 차곡차곡 갖추는 것이다.

그러므로 아기는 아무런 생각 없이 주위를 둘러보는 것처럼 보이는 천진난만한 얼굴이어도 어른들의 두뇌보다 더 매우 바쁘게 움직이며 정보를 뇌로 흡수하고 있는 것이다.

 아기의 두뇌에는 뉴런이 100억 개나 되는데 그 신경 단위 하나하나에 마다 약 2,500개의 시냅스가 이어져 있다. 아기가 24개월이 지나면서 시냅스의 숫자가 기하급수적으로 증가하여 뉴런 하나에 15,000개의 시냅스가 연결된다. 그만큼 정보의 수량이 증가한다는 뜻이지만 아이가 다 자라고 완숙해지는 어느 정점에 도달하게 되면 어른이 지니고 있는 시냅스의 분량만큼으로 시냅스가 정리되어 축소하게 된다.

 그러나 무엇보다도 중요한 것은 아이가 높은 수준의 지능을 키워나가기 위해서는 환경이 너무 중요하다. 그러므로 아이에게 풍요로운 환경을 부모가 제공해 주어야 한다. 탐구적이며 장난기 넘치는 아이, 상상력이 풍부하고 창조적인 천재로 성장할 수 있도록 환경을 조성해 주기 위해서는 부모의 노력이 절실히 필요하다.

 여기서 말하는 풍요로운 환경 조성이란, 모든 사물과의 관계가 다양하게 이루어지고 다른 아이와의 교류가 풍성하게 이루어지도록 부모가 환경을 조성해 주어야 한다. 많이 듣고, 많이 보고, 더 많은 정신적 자극을 받고, 다양한 육체적 활동을 할 수 있도록 공원이나 놀이터나 시장이나 거리를 같이 동행하게 하면 아이의 경험이 많아지므로 예민하고 민감하며, 지적인 천재로 성장할 가능성이 커진다는 사실이다.

 아이에게는 안 돼! 하지 마! 못 써! 그만둬! 이러한 명령적인 말은 금물이다. 왜냐하면 아이는 부정적 명령어를 듣는 순간 두려움에 젖어 평생 동안 그 일에 대하여 강박관념에 젖어서 살 수 있는 가능성이 있기 때문이다.

"그건 과일을 깎아 먹을 때 사용하는 과도인데 네가 가지고 놀기에는 위험하단다. 잘못하여 찔리게 되면 아프고 피가 나서 병원에 가야 한단다. 그러면 어떻게 만져야 하겠니? 조심스럽게 만져야 하겠지?"

이렇게 타일러도 아이는 충분히 납득하고 수긍한다. 뿐만 아니라 과도에 대한 새로운 지식을 가질 수 있게 되는 것이다.

부모가 아이에게 가르침을 주는 것은, 아이를 윽박질러서 두려움에 떨게 하거나 주눅이 들게 하는 것이 아니라, 새로운 것을 향하여 탐구하고자 하는 마음의 문을 활짝 열어 주는 것이다.

인간은 태어나면서부터 새로운 것을 알고 싶어 하는 탐구력을 지니고 태어난다. 그러므로 누구나 태어날 때 새것을 좋아하는 성향을 지니고 태어나므로, 이러한 성향에 불을 붙여 주는 역할을 하는 것이 바로 부모인 것이다. 이것은 아이의 인생에 아주 중요하고 삶에 긴요한 요소가 될 것이므로 부모가 이끌어 주고 의욕을 북돋아 주며 힘껏 장려해 주게 되면 아이는 일생 동안 천재로서 풍요로운 삶을 영위할 수 있도록 이끌어 주는 큰 능력으로 작용될 수 있다.

그러나 만약, 새것을 좋아하는 아이의 성향에 대하여 부모가 반대하여 제지하거나, 꾸짖거나, 혼을 내거나 하게 되면 아이는 마음에 상처를 입게 되고, 강박관념에 사로잡혀 일생 동안 새로운 것에 대한 공포나 혐오감을 갖게 되어 공부하는 능력에 심한 타격이라는 영향을 미칠 수도 있으며, 학문 습득에 부정적인 요소로 작용할 수도 있다.

 부모는 아이를 천재로 양육하는 데 있어서 부모 자신의 의지와는 전혀 상관없이 무언중에 가르치지 않았어도 부모는 아이에게 많은 영향을 끼치게 된다. 부모의 성격에 따라서 아이의 성격이 달라지며, 양육 방법 여하에 따라 달라진다. 이 점을 깊이 생각해 보고 연구해 보는 것이 천재를 양육하는 데 도움이 된다.

 첫째, 아이는 부드럽고 유연한 사랑으로 키워야 한다. 왜냐하면 아이는 행동과 말과 생각하는 것들이 모두 이 세상에 태어나 지식을 습득하기 위한 수단일 뿐이지 나쁜 버릇이 생겨서 어떤 행동이 시작되는 것이 결코 아니기 때문이다.

 장난감을 내동댕이치는 것도 그 장난감에 대한 어떤 반응을 살피며 어떤 현상이 일어나는지 알기 위함이며, 장난감을 집어 주면 다시 내동댕이치는 것도 엄마의 반응이 어떻게 나오나 알기 위해 장난감의 반응과 엄마의 반응에 대한 지식을 기억 세포에 입력하여 앞으로 세상을 살아가기 위한 지식을 습득코자 하는 아이의 실험이며, 그 실험으로 얻은 지식이 아이 자신에게 같은 일이 일어났을 때 적절하게 대처하는 데 사용될 수도 있게 되는 것이다.

 둘째, 아이의 어떤 행동이든 아이가 나쁜 버릇이 생겨서 행동하는 것이 아니라는 사실이다. 던지거나 깨트리는 것도 사물의 현상을 파악하기 위함이다. 다시 말해서 아기는 일부러 실험을 위해 울기도 하며, 장난감으로 고양이를 때리는 것도 그 반응을 알기 위해 하는 짓이다. 아기는 부모나 사물의 상태를 알고자 행동하는 것이다. 물론, 물건을 쥐려다가 잘못하여 떨어뜨려 깨트릴 수도 있다. 그러나 부모는 그런 것까지도 감안하여 이해하고 포용해야 한다.

셋째, 아이의 행동을 이해하지 못하면 천재로 양육하기 매우 어렵다. 아이의 행동을 제재하거나 부모의 위력으로 강압하게 되면 아이는 불안감이나 긴장으로 인하여 소심해질 수 있으며, 작은 일에도 좌절과 절망에 빠지는 성격이 형성될 수 있다.

아이 때에 성격이 완성된다는 사실을 염두에 두고, 부모답게 최대한의 부드러움으로, 깊은 애정으로, 포용과 사랑과 따뜻한 배려와 이해심으로 아이를 감싸고 사랑할 수 있는 것이 천재를 탄생시킬 수가 있는 것이다.

넷째, 10년 천재 양육 기간 동안 아기의 기억에 부모의 크나큰 사랑이 기억이 되면 아기가 늙어서 사망할 때까지 그 기억이 지워지지 않으며, 10년 천재 양육 기간 동안 부모가 아이를 학대를 했다면 아이의 머리에 평생 잊힐 수 없는 기억으로 남으며 그 학대로 인하여 성격이 삐뚤어지는 원인이 되므로 아이의 인생이 천재의 삶에서 멀어지고 만다. 그러므로 아이가 10세가 되기까지의 천재 교육이 엄청난 중요성을 갖는다는 의미이다.

41. 아기는 배움으로 정서적 지능이 발현(發現)된다

아기는 엄마의 자궁에서 이 세상으로 나오게 된 다음부터 귀로 듣고, 눈으로 보고, 감각으로 느끼고, 생각하게 되는 과정에 이르기까지 모든 것을 배우게 된다. 특히 두 살이 지나기까지 엄마를 통해 너무 많은 것을 배우게 된다. 엄마와 아빠, 그리고 온 가족은 아기에게 있어서는 배움의 대상이다.

  사랑을 풍성히 받으면서, 가족 간의 원만한 사랑을 보며 체험하고 자란다면 좋은 사람으로 성장할 수 있지만 사랑을 경험하지 못하고, 사랑을 나누는 것을 보지도 못하고 자라게 되면 삭막한 사람이 될 수 있다. 그러므로 가정환경이 중요하다.

  아기는 가족이나 유모나 베이비시터나 엄마나, 할머니에게 많은 정보를 얻어 두뇌에 저장한다. 그 저장한 정보를 활용하여 새로운 안목을 확대시켜 더 많은 정보를 이웃사람과 부모가 행동하는 모범을 보고 배움을 더하게 된다. 그리하여 그간 수집한 정보를 가지고 인생을 살아가는 근거와 토대를 마련하게 된다.

  놀이터에서 다른 아이를 만나 다투게 되거나, 형제끼리 서로 싸우다가 때리면 아프다는 것을 깨닫게 되고, 사람마다 다 감정이 있다는 것을 알게 된다. 바로 그 순간들이 정서적 지능이 아이에게 발현되기 시작한다.

  부모에게 사랑을 제대로 받지 못하고 자라게 되면, 자라서 그 효과가 나타나게 된다. 사회에 나가 모든 일들을 제대로 해내거나 감당하기 어려워 헤맬 수도 있다. 자신의 감정을 추스르기 어려워 실수에 실수를 연발하여 어려움을 겪을 수도 있다.

  그러나 사랑을 듬뿍 받고 자라게 되면 인간관계에 도움이 되며 대인관계에 있어서도 부드럽게 진행되어 성취가 별 어려움 없이 이루어질 것이다. 좋은 부모에게서 자란 아기는 어른들의 좋은 교제(交濟)와 서로를 배려하는 언어 소통을 배울 것이며, 양보와 겸손을 눈으로 직접 보고 배움으로 훌륭한 천재로 성장하게 된다.

아기가 어른들의 그릇된 행동을 보고 따라 하는 경향이 있을 때 부모가 이를 바로잡아 주는 역할을 바로 시행해야 한다. "크면 깨닫겠지." 하는 안일한 생각이나, "아이가 장난으로 따라 하는 건데 뭐…." 하고 대수롭지 않게 여기면 실수하게 되는 것이며 낭패로 이어진다.

그러므로 억압이 아닌, 부드러운 사랑으로 길들이기를 아이에게 제공한다면 아기가 성장하여 대인관계를 맺어 나갈 때 좋은 대처 방법을 구사하여 현명한 삶을 살아가게 된다.

그리고 말을 배우는 과정에 있는 연령 때인 아이가 말하려고 조잘대는 말은 매우 중요하다. 아이가 혼자 주절대거나 옹알이처럼 주절거리는 소리를 듣고 그냥 흘러 넘기면 곤란하다. 아이가 말을 할 때 되도록 자세히 경청하여 무슨 말인지 알아들어야 하고, 알아듣지 못할 말이라면 아이에게 무슨 말이냐고 질문을 하여 아이의 말하는 뜻을 확실히 알아보고 잘못된 어법이라면 아이와 다정한 대화로 몇 번이고 교정을 해 주어야 하는데, 핀잔하는 투로 꾸짖거나 비웃거나 명령하는 것은 극도로 자제하도록 해야 한다.

더구나 아이가 36개월이 넘으면 말하는 능력을 갖게 되었다는 자부심이 생기면서 말들을 연습하기 위해 끊임없이 수다를 떨게 된다. 부모는 아이의 수다를 그냥 건성으로 흘려 넘기지 말고 신중하게 아이의 말을 들어주고 경청하여 대화를 같이 나누어 주어야 언어 능력을 향상하는 데 도움이 된다. 부모가 아이에게 충분한 시간을 내어 언어를 교정하는 데 정성을 기울이는 만큼 아이는 유창한 언어를 구사하게 될 가능성이 커지게 된다.

• 지능을 높이는 암기력 훈련하기

 훌륭한 천재는 글을 먼저 배워야 한다고 아이에게 설명한다. 글을 배움으로 책을 읽을 수 있고 신문도 볼 수 있으며 글을 배우지 못하면 많은 지식을 습득하지 못해 천재가 될 수 없으므로 가난하게 살게 된다고 설명하고, 가난하면 그 불편함이 이루 헤아릴 수 없다고 설명한다. 그리고 글은 배우기가 쉬우니 열심히 공부하면 금방 배울 수 있다고 말해 준다.
 그리고 아이가 재미있게 공부할 수 있도록 볼펜과 필기장을 준 다음 직접 글을 쓰게 한다. 물론 유아용 한글 기초(자음과 모음)가 인쇄된 필기구와 천자문을 문구점에서 구하여 아이에게 준다.
 그리고 이때부터 한글과 천자문을 한 글자씩 따로 각각 가르치기 시작한다.

 '가' 자를 암기하고 쓰도록 하루에 10분 동안만 가르친다. 그리고 3시간의 간격을 두고 '하늘 천(天)'자를 암기하고 쓰도록 10분 동안만 공부한다. 그리고 3시간 후 ㄱ과 天 자를 10분 동안만 복습시킨다.
 그리고 다음 날, 10분 동안만 '나' 자를 암기하도록 한다. 그리고 3시간 간격을 둔 다음 '땅 지(地)' 자를 암기하도록 한다. 그리고 역시 3시간 후 어제 배운 것과 함께 복습한다.
 암기를 마친 글자는 작은 색종이에 쓰게 하여 차례로 벽에 붙여 놓고 날마다 새로이 배운 글자를 복습하도록 반복하여 진행해 나가도록 한다. 이렇게 하여 아이가 5세가 되면 한글과 천자문을 통달할 수 있게 된다.

참고로 아이의 배우는 속도가 나이가 더해 갈수록 빨라지므로 힘들어 하면 하루를 쉬어도 좋고 나들이나 특별한 일이 있을 때는 쉬어도 된다. 그러나 복습은 여전히 계속하는 것이 좋다.

42. 여자아이와 남자아이

여자아이와 남자아이의 구분은 임신 6개월이면 대개 확인이 가능하다. 남자아이인 경우에 임신 5개월쯤이면 태아의 고환에서 테스토스테론이 분비된다. 이 호르몬이 두뇌 세포 발달에 영향을 미치는 기능으로 작용한다. 호르몬은 효소의 움직임으로 말미암아 두뇌의 세포 조직과 연결되어 어떤 현상을 일으키기도 하여 영향을 미치게 된다.

남자아이와 여자아이의 구분은 두뇌 부위에 여실히 나타나게 된다. 여자아이는 '고위 연합 피질 중추' 부위가 좌우의 균형이 확실하게 잡혀 있다. 반면에 남자아이의 두뇌는 왼쪽 편이 더 크다는 사실이다.

두뇌의 왼쪽 부위는 분석적 사고를 한다. 반면에 두뇌의 오른쪽 부위는 직관적 사고가 더 출중할 수 있는 곳이라는 사실이다. 이러한 사실로 미루어보아 여성의 직관력이 남자보다 더 출중하다는 뜻도 된다.

그러므로 남성과 여성의 두뇌 구조와 조직, 그리고 활동하는 방식에 차이가 있다고 주장할 수는 있으나 결국에는 남녀가 공히 동일하다는 것이다.

남자아이는 기억이나 감정이나 감각에 대한 내면적 깊이 있는 사색이나 접촉 기회가 적을 수도 있다. 그러므로 공감 능력을 향상하고, 발달시키기 위해서는 사색할 수 있도록 가정에서도 아이에게 숙제는 주는 방법을 권장한다. 아이가 숙제를 하는 동안 혼자 사색할 수 있는 시간을 갖게 되므로 숙제하는 동안은 되도록 방해되는 일이 없도록 하는 것이 좋다.

그리고 사람의 도리와 윤리를 가정의 규칙으로 만들어 시행하게 되면 그 규칙을 통해 아이의 감각과 감정이 엇나가지 않도록 바로 잡아 주게 된다. 뿐만 아니라 아이의 기억에 저장되므로 이를 연결 지어 아이가 사색할 수 있도록 부모가 자세하게 가정 규칙의 장점을 설명해 주고, 이끌어 주고 지도하는 시간을 갖고 폭넓은 대화를 아이와 나누게 되면 지극히 자연스러운 교육이 되고 슬기로운 아이가 되도록 유도하는 결과가 될 것이다.

남자아이에게는 아주 중요하므로 좋은 동요나 동시를 외우게 하고 유익한 옛 시나 짧은 성경의 요절(要節)이나 천자문과 시편 제1편을 외우게 하여 깊이 생각하는 습관을 기르는 것을 권장하는 것은 유익하기 이를 데 없다.

이것은 아이가 자신의 계획을 세우고 목표를 정하고, 그리고 이상적인 실현 가능한 꿈을 향하여 매진할 수 있도록 지도해 주는 것과 같다고 할 수 있다.

부모가 이이를 교육적인 눈으로 잘 살펴 가며 4살까지 성실히 가정교육하는 게 좋다. 이후부터는 건전하고 건강한 기독교의 유년 교회 학교에 주일 날마다 출석하게 하여, 선하고 고귀한 성품을 습득하게 하는 것도 좋다.

그리고 이웃을 돕고, 사회를 위하여 봉사하며, 인생은 어디로 와서 어떻게 살며, 어디로 가는지의 통과의례(通過儀禮)를 교우들과 같이 배우도록 한다. 교회 학교에서 그룹 활동으로 친목과 교제의 아름다운 방법을 익혀 생활화하며 또래 아이들과 관계의 기초를 몸에 배도록 함께 대화할 수 있도록 얼굴을 서로 익혀 주는 게 좋다.

유년 교회 학교에서 배우는 말씀은 이웃 사랑을 실천할 수 있는 기초가 되고, 좋은 성품의 기틀이 되며, 삶의 토대로써 악에 빠지지 않을 뿐만 아니라 악을 강하게 거부하며 자신의 이상을 실현시키고자 하는 투철한 의지를 갖는데 도움이 된다.

아이가 자신의 감정을 스스럼없이 표출하고 선하고 아름다운 기억들을 저장하므로 아이의 감각이 선과 사랑을 목적으로 하는 종교에 우선은 심취해 볼 수 있으며, 아이가 성장하여 하나님의 존재 여부를 스스로 판단할 수 있는 창조론에 대한 지식을 얻게 되며, 직접 영적 체험을 해볼 수 있는 최적의 장소로 장차 어른이 되어 무수한 헛된 종교도 헤아릴 수 있는 안목을 갖는 데 초석이 되는 유년 교회 주일 학교를 잘 선택하도록 하여야 한다.

그러므로 우선은 천재가 되는 길목에 도움이 되고 우후죽순처럼 많은 세상 종교를 속속들이 헤아려 볼 수 있는 안목을 기르기 위한 지식을 습득하기 위해 최초의 유년 교회 주일 학교를 잘 골라 아이를 데리고 다녀야 한다.

이단(異端)의 속수(俗手)에 빠져 인생을 헛되이 낭비하지 않고 스스로 분별하여 판단할 수 있도록 안목을 넓혀 주기 위하여 이 세상의 모든 종교들을 살펴볼 수 있는 동화(童話)나 만화를 구입하여 배우게 한다면 종교에 현혹되는 일에 일찍부터 벗어날 수 있을 것이며 세상을 보는 안목도 천재다워질 것이다.

그리고 여자아이와 남자아이는 한 가정에서 자라게 되지만 교육이 달라져야 한다는 것은 엄연한 사실이다.

여자아이는 자신의 몸속에 아기를 잉태할 수 있다는 사실을 구체적으로 적나라하게 가르쳐야 하고, 남자아이와 다르다는 것을 내적으로 깊이 인식할 수 있는 교육이 되어야 한다. 어려서부터 교육하지 않게 되면 여자아이가 남자아이처럼 자랄 수도 있다.

여자아이는 자신의 자궁에서부터 시작하여 인생이 형성되고 발전하여 성장하게 되지만, 사내아이는 자신의 능력과 지혜로 직접 인생을 경영해야 한다는 것을 일찍부터 알게 하여 각오를 다지고 자립의지를 불태워야 한다. 이때 부모가 아이를 사랑과 정성으로 지도하게 되면 그 의지가 강건하여지므로 투지력과 모험심이 향상될 수 있다.

지능과 지혜라는 것은 자기 앞에 닥친 문제를 해결하는 능력으로 과거의 체험을 바탕으로 배움을 응용하고 투지를 발휘하여 복잡하고 어려운 문제를 타개해 나갈 수 있는 기지와 수완이라고 정의할 수 있다.

그러나 아이는 삶에 관한 경험이 너무 미약하기 때문에 지능적이지 않고 기지를 발휘할 수 없다. 그렇지만 아이는 반응에 민감하고 주의력이 깊을 뿐만 아니라, 배움에 대한 열망으로 가득 차 있다.

또한 백억 개의 두뇌 세포를 지니고 있는 훌륭한 자질을 가진 아이는 여건과 시간만 부여된다면 쉼 없이 배워 틀림없이 고도로 지능을 갖춘 천재가 될 잠재력을 지니게 되고 결국은 천재가 되어 능력을 발휘하게 될 것이다.

　여자아이나 남자아이나 높은 수준의 지능을 키워 나가기 위해서는 무엇보다도 환경의 영향도 크고 중요하나 무엇보다도 부모의 관심과 정성이 중요하다. 메마른 환경에서 성장한 아이보다, 풍요롭고 다양한 환경에서 어린 시절을 보낸 아이가 효과적으로 유리하고 유익하다.
　그러므로 부모가 아이와 더 많은 대화를 나누고, 날마다 있었던 일과에서 다양한 질문과 아이의 생각을 묻기도 하고, 시각적이고 행동적이며 사회적 교류를 경험을 할 수 있도록 이끌어 준다면 아이는 생각의 범위와 안목이 넓어지며 예민한 지적인 아이로 성장할 것이며, 여유 있는 장난기와 탐구적이며 창조적인 천재로 성장할 것이다.

"아들, 니 오늘 뭐하고 놀았노?"
"모래밭에 가 집짓기 했는데예."
"그릿나? 그카면 마, 니 방에 가 디비져 자그라."

이렇게 하면 통상적 대화일 뿐 교육에 전혀 도움이 안 된다.
"우리 아들, 오늘은 누구하고 놀았어?"
"순이와 놀아떠."
"너는 순이가 좋으니?"
"응."
"순이는 몇 살인데?"
"몰라…."

"그러면 내일은 '순이야 난 네 살인데, 넌 몇 살이니?' 하고 물어보도록 해라, 알겠지?"
"응."
"그리고 네가 좋아하는 과자를 순이에게 나누어 주면 어떻겠니?"
"싫어."
"너 순이 안 좋아하니?"
"몰라."
"과자를 나눠 먹게 되면 순이는 너랑 친하게 지내게 될 거다."

이렇게 나눔과 교제와 대화하는 기초를 실행하게 하여 날마다 한 가지씩 연습할 수 있도록 숙제를 주는 게 좋다.

놀이터에서 아이가 다른 아이와 싸우고 두려움을 갖게 되어 놀이터를 기피하여 가지 않으려는 경향을 보일 수도 있다. 이때 부모는 다음날 아이와 같이 사탕 한 봉지를 들고 나가 모든 아이들에게 나누어 주면서 내 아이와 싸운 아이에게는 두 개를 준다. 물론 싸운 이야기는 하지 않는 게 좋다.

그다음 날도 놀이터에 아이와 같이 나가 놀면서 싸운 아이를 비롯하여 모든 아이에게 과자를 나누어 준다. 그리고 싸운 아이와 내 아이와 손을 잡게 하고 미끄럼이나 시소를 같이 타게 한다. 그리고 싸운 아이의 이름을 묻고 내 아이의 이름도 가르쳐 준다. 싸운 아이를 칭찬해 준다. 내 아이와 친하게 놀라고 부탁한다. 그러면 둘은 친구가 되는 것이다.

내 아이와 싸운 다른 아이를 서로 친구가 되게 함으로 아이는 그 사건으로 한 단계 성숙해지는 계기가 되기도 한다.

나이가 이제 5세가 되면 아이는 중요한 질문 받기를 좋아하게 되고, 또 알고 싶은 것을 질문하는 것을 좋아하는 시기가 되므로 아이가 알고 있는 지식을 마음껏 말할 수 있도록 아이의 말을 자세히 경청하여 틀린 지식은 바로 교정해 주어야 한다.

그리고 부모는 아이가 알고 있는 지식이나 상식을 알아보기 위해 질문거리를 준비하였다가 틈이 생길 때마다 아이와 자주 이야기하여 아이의 속내를 알고자 하는 데 주저하지 말아야 한다. 부모의 입장에서 아이에게 하는 질문은, 온전하고 바른 상식과 지식을 심어주기 위함이므로 모르는 것은 책을 뒤적여 찾아보고서라도 올바른 답변을 해야 하며, 모르는 것이나 틀린 답을 가르쳐서는 안 된다. 아이는 부모가 묻는 질문과 아이 자신이 알고자 하는 사소한 것들을 대화로 나누는 동안 새로운 경험과 깨달음을 얻게 된다. 즉, 뇌가 진일보 발달 성장할 수 있게 되는 것이다.

43. 개성과 부모의 영향

성격이나 개성 48% 정도가 유전이라 할지라도, 나머지 52%는 천재의 인품인 질 좋은 성격이나 개성으로 새롭게 만들어질 수 있다.

유전의 영향을 받아 흔들림 없는 개성으로 성장해 가는 48%를 천재 교육을 적용하여 지금까지처럼 나날이 새롭게 수정시켜 나가게 된다면 바람직한 방향으로 나아가게 될 가능성은 충분한 것이다.

천재로 자랄 수 있는 아이의 성향은 부모를 보고 배우는 익힘으로 나타난다. 비합리적 사고를 수정하고, 발전 지향적이며 긍정적이고 합리적인 모든 모범을 부모가 아이에게 보여줄 수 있다면 최상의 천재 교육이 될 수 있다.

만약 부모에게 비합리적 치명적인 성향이 있다면 그것을 아이에게 전이시키지 않기 위해 미리 조처를 취하는 게 좋다. 그러나 그게 불가하다면 감추려 하지 말고 적나라하게 드러내 놓고 해결 방법을 다 같이 숙의하는 게 좋다.

그 후천적 비합리적 성향이 치명적 단점으로 작용하고 있다면, 그것이 고칠 수 없는 버릇으로 굳어져 있다면, 이것을 장점으로 만들기 위한 방법을 아기와 같이 토론하며 연구할 수도 있다. 그 치명적인 단점을 장점으로 만들면 얼마든지 인생을 구가할 수 있을 것이기 때문이다.

현명한 부모가 스스로 개조하고 수정하여 합리성에 입각한 자기 통찰로 아이를 천재로 키울 수 있도록 자신의 마음과 성격과 기질을 수정하고 아이를 가르칠 준비를 할 수 있다면 천재의 부모로서 훌륭한 삶이 가능해질 수 있는 것이다.

부모의 기질은 대체로 아이의 기질의 근본이 된다. 부모의 기질은, 부모의 의지와는 전혀 상관없이 아이가 보고 생각하고 느끼고 판단하여 아이의 개성 발달에 지대한 영향을 끼치게 된다는 점을 고려하여 바르게 수정할 수 있는 데까지 고치도록 하는 게 좋다.

아기가 태어나서 13주가 넘으면 서서히 움직일 낌새를 보이며 새로운 것에 흥미를 느끼게 된다. 만약에 아기가 조용하고 별다를 흥미를 느끼지 않는다면 부모는 이를 방관하지 말고 기초적 자극을 아기의 마음에 심어주기 위해 노력을 아끼지 않아야 한다.

아기에게 턱, 입, 코, 머리, 귀, 이마, 등을 아기의 손가락으로 짚어주며 명칭을 가르치면 아기는 곧 배우게 된다.

엄마는 아기에게 기초적 자극을 주게 되는데, 아기를 엎어 놓고

"우리 예쁜 아기는 턱을 들 수 있을 거야."
"이이, 크~으, 잘한다. 잘해!"
"이젠 머리도 들어 올릴 수 있을 거야. 오, 옳지 잘한다. 우리 아기!"
 팔다리와 몸동작을 시작하려는 16주가 되고 20주가 되면 알고 싶고 배우고 싶은 것이 너무 많아 눈에 보이는 새로운 것마다 만지게 되고 만지는 것이 무엇인지 어떤 물체인지 알기 위해 입으로 가져가 나름대로 감정을 하여 하나씩 알아 간다.

 이때 부모가 나서서 강압적이고 억압적인 언어나 행동으로 입으로 가져가려는 물체를 빼앗거나 제재를 가하면 결코 천재 교육에 도움이 안 되므로, 최대의 부드러움으로 아기를 지켜봐 주도록 한다.
 험한 말과 강압적으로 아기를 이끌면 불안과 긴장감에 젖을 수 있으니 여린 아기의 마음을 잘 감안하여 언제든 부드러움으로 보살펴야 한다.
 아기의 그릇된 행위에 대하여 반복적인 제재를 가하게 되면 아기는 좌절에 빠져 심각한 성격 이상 형성을 야기할 수 있다. 그러므로 아기에게 아무것도 금지시키지 말고, 제재를 가하지 말고, 억압하는 언어를 발하지 않는 것이 좋다. 아이가 노는 곳에 위험한 물건이나 약품은 미리 치워야 한다.

 아이는 배우는 중이며, 사물을 실험하는 중이기 때문에, 탐구하여 깨달아 알아 가며 주위에 있는 사물을 터득하는 중이기 때문이다. 행여나 위험한 요소가 아기 주위에 널려 있다면 미리 치워 주는 것이

보호자의 할 일이다.

아기가 성격을 형성하는 데 있어서 부모가 강압적으로 간섭하거나 개입하여 제재를 가하는 것은 금물이다. 부모가 자신의 견해를 아기에게 주입하려거든 부드러운 말로 옳고 그름과, 선과 악과, 잘된 일과 잘못된 점을 분명하게 구체적으로 천천히 설명해 줘야 한다. 아기가 부모의 말을 알아듣지 못할 거라고 지레짐작하지 말라. 아기의 탐구심을 최대한의 부드러움으로 북돋아 주고 단 한 번도 제재를 하지 않는 게 아기를 돕는 일이다.

세상을 살아가기 위해 모든 것을 하나하나 알아가고 터득해 가는데, 부모가 '안 돼! 하지 마! 못 써! 멈춰! 나쁜 짓이야!' 하며 차단하고 제재를 가하면 제재를 받는 아이는 알아가는 호기심이 정지될 수 있어 아무것도 알지 못하는 저능아로 살아가게 되며, 강박관념에 사로잡혀 정신질환자로 평생을 지낼 수도 있다.

과거 19세기에 부모님들의 잘못된 아기 양육으로 인하여 마을마다 꼭 한 사람 이상은 사이코패스가 존재했었다는 사실을 알아야 할 것이다.

부모가 하는 일을 아기가 하겠다고 고집을 부릴 때가 있다. 부모가 생각할 때 아기의 능력으로는 할 수 없기 때문에 안 된다고 했으나 아기는 할 수 있다고 심하게 고집을 부린다.

이럴 때, 부모가 아기에게 부정적인 말로 꾸짖어 포기하게 하지 말고 아기를 불러들여 아이가 하고 싶어 하는 그 일을 같이 하게 한다.

즐거운 놀이처럼 아기와 같이 놀아 주면서 실제로 아기 자신은 할 수 없는 어려운 일이라는 것을 스스로 깨달을 때까지, 아기 스스로 포기하여 물러나게 하면, 다음에 그런 일을 또 만나게 된다고 할지라도 아기는 자신이 할 수 있다는 엉뚱한 고집을 부리지 않게 되면서 자신이 할 수 있는 일과 할 수 없는 일을 구분하는 지능과 판단력이 생기게 된다.

44. 아기의 독립심은 자신감에서

아기는 부모와의 애정 관계가 확립되어 있어야 자신감이 생긴다. 그러나 부모가 아기를 누구에게 잠시 맡기고 재빨리 가 버리면 아기는 통제하기 어려운 반응을 보이며 분리불안에 떨게 된다.

아기를 친정어머니에게 맡기고 아기가 한눈을 파는 사이에 엄마가 사라져 버리는 것도 아기로 하여금 버림을 받았다는 느낌을 받게 하는 일이다. 이런 일은 아기와 부모와의 애정 관계가 확립되어 있지 않는 일로 아기가 불안감을 느끼므로 자신감 생성을 저해하는 요인이 되는 것은 두말할 것도 없다.

부모는 당연히 아기에게 불안감을 주지 않기 위해 아기를 사랑스럽고 부드럽게 안고 입맞춤하며 곧 돌아올 것이라는 것을 아기에게 천천히 설명해 준다. 아기는 엄마의 그 말을 이해하며 엄마가 돌아올 때까지 애태우지 않고 기다릴 것이다.

아기가 공포심에 떨며 서럽게 울지 않아도 되도록 배려하는 것이 중요하다. 아기가 어리기 때문에 아무것도 모르리라고 생각하고 덥석 누구에게 아기를 맡기고 도망치듯이 떠나 버리면 아기는 마음에 불안감이 조성되어 이후부터 매사에 자신감을 잃고 마음이 안정되지 못하며 갈피를 잡지 못하는 결과를 초래한다.

아기가 불편을 느끼거나 아픔을 호소할 때, 무엇이 필요하거나 갈망할 때, 부모가 얼른 알아차리고 극진히 보살펴 주며 위로를 해 주면 아기는 자신감을 갖게 된다.

아기가 혼자서 나름대로의 잡다한 보물들을 모아 놓고 탐구하고 실험을 하고 싶은 대로 자유스럽게 하도록 허용하게 되면 아기는 자신감을 가지고 새로운 지식을 습득할 수 있게 되면서 부모를 신뢰하게 되고, 배움의 길로 과감히 전진하게 된다.

자신감을 갖는다는 것은 대단히 중요하며 자신감이 형성되지 않으면 아기가 성인이 되었을 때 매사에 낭패를 보게 되는 원인이 될 수 있다.

두 살이 된 아기가 부모의 확실한 보호 아래에서 안전하다는 확신을 가지게 되면 부모에 대한 신뢰감이 커갈 수 있으며, 자신감에 찬 사람이 되어 무엇이거나 자신 있게 해 나가려고 한다. 어떤 문제를 만나더라도 정면으로 해결하려고 할 때, 막거나 거스르지 말고 하고 싶은 대로 하도록 놔두게 되면 독립적인 존재로서 세상을 이겨 나갈 초석을 다지게 된다.

아기는 무서운 속도로 문법을 습득하고 어휘를 확장하며 자신의 발음을 개선하기 위해 쉴 새 없이 재잘거리며 날마다 새로운 사실을 감지하고 느끼며 깨닫고, 배워 나간다.

아기는 즐거운 마음으로 상상의 날개를 펴고 마음대로 여기저기 다니며 달콤한 환상의 세계로 들어가 현실의 세계와 결합하여 하나 이상의 친구를 만들어 상상 속에서 놀기도 한다.

아기는 엄마와 아빠가 대화하는 것을 자세히 경청하는 것을 즐기며,

알고자 하는 것을 끊임없이 질문하면서 설명해 주는 사람들의 입을 자세히 쳐다보면서 점점 이해력을 높여 간다. 두 살 아기가 자신을 내세우며 새로운 도전에도 과감히 나아가도록 아기의 기를 살려 주고 힘을 북돋아 주는 현명한 부모로서의 역할을 다하여야 한다.

"하지 마! 안 돼! 넌 어려서 못할 거야! 그만둬! 멈춰! 못난 놈! 바보!" 이런 말을 단 한 마디라도 아기에게 말해서는 안 된다.

이런 부정적인 언어나 명령어를 발하지 말라고 누차에 강조하는 까닭은, 말이라는 것은 사람의 생사와 삶의 승패를 가늠할 수 있는 위력을 지녔으므로 백 번을 강조해도 모자람이 없기 때문이다.

부정적인 명령어는 아기의 일생에 전혀 도움이 되지 않을 뿐만 아니라 인생의 낙오자가 되게 하며, 천길 만길 절벽으로 떨어뜨리는 결과를 초래하게 되기도 한다. 긍정적인 말과 찬사를 입에 달고 살게 되면 삶은 그지없이 윤택할 것이다. 천재가 될 자신의 자식에게 힘을 북돋아 주는 이로운 말을 자주 해 주도록 권장하는 바이다.

더구나 사랑하는 자식이나 가족에게 말을 가려서 하고 예의를 빈틈없이 지키는 것이 좋다. 가깝고 친하다고 하여 말을 함부로 하고 예의를 지키지 않게 되면 결별이 쉽게 찾아오고 감정이 대립되어 다툼으로 이어질 수 있다.

아기가 어리니까 아무것도 모를 거라고 함부로 소홀히 대하게 되면 아기가 어른이 된 다음에 아기의 머리에 저장된 푸대접 받았던 기억들이 파노라마처럼 되살아나 반드시 암암리에 서운한 보답을 받게 될 것이라는 것을 명심해야 할 것이다.

가족끼리 서로 사랑을 마음껏 주면서 살아도 그 사랑을 다 못 주고 일생을 살아가게 되는데, 감정이 내키는 대로, 기분대로, 맘대로, 함부로 상대의 인생을 세 치의 혀로 휘저으며 상처가 되는 말을 마구 해 버리면 원한을 품을 수도 있고, 충격을 받아 실의할 수도 있다.

자신감을 북돋는 칭찬의 말을 아기에게 해 주므로 부모의 인격이 도야되고 천재의 품격을 아기에게 심어 주게 된다. 아기가 부모를 신뢰하지 못하면 자신감이 결여되어 독립하고자 하는 의지가 싹트는 데 시일이 좀 더 오래 소요될 수 있다.

45. 독립 의지

태어나서 두 살이 지나게 되면 아이가 활발하게 움직이며 영특해진 모습이 분명하게 나타나며, 또랑또랑한 눈빛과 몸짓으로 아침에 잠자리를 털고 일어나 옷을 갖춰 입으려는 독립 의지가 엿보이는 아이가 된다. 누가 옷을 입혀 주려는 것을 거절하며 자신이 입을 수 있다고 주장한다.

독립 의지란, 누구의 도움도 받지 않고 스스로의 힘으로 모든 것을 선택해 나가려고 하는 행동을 말한다. 이러한 행동이야말로 앞으로 자신의 인생을 경영해 나가는 데 절대 필요한 요소로서, 투지이고 생명력의 근본으로 삶의 밑거름이 된다. 아이라면 누구나 자연스럽게 발생되는 최초의 생명력이 발아되는 시작점이며, 생활을 영위하려는 원동력이며 근본이라고 할 수 있다.

아이들은 엄마의 가르침대로 잠잘 때 옷을 벗고, 잠옷을 입고 잔다. 그리고 아침에 눈을 뜨면 스스로 일어나 잠옷을 벗어 정리하고 일상복을 갖춰 입기는 하는데, 서툴러서 단추를 잘못 끼우고 눈을 비비며 걸어 나오는 아이다운 귀여운 모습을 보게 된다. 이것은 아이 인생에 있어서 엄마에게 최초로 맛보기로 보여 주는 독립 의지의 징후이다. 적어도 12개월은 더 자라야 단추를 제대로 끼울 수 있고 양치하겠다고 나타나는 사랑스러운 아이를 보게 된다.

이때쯤의 아이의 능력으로서는 대단히 자랑스러운 일을 했으므로 아낌없는 칭찬을 해 주고 의지를 북돋아 주는 말을 해 주게 되면 아이는 힘이 생긴다. 이때의 칭찬이야말로 아이의 기를 살려 주는 일이며 힘이 솟고 용기를 북돋아 주는 능력이 되므로 아이는 누구의 도움도 과감히 거절하며 자신 스스로가 처리해야 할 모든 일을 해결하려고 용감하게 고집하며 나서게 된다.

이때는 누구든 아이를 어리게 보고 거들려고 하면 아이는 강하게 뿌리치므로 아이 스스로 하도록 주위에서 지켜보며 잘못될 경우에만 아이에게 도움을 주면서 칭찬을 해 주게 되면 아이는 부모의 지도와 도움을 기꺼이 받아들여 혼자서도 능히 옷을 입을 수 있게 된다.
아이가 진정한 독립적인 존재로 일어서기 위해서는 성인이 되어야 하겠지만, 이제 개성이 커나가는 과정이고 독립적인 존재가 되기 위해 막 출발하려고 시작하는 단계이므로 스스로 하겠다고 고집하거나 누구의 도움도 거절하는 아이는 엄청난 용기를 내어 자신의 의사를 나타내는 것이므로 아이에게 화를 내지 말아야 하며 아이의 뜻을 받아주는 것이 좋다.
기나긴 인생의 여정이 이제 시작되는 첫 신호를 부모에게 보여주는 것으로 기뻐해야 하고 흐뭇한 마음을 가져야 한다.

아이가 세 살이 되면 다른 사람과 함께 지내기 위한 요령을 체득하기 위해 다른 아이들과 같이 놀게 해 준 다음, 다른 아이를 배려하는 방법을 친절하고 부드럽게 가르치며 설명해 준다. 다른 아이와 사이좋게 지내는 방법은 양보하고 배려하는 것이라는 것도 설명한다. 물론 다른 아이와 무언가를 공유하고 함께 나누며 같이 지내기 위해서는 양보하고 이해하고 배려하는 방법을 터득하기까지 얼마간의 기간이 걸릴 수 있다. 아이의 마음에 너그러움을 갖게 하는 지혜를 터득하게 하는 공부가 시작되는 시점인 셈이다.

그러므로 다른 아이와 공을 같이 가지고 노는 일이나, 그네를 타기 위해 차례를 기다리는 일이나, 빌린 만화책을 돌려주는 일을 아기에게 시키고 뒤따라가면 아기는 새로운 체험으로 거래를 배우게 된다.

이러한 새로운 상식을 다른 아이들과의 관계에서 체험으로 배울 수 있도록 부모가 배려를 해 줌으로 독립하기 위한 아기의 앎이 독립 의지를 더욱 튼튼하게 해 준다.

교회의 유치부 교회 학교에 이른 나이 때부터 등록하게 할 수만 있다면 중요한 사회 학습을 체험할 수 있으므로 사회에 대한 지식축적으로 천재로서 초등학교 시작부터 두각을 나타낼 수 있게 된다.

그러나 이른 나이에 교회가 아닌 사설 유아원에 보내게 되면 유아원에서는 간혹 아기를 잠재워 버리거나 멀뚱하게 시간을 낭비할 수도 있기 때문에 보고, 느끼고, 대화하고, 생각하고, 체험하는 일이 희소할 수 있다.

그러므로 아기를 천재로 만들고자 작정을 하였다면, 적극적인 생각과 자세로 유치부 교회 학교 교사로 엄마가 자원 봉사를 나서는 게 가장 현명하다.

아기는 초롱초롱한 눈으로 객관적인 눈을 가지고 엄마를 볼 것이며, 다른 아이들이 엄마를 우러러보거나 엄마의 말을 듣거나 엄마의 말을 듣지 않고 장난치거나 하는 것을 보고 아이는 새로운 상황을 느끼거나 생각하게 될 것이므로 생각이 깊어지고 엄마를 존경하여 엄마의 가르침에 귀를 세우고 경청하게 되므로 내 아이를 가르치는데 효과가 다대하다 할 것이다.

교회 학교 아이들과의 교류의 경험으로 말미암아 동네 아이들과도 스스럼없이 대할 수 있으며 여자아이와도 이야기하는 법을 부모가 가르치므로 유익하고 또래 아이들과 스스럼없는 대화를 하므로 경쟁심이 생겨날 수 있고, 좋고 나쁨을 판단하는 판단력과, 옳고 그름을 분별하는 분별력이 생기게 된다.

환경이 다른 여러 곳을 두루 접하게 하고, 여러 아이들과 지내기도 하는 이렇게 견학이 풍부한 아이로 경험을 가지게 하면 아이는 합리적인 성품이 되고, 조화로운 인격을 가진 천재로 성장할 것이며, 부모에게 부정적인 말이나 듣고 무시당하고 어려운 시절을 보낸 아이는 훌륭한 어른이 되었다 할지라도 그 인성이 온전하게 되기까지에는 상당한 세월이 소요될 것이다.

아이는 화초보다 더 고귀하고 아름다운 존재이다. 또한 우리 아이들은 행복할 권리가 있다. 그러나 아이를 제대로 키우지 못한 부모는 행복을 누릴 수 있는 시간이 욕구 충족에 급급할 때의 그 순간에 그치고 말 것이다. 그러나 아이를 천재로 키운 부모가 누리는 즐거움은 크고 길 수밖에 없으며 인생의 위기나 종말에 이르러도 행복을 만끽할 수 있게 될 것이다.

정성과 심혈을 기울여 우리 아기를 천재로 키우려는 의무를 다하게 되는 부모는 평안과 즐거운 만족을 살아생전 오래도록 누리게 됨은 분명한 노고의 대가일 것이다.

46. 말하기 능력

아이의 말하기 능력은 너무나 중요하다. 우리나라 속담에 '말 한마디에 천 냥 빚도 갚는다.'라는 말이 있다. 언어는 인간 삶의 소통에 없어서는 안 될 귀중한 무기이며 능력이기도 하다.

아이가 3살이 넘으면 참새나 수다쟁이처럼 쉴 새 없이 재잘거리는 것을 볼 수 있다. 이것을 본 부모 마음에 아이가 측은하기도 하여 말하는 법을 가르쳐 주고 싶은 충동이 생겨 아이의 말하기 연습에 참견을 하여 말을 입안에서 오물거리지 말라, 말의 끝을 이렇게 맺어야 한다, 내 말을 따라서 해보라는 둥 완벽하게 말하는 법을 가르치고 싶어 한다.

그러나 그것은 아이를 당황하게 하고, 아이가 현재 열심히 연습하고 있는 아이의 두뇌에 내장되어 있는 멋진 언어 프로그램과 엇갈리는 교육이므로 참견을 하지 않는 게 아이를 돕는 일이다.

아이는 자신이 가지고 있는 신기한 언어 프로그램을 사용하여 말 배우기를 연습하고 있는 중이므로 부모의 역할은 아이의 말을 귀담아 잘 들어주고 아이의 말에 대한 적절한 답변을 하되 정확한 발음으로 천천히 또박또박 진지한 태도로 응해 주면 아이는 언어 능력이 향상되는 일에 도움을 받을 수 있게 된다.

아이의 언어 능력은 인식력 발달과 연결되어 얽혀 있으며, 사회 진출에 있어서 적응 능력과, 정서적인 사고력 향상에 상당한 영향을 끼친다. 이러한 복잡한 언어 발달 과정을 거침으로 아이는 말을 근사하게 배워 나가게 된다. 말을 배움으로 두뇌회전이 빠르게 움직여 천재로서 능력과 재능을 발휘할 수 있게 된다.
 아이가 일찍 말을 시작했다고 해서 지능이 높아지는 것은 아니다. 다만 아이가 말을 잘할 수 있게 되면 사고력이 더 빨리 발달하고 성장하는 것은 맞다. 그러므로 아이가 생각을 많이 할 수 있게 되면서 언어가 더 유창해지며 단어를 적절히 골라 적재적소에 사용할 수 있게 된다. 아이는 여러 종류의 많은 사람들과 대화를 골고루 많이 해봄으로 언어 구사력이 뛰어나게 되는 것은 사실이다.

 아이의 언어가 유창해질 수 있게 하는 방법은 여러 사람들과 대화를 자주하게 한다. 날마다 글자를 배우게 하면서 엄마가 잠자리에서 읽어주는 동화책을 통하여 반복하여 읽어 주므로 흥미로운 내용과 말들을 기억되게 한다.
 아이의 내장된 언어 프로그램은 여러 가지 단어들을 메모리에 저장되게 하여 질서정연하게 정리가 이루어지게 한다.
 아이가 말을 하게 되면 그 중 적절한 단어들이 순간적으로 튀어나와 멋지게 구사(驅使)하며 표현할 수 있게 되는 것이 말이라는 것이다.
 그러므로 부모는 아이에게 여러 사람들과 골고루 대화를 나눌 수 있도록 기회를 조성하여 주고 분위기를 만들어 주면 아이의 언어 발달에 도움이 된다. 아이들은 저마다 언어를 사용하는 속도는 천차만별이다. 언어가 늦된 아이가 있는가 하면 3살까지 단 몇 단어밖에 모르다가 갑자기 봇물 터지듯 말문이 트여 적합한 말을 잘하는 아이가 없는 것도 아니다.

아이가 어리다고 그냥 놔두지 말고 온 식구가 아이에게 말을 걸어준다. '잘 잤니?' '곰 인형 어디 있는지 못 봤니?' '엄마는 어디 계시지?' '아빠는 어디 계시고?' '네 코가 어디에 붙어 있는지 아니?' 이렇게 간단한 질문으로부터 시작하여, '너 먹고 싶은 것이 있니?' '이 과자는 어디서 팔아?' '넌 곰이 좋아, 코끼리가 좋아?'

이러한 질문을 하루에 두 차례씩만 하여도 아이는 이 말과 뜻을 모두 배워 버리며 이런 말들을 활용하여 질문을 하게 되며, 자신의 생각과 욕구를 말하게 되고 자신에게 필요한 것을 훨씬 효과적으로 요구하는 수단으로 사용하게 된다. 그뿐만이 아니라 아이가 말을 잘할수록 사고력이 더 빨리 발달하여 여러 가지 많은 생각을 하게 되므로 언어 능력이 더욱 활발하게 발달하고 사고력이 성장하게 된다.

47. 성격의 발달

아이는 세 살이 이후부터 하루가 다르게 성장한다. 몸도 성장하지만 성격이나 사고력이 기하급수적으로 늘어나고 팽창되어 인생을 살아갈 준비를 빠른 속도로 차곡차곡 이루게 된다. 이런 일들은 모두가 사람들과의 교류를 통하여 배우고 완성해 나가게 된다.

아이가 만나는 사람들이란 대개가 부모를 비롯한 가족이 대부분일 수 있으며, 특수한 경우에는 입양이나 망실 부모로 인하여 교류하는 사람들이 더 다양하고 새로울 수 있다.

아무튼 부모는 아이를 자주 데리고 다니면서 사람을 만나서 인사하게 하고 상대가 말을 하면 잘 대답할 수 있도록 가르치고 권하며 상대가 아이에게 되도록 많은 대화를 하게 하도록 분위기를 조성하는 것도 좋을 것이다.

이러한 사람들과의 교류를 통하여 아이는 정직이나 의무감이나, 성실이나 절약이나, 순종이라는 것과 솔직함과, 부드러운 애교 같은 것들을 조금씩이나마 접하게 되면서 알게 된다. 이러한 경험을 토대로 아이의 개성의 발현이 시작된다.
언어를 습득함으로 인지력도 향상되고 정서적인 소양이 생성됨으로 자신이 이 세상에서 독립적인 존재라는 사실을 깨우치게 되기도 한다. 이러한 깨달음에 대한 지각은 물론, 깨달음이 반복적이고 지속적이기는 하겠지만 우선은 인간관계의 밑거름으로서 활용된다.
그러나 아이가 자신이 다른 사람과 전혀 다른 독립적인 존재라는 것을 깨닫지 못하고, 다른 사람들도 자기와 같은 생각을 하고 똑같은 판단을 하며 똑같이 행동한다고 믿게 되면, 삶에 차질을 빚게 된다. 이것은 세상에 대한 아이의 지식이 제한적이 되며 왜곡될 수도 있기 때문이다.
그리고 더욱 심각한 문제는 자신이 다른 사람들과 비슷하다는 사실도 충분히 이해를 해야 아이의 사회적 지능이 발달했다고 할 수 있는데, 이 기능을 터득하지 못하고 미숙한 채로 계속 살아간다면 미완성 천재가 되고 말 것이다. 그러므로 이러한 능력을 부모가 수정하고 설명해 주어야 하는데 수정 방법은 질문으로 깨닫게 해 주던지 아니면 자세한 설명을 해 주어야 한다.

"다른 사람과 네가, 서로 다른 독립적인 존재라는 것을 아느냐?"

"유전자가 서로 다르고, 태어난 지역과 환경이 다르고, 자란 환경과 교육이 다르므로 기질과 성격이나 개성이 현저하게 다를 수밖에 없다. 그러므로 사람들의 생각은 모두가 제각각일 수밖에 없는 것이다."

이렇게 개인은 각각 전혀 다른 개체이기에 생각하는 것도 다를 수밖에 없다는 것을 일찍부터 알게 해 줘야 한다.

그리고 인간은 서로가 비슷한 점이 있다는 것도 설명해야 한다. 생리적인 현상과 욕망이나 욕구가 같다는 것을 설명해 주면 좋다.

"사람은 다른 사람과 서로 비슷하다. 그것은 오욕(五慾)과 칠정(七情)을 똑같이 지녔기 때문이다. 그러나 오욕과 칠정이 발휘되는 과정이나 오욕과 칠정의 효력이나 효과는 천차만별이다."

이러한 사실들을 두세 번으로 나누어서 초등학교 4학년이 되기 전까지 되도록 쉬운 말로 모두 설명하면 아이는 평생 동안 잊지 않을 양식(良識)의 기준을 이루는 밑거름이 된다.

48. 양심의 기초 수립

아이는 세 살을 전후하여 양심이 이루어지는데, 옳고 그름에 대하여 싹이 돋기 시작하며, 따라서 좋고 나쁨에 대하여 취사선택하기 시작하려는 때이기도 하다.

물론 신체적 발달은 자연적으로 이루어지지만 몸의 성장 과정과 양심의 생성 과정은 별개이다. 왜냐하면 생장하고 발전하며 융성되는 기운은 같더라도 육체적 발달은 거의 교육을 필요로 하지 않지만 양심의 성장에 있어서는 정밀한 교육이 주입되어야 온전한 양심을 소유하여 모든 사람들로부터 인정을 받을 수 있기 때문이다.

그러므로 양심의 생성에 있어서는 교육이 필요하며 더구나 천재로서 지녀야 할 덕목의 소유자가 되기 위해서는 바른 양심이 이루어지기 위한 교육은 필수적이라는 사실이다.

바른 양심은 천재의 행동 기준이라고 할 수 있다. 양심은 감정적 충동이나 무분별한 욕구를 제어할 수 있기도 하며, 정신적인 활동과 감정적 움직임을 바르게 잡아 주어 온전하게 표출하며 행동할 수 있도록 하는 역할을 수행하기 때문이다. 그러므로 바람직한 천재의 양심은 그 생성 과정에서부터 교육이 꼭 필요한 것이다.

아이가 세 살이 되는 동안 아이에게 형성된 양심은, 부모의 양심과 성격으로 훗날 아이의 양심 제어 형태가 되어 나타나게 된다. 이러한 부모의 영향력이 아이의 양심으로 생성되기 전에, 아이의 초기 양심을 교육으로 바르게 형성되도록 잡아 줘야 한다.

두 살이 된 아이는 스스로 자신의 행동을 아직은 제어할 수 없다. 아이에게 내장된 각종 프로그램들에 의해 정보를 수집하기에 분주할 뿐이다. 그러나 두 살이 지나고 세 살이 되면서 부모가 행하는 행동과 언어와 양심의 형태를 본받아 답습한다. 부모가 결정하고 행동하는 마음 씀씀이를 통하여 느끼게 된 아이의 마음 밭에 부모의 품성이나 양심을 그대로 담거나 복사하여 지니게 된다.

그것은 바로 부모에 대한 아이의 존경과 신뢰와, 부모의 반복된 행위에 가치를 두고 있는 아이 마음이 부모에 대한 사랑과 신뢰의 비중이 클수록 부모의 양심을 아이 자신의 양심으로 굳히는 것이다.

부모가 선행적 모범을 보이며 바른 양심과 선한 행동을 아이 앞에서 행적으로 실행하여 보여 주지 않으면 아이는 바른 양심을 배우지 못할 것이다. 집에 자주 오시는 외할머니의 뒤틀리고 그릇된 양심을 보고 그대로 받아들이거나 아니면, 엉뚱하게도 가끔 젖을 잘 주는 친절한 이웃집 아주머니가 자신의 품성이나 양심을 되는대로 생각 없이 사용한 것을 본 아기가 그대로 복사하듯이 하여 자기 마음 밭에 저장하였을 수도 있을 것이다.

　아이는 자신의 내부에서 아직은 계속 추진되고 있는 각종 프로그램의 작동으로 인하여 새로운 정보를 끊임없이 수집하고 있으므로 선택의 여지도 없이 대부분이 부모의 양심이나 유모나 보모나 친절한 아주머니의 양심을 되는대로 담을 수도 있게 된다.
　그래서 경솔한 부모는 이 시기에 아기와 다툼을 벌이기도 한다. 아이의 이성이 발달하기도 전에, 언어가 어른과 의사소통이 될 정도로 발달하기도 전에, 부모가 아이를 설득할 수 있다는 사실에도 불구하고 강압적으로 윽박지르려 한다는, 실로 어처구니없는 실수를 아무렇지도 않게 저질러 버린다는 사실이다.

　어떤 부모는 판단하기에, 아이가 너무 어리고 말귀를 잘 알아듣지도 못하여 설득할 수 없다고 생각하는데, 그건 오류이며 그릇된 생각이다. 갓난쟁이라도 설득이 가능하다는 사실이다. 자세히 구체적으로 설명하되, 애정을 듬뿍 담은 어조로 부드럽고 친절하게 정확한 발음으로 아이를 설득하면 되는 일이다.
　아이가 양심을 생성하려는 시기가 되면 아이는 다음에 열거하는 행동을 하므로 부모는 이를 참고하여 다음과 같이 행동을 얌전하게 하여 아이의 양심에 좋은 보탬이 되는 것이 참으로 훌륭한 부모라 할 수 있다.

㈎ 아이는 어떤 행동이 좋고 나쁜지, 부모의 말과 행위와 감정을 통하여 부모가 하는 대로 따라서 일찍부터 배우게 된다. 따라서 선과 악에 대하여 부모가 어떻게 행동하고 대처하는지 잘 보고 익혔다가 자신이 직접 행동하게 되었을 때, 부모의 반응을 예견하고 부모의 기분에 거슬리지 않게 행동하려고 부모의 눈치를 보게 된다.

아이는 부모가 용인하지 않는 행동을 자신이 행하게 되면 부모가 어떤 반응을 나타낼지 충분히 예상하게 된다. 그리고 부모가 바라는 대로 행동을 하게 되면 부모가 기뻐할 수 있다는 사실도 발견하게 된다. 그래서 아이는 부모와 같은 행동 과정을 반복하여 부모처럼 될 수 있기를 바란다. 부모가 아이를 천재로 양육하고 싶다면 자신의 양심을 깊이 돌아보고 수정할 수 있는 것은 과감히 수정하여 우수하고 바람직한 양심을 아이에게 보여 주도록 하는 것이 절대 필요하다.

㈏ 부모가 판단하는 기준과 가치관을 본 아이는 그대로 부모의 판단의 기준과 가치관을 답습하여 아이 자신의 양심으로 복사시키려 한다. 세월은 빠르게 흘러 아이가 네 살이 되면, 아이는 다른 사람을 의식하는 능력이 조성된다. 그리하여 내가 다른 사람과 거래하는 양심에 대하여 엄마나 아빠가 나를 어떻게 생각할지에 대하여 생각하게 된다. 이것이 아이의 양심에 영향을 미치게 되어 엄마나 아빠의 양심과 같이 되면 엄마나 아빠가 좋아할 것으로 판단하여 부모의 양심을 내 것으로 만들어 버리고는 그것을 자신의 기본

양심으로 삼아 살아가는 것이다.

　아이는 부모가 바라는 뜻에 따르고 싶어 한다. 그 때문에 부모의 양심이 삐뚤어져 있다면 그대로 따르게 된다. 또한 아이 자신의 행동 실행에 대하여 부모가 어떤 반응을 나타낼지를 아이는 예상할 수 있게 된다. 아이는 자기 행동을 결정하는 양심이 부모로부터 답습된 삐뚤어진 양심으로 점점 내면화되어 굳어진 양심으로 나타나게 된다.

　부모가 자신들의 삐뚤어진 양심을 깨닫고 고치지 못한다면 아이도 고치지 못하므로 천재 교육은 난항으로 접어들게 되고 만다.

　그러나 진정한 양심은 천재 교육이 완성되는 10세가 되어야 성숙이 시작하게 되므로 부모는 이때까지는 바른 양심으로 정립을 이루어야 하는 것이다.

　㈐ 아이가 자신의 그릇된 행동과 양심의 방향에 대한 수정 능력과 자신을 스스로 돌아보는 자기 관찰 능력을 갖추게 되면 죄책감도 느낄 수 있는 감정을 갖게 된다. 아이가 죄의식을 느꼈을 때는 자신의 그릇된 행동에 대하여 뉘우치는 첫 경험을 비로소 하게 된다.

　그릇된 행동이라는 것을 알고도 고치지 못하는 것은 아직은 강하지 못한 어린아이이기 때문이기도 하지만 그릇되었다는 것을 깨닫는 즉시 고쳐야 한다는 교육을 부모로부터 받지 못한 까닭이다. 부모는 아이가 세 살이 되었을 즈음에는 아이 자신이 깨닫는 그릇됨을 스스로 고치고 수정하는 방법을 가르쳐 줘야 한다.

• **아이에게 아이 자신의 그릇됨을 수정하게 하는 말**

"자신의 행위가 그릇되었다는 것을 깨달았을 때는 과감하게 고쳐야 천재가 될 수 있지, 자신이 그릇된 양심을 지녔거나 그릇된 행위를 했다는 것을 알면서도 고치지 못하게 되면 천재가 될 수 없고 어리석은 사람이 될 뿐이다!"

"그릇되었다는 것을 어떻게 알지요?"

"우선 자신의 양심에 물어보고 확신이 안 되면 엄마나 아빠에게 물어보는 것이 좋겠다."

"나 스스로 판단할 수 있는 방법은 없나요?"

"여러 가지 책을 많이 읽어서 경험과 지식을 쌓은 후가 되는데 그때는 네가 중학생이 된 다음이란다."

여기서 또 부모의 역할은, 아이가 자기의 마음에 느끼는 충동을 제어할 수 있는 능력을 지닐 방법을 친절히 가르쳐 주는 일이다.

방법은 아이의 여러 가지 행동을 부모가 관찰하다가 선과 악에 대한 구분이나 옳고 그름에 대한 분별을 못 하고 있을 때 즉시즉시 가르쳐 주는 일이다.

그러나 부모로서 자제해야 할 일은 아이에게 핀잔이나, 명령이나, 억압적인 태도가 아닌, 자애롭고 부드러운, 사랑이 가득한 언어로의 가르침을 주되 비유를 들어 구체적이고 자세하게 설명을 해 주어야 한다.

그리고 빼놓지 말아야 할 교육은 한글과 천자문 교육이다. 날마다 한 글자씩을 가르치는 일을 실행을 하는 것이 가장 효과적이다.

49. 3세 이후의 천재 교육

　천재 교육에 있어서 가장 중요하고 근본적인 것은 지혜롭게 언어를 골라서 구사하며 과감한 행동과 정확하고 알맞은 언어 사용이다.
　그리고 아이가 성인이 되었을 때 큰 사업을 끌어나갈 경륜(經綸)을 함양(涵養)하는 바탕이 되는 자질을 익히는 것은 무엇보다도 후천적인 교육이다. 그러므로 천재 교육과 후천적 교육이 어우러져야 참신한 능력의 기틀이 마련되는 셈이 된다.
　천재는 하루아침에 만들어지는 것이 아니며, 부모의 엄청난 희생과 온갖 정성과 세심한 공을 들여야 만들어질 수 있는 고귀한 자질이다.
　태아를 순산하여 애지중지 기를 때, 키우는 재미나 즐거움이나 보람으로 성장시켜 놓기만 하면, 저절로 훌륭한 인물로 성장하여 가정과 사회와 국가를 끌어나갈 훌륭한 천재가 되어 부모를 섬기며 효도하리라고 막연하게 원하고 있다면 이것은 하나의 희망 사항으로 요행을 바라는 춘몽(春夢)에 불과한 것이다.

　잘 먹이고, 잘 입히고, 잘 재우고, 공부 잘 시키고, 시집-장가 잘 보내면 부모의 의무를 완수했다고 생각할 뿐만 아니라, 아이가 성공하여 부모에게 효도하고, 동생들을 잘 돌보고, 새 가정을 잘 꾸려가며 사회에 중요 인물이 되고 나라에 기둥이 되어 주었으면 얼마나 좋을까 하고 막연하게 바라면서 조상들은 그렇게 지금까지 살아온 것이 사실이다.
　그런데 이제는 구시대적으로, 또는 본능적으로 그렇게 키우는 것은, 바로 자기 생각대로 자신의 감정대로 자신의 욕구대로 키운 것이지 천재로 키운 것이 아니라는 사실이다. 여태까지 대대로 자녀들을 키워 온 조상들과 전혀 다를 바가 없는 양육법이다.

 그러므로 이제부터는 아이를 키우는 데 공을 조금만 더 들여 확실한 천재를 만들어 내어 자신의 삶의 질까지도 함께 한껏 높여서 애써서 키운 천재의 덕으로 호강하며 멋들어지게 잘살아 보자는 것이다.
 아이가 점점 성장하면서 안목이 넓어지고 철이 들기 시작하게 되면 부모는 아이에게 세상을 보는 안목을 더욱 넓힐 수 있도록 사물들을 깊이 생각할 수 있는 역량을 지닐 수 있는 여행과 견학과 체험을 할 수 있게 배려하고 독서하는 시간을 할당하며 연령에 따른 적당한 책을 권장하여야 한다.
 물론 아이가 세 살을 전후하여 한글을 마스터해야 하는 것은 물론이다. 그리고 아이에게 질문을 날마다 하여 견식(見識)과 시야를 넓혀준다.

 "삼촌은 너에게 만 원밖에 안 주는데, 고모는 우리 집에 올 때마다 너에게 오만 원씩을 준다. 왜 그렇다고 생각하느냐?"

 아이의 대답을 듣고, 자세한 보충 설명을 해 준 다음 날, 다른 일상사에 대하여서도 질문하고 대답을 듣고 설명해 준 다음, 날마다 15분씩 광범위하게 대화를 나누게 되면 아이의 식견은 넓고 깊어지면서 추론하는 능력과 응용력이 생기고 아이큐가 높아지고 판단력이 빨라지므로 천재로서 지녀야 할 요소들을 차츰 갖추게 된다.
 아이와 같이 마켓에 다녀와서 질문을 하고 대답을 듣고 아는 만큼 자세한 설명을 해 주면 아이는 계산의 묘미와 사고(思考)의 실용을 빨리 깨우치게 된다.

　삶을 경영하는 데 있어서 사물을 평가하고 옳고 그름을 합리적으로 평가할 수 있도록 아이에게 질문을 자주 하여 아이의 의중을 가늠해 가며 아이의 논리적 사유(思惟)를 일깨워 주는 것이 좋다.

　주입식 교육이나 암기나 훈계를 하는 것보다는 아이와 마주 앉아 서로 의견을 주고받고 개진(開陳)하는 대화 방식으로 아이로 하여금 스스로 깨달음에 이르도록, 스스로 암기의 필요성을 절실히 깨달아 어떻게 하면 기억하여 잊지 않을 수 있을까를 질문하도록 대화로 이끌어 가면 아이의 언어 발달에도 효과적이고 두뇌 발달에도 영향을 끼치며, 아이의 두뇌를 활발하게 움직이도록 하는 효력이 있다.

　암기의 절실함을 깨달아 암기하고자 하게 되면 암기력이 극대화되어 A4지 1장 분량 정도의 문장을 20회 외워야 암기할 수 있는 것을 5회로 암기가 될 수도 있는 것이다.

50. 천재의 필수 덕목

　태아가 세상에 태어나 3세에서부터 인격을 형성하기 위한 정보를 수집하기 때문에, 천재의 기초적 자질인 정서와 안정을 가질 수 있도록 배려하기 위하여 부모는 아이에게 덕을 쌓는 행위를 실행으로 보여 주면 좋은 정서를 함양하게 된다. 상대의 입장을 배려하는 최초의 행위를 습관으로 삼도록 이끌어주기 위해 부모는 모범적으로 실행하여 보여 주는 게 유익하다.

　아이가 세 살 때서부터 서서히 인격의 완성을 도모하기 때문에 바른 생각과 바른 행동, 그리고 불의를 배격하는 인격을 함양할 수 있도록 배양의 문을 활짝 열어 주는 것이 바람직하다.

 아이가 아직 어려 인지 능력이 성장하지 못하였다고 할지라도 적극적인 교육과 자극으로 얼마든지 두뇌를 발달시킬 수 있으며, 주변 환경에 적응하는 능력도 3세 미만에 성장한다는 사실이다.
 태교에서도 말을 가려서 했듯이 아이에게도 어른의 가리지 않는 언어로 말미암아 인격 형성에 지대한 영향을 미친다는 것을 항상 염두에 두어야 한다.
 3세 이후의 가정교육에 있어서 두뇌를 유연하게 활용하도록 운용하기 위해 천자문을 줄기차게 암송하도록 하면서 병행하여 성경의 시편과 잠언서를 외우도록 하는 것이 좋다. 지혜를 갖추기 위해서는 책이 으뜸이므로 천재로 살아가기 위해서는 폭넓은 지혜와 지능을 갖추는 방법으로 책보다 더 좋은 게 없다.
 삶을 경영하여 영위하면서 어떠한 악조건에 도달하게 되어도 능히 감당할 수 있는 것은 지혜와 지능뿐이다.

 그러나 아무리 지능지수가 높아도 초기의 배움이 넉넉하지 않으면 무용지물이며 결국 모든 욕망의 화신이 되어 삼류 인간으로 전락할 뿐이다.
 배움이란 자신이 세상을 이겨나갈 길을 개척하는 첩경이고, 지식세계에서의 무궁무진한 기회를 포착할 수 있으며, 즐거운 삶을 경영하는 일에 아주 요긴한 능력이다. 그리고 아이에게 있어서 아버지의 위치는 품위 있는 권위를 지니며 인자하고 사랑을 가득 품고 있으면서 너무 엄격하지 않아야 한다. 다만 아이 앞에서 엄마가 아이아버지를 존중하고 존경하며 권위를 세워 주는 태도를 견지해야 하며, 아버지는 엄마를 지극히 사랑하는 태도를 아이에게 보여 주는 것이 좋다.

 아이가 아버지를 존경하여 따를 수 있도록 엄마는 가장의 위상을 침범하지 않아야 아이가 인격 형성을 해 나길 때 아이의 마음에 안정이 오고 두뇌를 활발히 발달시키는 중요한 계기가 된다.

 그러므로 아버지는 아이의 정신적인 기둥이고 신뢰의 바탕이 되어야 아이가 당당하게 사회에 진출하게 될 수 있다.
 그러므로 아이에게 규칙을 정하여 교육을 해야 하며 규칙을 잘 따를 수 있도록 엄마가 아이 아버지의 인격을 존중해 주어야 한다.
 아버지가 권위를 가지는 것은 아이가 정신적 사상적 의지할 수 있는 근거와 힘을 주려 함이다.
 아버지의 권위를 아이에게 보여 주는 것은 식탁 예절에서 아버지가 먼저 수저 들기를 기다려야 하고, 잠자리에 들기 전에 아이 앞에서 엄마가 아이 아버지에게 "지금 잠자리에 들어도 될까요?" 하고 물어보는 것이며, "나 마트에 다녀와도 될까요?" 등등 아이 아버지의 권위를 세워 주는 방법은 많다.

 이렇게 아이 아버지의 권위는 아이 엄마가 세워 주는 것이며, 아버지는 아이에게 인자하고 자애로움을 보여 줌으로 신뢰를 쌓아 아이의 정신적 의지가 됨으로 자연스럽게 아이의 몸과 마음이 자신만만하게 커지는 것이다.
 아버지는 아이 앞에서 항상 책을 가까이 두고 즐겨 읽는 습관을 보여 주어 본받도록 해야 한다. 책을 늘 읽으며 아이에게 책을 읽도록 권하며 책의 유익함을 짧게 설명하기도 하며 아이가 자연스럽게 아버지를 본받을 수 있도록 유도해야 한다.

부모가 먼저 공부하는 모습을 보이면 아이가 자연스럽게 본받게 되고 그렇게 정성들여 가르친 보람을 얻을 수 있게 된다.

51. 안정된 정서의 효과

환경이 안정되지 않았거나 정서적으로 불안에 시달리게 되는 아이는 교육적 성과를 내는 데 어려움이 있을 수 있다. 더구나 성장기의 아이는 환경과 정서적인 안정이 중요하므로 부모가 아이에게 세심한 배려를 베풀게 되면 교육적 성과를 거둘 수 있게 된다. 그렇지 않고 불화의 상태를 아이에게 자주 보여서 불안에 떨게 하면 학습효과를 기대하기 어렵다.

그러므로 불안정한 환경을 빨리 정립하고 가족 관계의 마찰 같은 것들을 조속히 정리하여 정서적 안정을 지닐 수 있게 환경과 분위기를 조성하여 안정된 정서를 지닐 수 있도록 조성해 줌으로 교육적인 성과를 얻을 수 있다.

자라는 아이에게 있어서 환경과 분위기가 감정과 감성을 좌우하며, 따라서 교육에 미치는 영향이 아주 크다는 사실은 이미 과학적으로 증명된 사실이다. 아이는 일찍부터 교회의 유년 주일학교에 등록하여 주일날마다 출석하여 인내와 선행을 배워야 한다. 가정교육과 교회 교육이 병행되어야 하며, 부모의 모범적 선행의 행위로써 아이가 눈으로 보고 따를 수 있도록 실행하여야 한다.

인성이 완성되지 못하고 불안정한 상태의 천재나 영재는 허약한 구조물처럼 위태롭기 그지없다. 남을 배려하고 선을 행하는 것은 유년 교회 학교 반사가 가르치고 가정에서는 부모가 가르쳐야 한다. 그러기 위해서 부모가 먼저 솔선수범하여야 하는 것은 물론이거니와 아이가 신앙을 배우게 하여 선행을 몸에 익혀야 악을 이길 힘을 지니게 된다.

선행은 삶의 꽃이라고 할 수 있다. 선행보다 더 아름답고 감동적인 것은 없다. 선행은 남의 눈에 띄지 않도록 하는 게 유익이다. 왼손이 하는 일을 오른손이 모르게 해야 유익이 있는 것이며 결과의 꽃이 아름답고 향기롭게 피는 것이다.

선행은 내 마음을 살찌우는 자부심을 느끼게 하며, 내 마음속에 이는 잔잔한 즐거움으로 자신만이 즐기는 뿌듯함이다. 마음의 즐거움은 곧 육신의 건강으로 이어지며, 마음의 평안은 안락한 온 가족의 행복으로 이어진다는 사실이다. 그러므로 선행한 사실을 자신의 입으로 발설치 말라. 자신의 입으로 떠벌리는 순간 자신의 내외적인 유익은 흩어져 버리기 쉬운 것이다.

아이가 용돈을 모았다가 교회의 헌금함에 넣는 것은, 아이가 선행을 배우게 함과 동시에 선행을 익히게 되므로 장래 뭇 이웃들에게 존경받을 수 있는 기틀이 되고, 만인을 이끌 수 있는 모범적 동력이 되는 것이다. 사회적 교육을 하지 않으면 사회성이 결여된 사람이 되고 말기 때문이다.

남을 배려하고, 남을 나보다 낮게 여기는 것은 덕을 함양하는 매우 중요한 교육이다. 자비로운 덕성을 자연스럽게 몸에 배게 하는 것은 많은 사람을 다스릴 수 있는 기틀이 되어 사람들의 고통을 읽을 수 있게 되고 살펴 도울 수 있는 현명하고 덕스러운 인간이 되는 것이다.

52. 옳고 그름을 결정하는 의지

의지(意志)는 어떤 일을 이루려는 마음을 말하며, 도덕적 행위의 근원이 되는 내적인 욕구를 실행하려는 능력을 말한다. 분명한 의지가 없는 행위는 결정을 이루지 못한다. 결정이 없는 태도는 우유부단하여 아무것도 이루지 못한다. 그러므로 강한 결단력은 의지로써 결정되는 것이다.

지혜와 지식이 풍부하고 상식이 넘친다고 하더라도 또, 정서적으로 안정되었다 할지라도 의지가 강하지 못하면 아무런 의미가 없다.

의지를 가진 자만이 인생의 성패(成敗)를 가름할 수 있다 할 것이다. 바른 양심을 지녔고, 올바른 뜻을 지녔다는 것은 굳건한 의지를 가졌다는 뜻이다.

아이를 교육하면서 양심과 올바른 뜻을 품게 하는 것이 얼마나 중요한지 모른다. 이것은 곧 의지를 강화하는 것이며 자기 뜻을 바르게 펼칠 수 있는 뜻도 되기 때문이다.

의지가 박약한 사람은 선과 악 앞에 결정을 내리지 못하고 군중심리에 휩쓸리거나 손익계산으로 잔머리만 굴리고 만다. 올바른 판단으로 과감한 결단을 내림으로 행동에 임할 수 있고, 그 행동이 자신의 의지로 말미암았으므로 정의로운 것이다.

우리나라 역사 속에 있는 위대한 인물들의 전기를 읽게 하여 자부심을 느끼게 하고 민족적 우월성과 자신감을 심어줌으로써 본받으려는 의지를 갖게 한다. 그뿐만 아니라, 성군·충신·열녀·효자 등의 귀감이 될 만한 책을 읽히도록 한다. 물론 책값을 아끼려는 생각은 털어버려야 한다. 고가의 천재를 만드는 데는 아낌없이 투자를 하는 것이 요령이다.

　천재는, 자신이 누구인지? 그 정체성과 자신의 인생이 어디로 가고 있는지를 알고 있어야 한다. 이를 알기 위해서 철학 서적을 읽을 나이는 아니므로 유년 교회 학교에 다니는 것이 좋다. 일주일에 한 시간을 투자함으로써 아이의 영혼은 외롭지 않으며, 마음의 평안을 얻음으로 마음과 육신 모두가 강건해지게 된다.

　자신의 인생의 목적과 목표를 정하지 못한 사람은 우왕좌왕하며 방황하게 된다. 목적지가 없는 사람은 여기서 내릴까 조금 더 가서 내릴까 안절부절 인생의 얼마 안 되는 귀중한 시간을 허비하게 된다. 그러므로 내 아이에게 인생의 목적지를 정하게 한다. 성장하면서 여러 번 목적지가 바뀌겠지만 목적의 귀중함을 부모가 늘 일깨워서 방황하는 일이 발생하지 않고 하나의 목적을 향하여 줄기차게 줄달음칠 수 있도록 조언하는 것이 좋다.

　인생의 자아실현은 대개 중년 이후에 절정을 이루므로 하나의 목표를 향하여 오로지 매진할 수 있는 목적의식을 아이에게 굳건하게 심어 주기 위하여 아이에게 숙제나 임무를 주어 완성을 독려하며 필연코 완성하게 함으로 느낄 수 있는 성공의 만족을 여러 차례 체험하게 해야 한다.

　긍정적인 자아 개념을 가진 아이가 좋은 학업 성취를 이루는 것은 당연하다. 학업성취를 이루기 위하여 노력하는 아이는 학업 성과가 일취월장하게 된다. 그러므로 긍정적인 자아 개념을 가질 수 있도록 부모가 지도하여야 올바른 학업 성과를 올리게 되는 것이다.

　만약에 아이가 부정적 자아 개념을 가지고 있다면 아이에 대한 교육 방법이 올바른지 다시 검토해야 한다. 아이 자신이 노력해도 성공할 수 없다고 치우치고 있다면 아이는 학업 성취를 이루려는 노력을 하지 않고 학업 이외의 엉뚱한 생각에 빠질 수 있으므로 학업에 흥미를 갖고 긍정적인 자아 개념을 가질 수 있도록 유도하기 위해서는 가정에서 아이에게 숙제를 주고 숙제를 완성하면 아이가 갖고 싶은 것을 사주기로 정하므로 아이가 숙제를 완수하여 성공 경험을 가질 수 있도록 한다.

숙제라는 것은 공부만이 숙제가 아니다. 부모는 아이가 무슨 생각을 하고 있는지 질문하여 아이가 품고 있는 생각을 알아야 한다. 아이가 엉뚱한 생각을 하고 있거나 자기 생각을 발설하지 않으려고 할지라도 부모가 먼저 화를 내면 상황이 샛길로 흐를 수 있다. 차분하게 아이를 다독이면서 웃으며 부드럽게 대화를 이어가야 한다.

아이의 엉뚱한 생각을 파악했으면 그 엉뚱한 생각을 해소하고 천재의 길로 나아가기 위하여 숙제를 주는 것이다. 숙제는 엉뚱한 생각의 해소 방안이나 그 엉뚱한 생각보다 더 흥미로운 일을 하게 하여 엉뚱한 생각을 잊게 하는 것이다. 그러기 위해서는 아이가 절실하게 갖고 싶은 것을 갖도록 숙제의 대가를 제시하면 아이는 받아들이게 된다.

아이가 숙제를 완료하는 과정에서 엉뚱한 생각을 버리게 되고 절실히 갖고 싶은 것을 충족하므로 부모에 대한 감사와 고마움을 느끼게 되므로 스스로 노력하여 긍정적인 자아 개념을 형성할 수 있도록 부모가 독려해 주고 사랑을 베푼다면 성과가 있을 것이다.

53. 정체감의 형성

아이가 바른 예절에 익숙할 그때부터 인성이 커 가기 시작한다.
대가족을 이루고 살 땐 할아버지로부터 엄격한 생활 예절을 배워 실생활에 바른 예절을 사용하는 엄격한 교육을 받아왔지만, 요즈음은 핵가족인데다 외국어다, 피아노다, 개인 교습이다, 태권도다, 영수 학원이다. 특별 교습이다 뭐다 해서 예절 교육을 상당히 등한시하며, 한자 교육도 학교에서 줄어듦으로 아이들의 인성 교육이나 가치관 교육이 위축되어 아이들이 이기적인 인성과 인품 쪽으로 빠져드는 경향이 점점 농후해지고 있다.

이기적(利己的) 성격은 천박한 성품으로 빠지기 쉬우며, 이기적인 성질이 본능적인 성품으로 바뀔 수 있으므로 참으로 위험한 요소이다. 이것은 지도자의 성품이 아닌 것은 물론이다. 어쩌다가 지도자가 되었다고 할지라도 이기적인 성격을 가지고 있으면 반드시 배신을 당하거나 가해를 당할 가능성이 있다는 것을 염두에 두고 경계를 게을리 말아야 함은 물론이며 편안하게 두 다리 뻗고 잠자기 어려운 상황에 부딪칠 수 있으므로 반드시 스스로 개선해야 할 사안(事案)인 것은 분명하다.

요즈음의 세태를 보면 아이에게 외국어를 조기 교육받게 하면서 빼놓는 것이 있다. 정말 중요한 한국적 생활 예절 교육을 외면함으로 언어 예절이나 친구 관계 예절이나 좋은 습관 같은 인성을 이루는 그 바탕이 되는 교육을 등한시해 온 것이다.

인성의 기초를 쌓는 교육이야말로 어떤 교육보다도 중요하고 절실한 교육이 아닐 수 없다. 아이가 몸에 배도록 익혀야 바람직한 인성으로 사회의 진출하기에 부족함이 없고, 환영받게 되는 교육이다.

부모가 생각하기에 매우 사소한 것 같지만 가장 기본적인 기초 교양이 인성 교육이다. 아이가 올바른 인성을 키우는 일에 먼저 힘을 쏟게 되면 아이 자신이 스스로 정체성을 이루게 된다. 정체성이 부족하면 매사에 자신 없고 뭐든 할 수 있다는 의지와 신념을 갖는 데 허점이 생기게 된다. 인성 교육이란, 마음의 바탕이나 사람의 됨됨이 등의 성품을 함양하기 위한 교육으로 인간으로서는 절대 지녀야 할 성품이다.

무엇보다 중요한 자아 정체의식(自我正體意識)이 아이의 마음에 신념화되면, 아이는 자기 능력에 대한 의지가 굳세어지고 자신감을 가지고 맡은 일에 흥미를 보이며, 임무를 완수하고자 하는 욕구가 분수처럼 솟으며, 자신의 현재 위치와 부여받은 역할에 대하여 책임감이 투철해질 수 있으며 자신감에 대한 변함없는 인식을 가질 수 있게 된다. 따라서 허영의 공허함을 배제(排除)하는 능력이 될 수도 있다.

아이가 성장하여 청소년이 되면 자아 정체의식에 대한 신념이 강하게 되어 어리석은 실수를 반감하게 된다. 이때가 되면 자신에 대하여 여러 가지 의문점이 생기게 되는데 이때쯤에 자기를 찾는 진정한 노력을 하는 와중에서 자아 정체의식이 바르게 인식되고 정립된다.

그런데 올바른 자아 정체의식이 형성하게 되느냐 아니면, 이것도 아니고 저것도 아닌 뒤틀린 정체감을 가지고 허황된 생각에서 헤매게 되느냐가 중요한 관건으로 대두되므로 이를 반드시 짚고 넘어가야 한다.

가) 올바른 자아 정체감

자아 존중감과 자신에 대한 정확한 이해를 통해 긍정적인 자아 정체감을 형성하는 것은 매우 중요하다.

자아 정체감이 바르게 확립된 아이는 자신의 인생에서 스스로 주인이 되며, 능동적인 삶이 된다. 그러므로 지도자의 역할을 감당할 수 있는 아이로 살아갈 수 있으나, 자아 정체감이 확립되지 않는 사람은 매사에 수동적으로 이끌려 다니는 꼬리 역할만을 하며 살아갈 확률이 높다.

나) 정체감이 바르게 확립된 아이

정체감이 바르게 확립된 아이는 생활의 목표가 확고하며, 생각과 말과 행동이 뚜렷하고 자신감을 가지고 도전하기 때문에 성취도가 높을 수밖에 없다.

그러나 자아 정체감이 결여되거나 바르게 정립이 되지 않는 아이는 생활의 방향이 허술하여 대부분 불안감과 안정되지 못한 혼란에 싸여 열등감을 지니게 되고 학우들과 휩쓸려 다니며 대인관계에 있어서 현저한 번민을 경험하면서 인생이 부질없다는 것을 일찍부터 경험하게 되고 삶을 허송할 수 있는 상황에서 고달프게 된다.

다) 처방

 자아 정체감 형성을 위한 노력의 일환으로 부모는 아이 자신이 스스로 자신을 객관화하여 자신을 살피고 검토해야 한다고 가르쳐 줘야 한다. 그리하여 자신을 있는 그대로 자아가 수용하고, 과대평가나 과소평가하지 않고 단점을 과감히 잘라 내고 장점은 키워 나갈 수 있어야 한다고 고취하고 설명하며 가르쳐 주는 것이 좋다.
 아이가 자아 정체감을 형성하게 되면 매사에 자신감이 생기고 왜 배워야 하는지와 배워야 할 필요성을 절실히 깨닫게 된다. 그뿐만 아니라 이상적인 인생 목표 설정을 이루려 하고 나름대로 목표를 가지고 매진(邁進)하는 아이의 모습을 볼 수 있게 된다. 따라서 아이가 허황된 생각에 빠지지 않도록 부모가 허영심의 참담함을 구체적으로 설명하여 일찍부터 일깨워 준다면 아이에게 큰 도움이 될 것이다.

54. 지각(知覺)되는 현실

 이제 지각이 발아(發芽)되려는 아이는 선입견이나 편견이 조금도 섞이지 않고 있는 그대로 사실적이며 객관적으로 인식하고 주관적으로 판단한다. 이러한 인식은 세상에 현존하고 있는 모든 학문이나 이치나 이론에도 그대로 지각하며 적용된다. 정서라 할지라도 인지(認知)된 그대로 지각되는 것이다.
 현존하는 모든 사물(事物)에 대한 객관적인 인식이 아이에게는 지각으로 수용된다. 아이는 자신의 장단점을 모두 다 수용하기 때문에 자존심이 아직은 성숙하지 않았으므로 숨김없이 드러내놓는다.

　남이나 자신을 왜곡할 필요가 없기에 아직 방어기제(防禦機制)를 꺼낼 필요를 느끼지 못한다.

　자신의 약점이 드러나는 것에 불쾌하기니 두려움에 대하여 거의 수치나 죄책감에 대하여 아직은 미미하게 느끼기에 성인들처럼 이를 피하거나 감추려고 몸을 사리지 않는다. 그러므로 잠재력 개발이 원활함으로 자아실현이 순수하게 발아하는 것이다.

가) 아이의 자율적 기능

　아이는 이제 움이 돋으려는 순수이성(純粹理性)으로 자연적 욕구를 충족하기 위하여 가식이 없고 솔직하여 직접적인 방식으로 행동하기에 이른다.

　이것은 부모가 아이의 성적인 교육까지 감추거나 쑥스러워하지 않고 공개적이고 적나라하게 아이를 사실적으로 교육하였을 때에만 가능하다.

　조기(早期) 성교육을 부끄러워하거나 터부(Taboo)시 하는 부모라면 제반 천재 교육이 성공적이었다고 할지라도 조기 성교육에는 실패할 확률이 높다고 본다.

　아이는 자신의 천진난만한 정서를 숨기지 않으며 욕구하는 바를 얻기 위해 신중함과는 상관없이 솔직성을 그대로 드러내게 된다. 이때 부모가 통어(統御)하여 절제 교육을 시행하게 되면 알음이 넓고 깊어감에 따라 판단력이 생성된다.

　그러므로 누구에게 흘러들었거나 부모의 행위를 엿보아 얻은 외적 정보에 의하여 자기 생각에서 출발한 나름의 틀린 내적 정보를 스스로 수정하는 기능을 가질 수 있는 경지에 이르게 되나, 이제 시작이기에 정확하려면 성년에 이를 때까지 끝임 없는 배움과 경험과 체험을 해야 한다. 그러므로 초기 교육에 실패하지 않도록 철저히 하는 게 좋다.

그리고 또 하나, 아이의 자율적(自律的) 기능 중 하나가 남의 물건을 훔치는 일이다. 이 기능을 심어 준 사람은 바로 부모이다. 부모가 아이의 욕망을 해결해 주지 않았기 때문에 아이는 외부에 눈을 돌려 욕망을 해결하고자 하는 것이다.

아이에게 있어서 눈에 보이는 사물이 있을 때 욕망이 생기면 엄마에게 달라고 손짓하게 된다. 엄마가 없을 때는 갖고 싶은 것이 보이면 바로 취하는 것이 어린이다. 이 아이에게 억제하는 법을 일깨워 주지 않는 것은 부모의 불찰이다.

부모가 아이를 교육하기 위한 방법으로 남의 물건을 훔치는 자가 처벌을 받거나 질책 받는 동화나 명작 문고판을 아이와 같이 읽거나 이야기를 만들어 들려주는 것이다. 책을 읽으면서 남의 물건을 탐내어 훔치면 일생을 망치게 된다는 것을 주된 주제로 설명하면서 아이에게 필히 다짐받아야 한다.

유아 시절에 부모가 확실하게 가르치지 않으면 남의 집에 가서도 장난감을 자기 것이라고 우기게 된다. 부모가 더 좋은 것을 사줄 테니 돌려주라고 하는 것보다 남의 것을 자기 것이라고 하는 것은 아주 나쁜 행동이기 때문에 그릇된 일이라는 것을 확실하게 가르치고 앞으로 그런 일이 발생하지 않도록 확실한 신념을 갖도록 두뇌에 대못이 박혀 잊혀지지 않게 부드러운 말로 설명해 주어야 한다.

애써서 설명했음에도 불구하고 아이가 형제의 것을 가지려 한다면 지체 없이 초달하여 자기 것과 남의 것에 대한 구분을 확실하게 가르쳐 장래에 있을 아이의 불행을 꼭 차단해 주어야 한다.

자율성(自律性)의 경계를 대수롭지 않게 여기고 그냥 넘어간다든가 방치하게 되면 아이가 성장하여 범죄자가 되어 일생을 망치는 길로 접어들게 된다는 점을 꼭 유의해야 한다.

55. 치명상(致命傷)이 될 버릇의 근절

아이의 범죄는 애정의 결핍과 물질의 빈곤과 가정교육의 부재로 발생하는데, 태교부터 천재 교육이 시작되었다면 즉흥적이고 돌발적인 악행은 희소(稀少)할 것이며, 불의에 가담하거나 범죄에 빠져들 염려도 거의 없을 것이다.

그리고 부모의 사고방식도 아기에게 영향을 미칠 수 있다는 것을 염두에 두어야 한다. 받는 것만 좋아하는 부모나 베푸는 것을 좋아하는 부모와는 엄청난 차이가 있다.

부모가 공짜를 좋아하게 되면 아이들도 부모의 행위에 영향을 받아 답습(踏襲)한다는 사실이다. 그러므로 먼저 부모의 태도가 모범적으로 아이를 선도(善導)할 수 있어야 한다.

부모가 기독교인으로 아이가 모태신앙을 가지게 되었다면 특별히 범죄에 대한 경계를 하지 않아도 될 것이다. 왜냐하면 모태에서부터 선악의 경계와 부모의 주기도문과 신앙고백을 수없이 들음으로 말미암아 자동으로 신앙고백을 외우게 되었을 테고, 교회학교에서 반사(班師)에게 믿음과 삶의 지표가 되는 예수그리스도의 산상수훈(山上垂訓)을 귀 아프게 들음으로 천재로서 지녀야 할 온전한 기본 교육이 이루어졌기 때문이다.

그리고 아이에게 돈에 관해 설명을 해 주어야 한다. 돈의 기원과 생활에 있어서 돈의 유익성과 돈으로 인한 범죄, 그리고 낭비와 절약의 중요성을 설명한다면 아이는 초롱초롱한 눈을 반짝이면서 들을 것이다.

아이가 무슨 말인지 모를 거라고 지레짐작하지 말라. 정확한 발음으로 천천히 날짜를 바꾸어 두 번쯤 설명한다면 당장은 모를 수 있지만 머지않아 곧 기억했던 것을 되살리는 깨달음이 있고, 사색하는 아이의 모습을 보게 될 것이다.

황금보다 더 귀한 유년기 동안 아이를 방치하면 엄청난 손해라는 것에 대한 손익계산을 해야 한다. 0세에서 3살까지의 황금보다 더 고귀한 시간은 아이에게는 다시 찾을 수 없는 중요하고 귀중한 시간이다. 헛되이 시간을 낭비하지 않는 것이 천재 교육이다. 아이는 자고 일어나면 불쑥불쑥 자라며 배울수록 어른스러워지고 의젓해지므로 믿음직스럽다고 교육을 멈추지 말고 10년은 꼭 채워야 한다.

그리고 돈에 대한 중요성을 가르치되 부당하거나 황당하거나 지나친 탐욕은 갖지 않도록 돈에 대하여 냉정하고 바르고 정당하게 사용할 수 있도록 지도하며, 돈은 편리성이 있지만 부당한 탐욕으로 폐해가 발생한다는 것을 경계할 수 있게 계도(啓導)하는 것이 필수이다.

56. 천재는 형제간의 우애가 있다

일반적으로 아이들이 자랄 때는 형제간에 우애가 없고 서로 경계하고 경쟁하며 부모의 사랑을 독차지하려는 독점욕과 부모님이 나누어주는 물질의 독점욕 때문에 시기와 질투와 다툼도 벌일 뿐만 아니라 서로가 피차간에 어디론지 사라져 주었으면 하는 생각을 가질 수 있게 된다.

이것은 부모의 사랑이 고르지 못하고 편애하거나 냉랭한 성격이거나, 다른 복잡한 일에 집착하고 있으므로 아이들에게 소홀해 발생하는 불찰로, 부모로서 뒤돌아보고 반드시 수정해야 되는 일이다.

첫째,

형이나 누나가 동생을 돌보게 하는 일이 당연한 것처럼 생각하고 동생을 맡기는데 이것은 잘못된 일이다. 이것은 형이나 누나로서, 그리고 가족이니까 동생을 돌봐야 한다고 생각하지만, 아이들의 심리작용은 그렇지 않도록 작용한다.

동생을 돌보는 일에 대하여 진정성이 없고 상당히 귀찮아하기 때문이다. 이것은 동생이 있음으로 해서 자신이 불이익을 받고 있어서 좋지 않은 감정을 가지고 있는데, 부모의 명령에 마지못해 행하는 일로 동생을 돌봄이 진실성이나 진정성을 다할 수 없고 건성으로 돌보는 척할 뿐이다.

동생을 돌보는 일은 마음이 썩 내키지 않아 꺼려지는 일이나 동생을 잘 돌봄으로 부모에게 칭찬을 받을 수 있으므로 동생을 잘 돌보는 척하지만 내심으로는 동생이 없어졌으면 싶은 감정을 가지고 있으며 적대감이 내부에 깔려 있는 것이다.

대부분의 부모들은 아이들을 훈육을 할 때 '형제지간의 우애'를 강조한다. 그런데 이런 훈육은 효과가 없다. 부모가 먼저 아이들에게 골고루, 그리고 공평하게 사랑을 주지 않는데, 아이들의 마음에서 애정이 생길 리가 없는 것이다. 먼저 부모가 아이들에게 사랑을 심어 줘야 그 사랑의 씨앗이 마음속에서 우러나와 줄기를 뻗어 형제끼리 서로 사랑하여 아름다운 꽃을 피우게 되기 때문이다.

둘째,

형제끼리의 싸움은 끊임없이 이어져 철이 들고 나서도 이어지는 경우도 허다한데, 이것은 부모가 넓고 끊임없는 사랑을 베풀고 감싸고 포용하면 다 해결되는 문제이다. 부모의 아량 부족이나 사랑에 인색하거나 편애함으로 형제지간을 영원한 숙적을 만드는 경향이 있는 것이다.

부모가 자녀들에게 항상 공평한 사랑을 베풀면서 '서로 사랑하라'고 말해야지 편애하거나 인색하게 대하면서 사랑을 운운하는 것은 아이들을 많이 잘못 키우고 있는 것으로 봐야 한다.

형제끼리 서로 미워하며 시기하며 질투하며 고자질하며 시샘하는 것은 거의 부모 사랑의 부재로 말미암는다는 것을 깊이 생각해 볼 필요가 있는 것이다.

사랑을 받고 자란 아이는 장성하여 사회의 일원이 되어도 대인관계를 원활하게 해 나간다. 그러나 사랑받지 못하거나 편애

받거나 편애를 체험하고 자란 아이는 아집과 외곬이 생겨 대인관계에 성공적이지 못할 수가 있는 것이다.

셋째,

내 아이들이 서로 우애가 돈독한 천재가 되도록 성장시키려면 아이들을 개별화(個別化) 시켜야 한다. 부모가 아이들을 붙여 놓으려는 시도를 행하기 때문에 마찰을 빚게 되는 원인이 되는 것이다.

 가) 아이 형제를 같이 지내게 하는 건 필연적이며 가족으로 당연한 것이다. 그러나 형으로서 동생을 돌봐주고 같이 놀도록 종용하거나 명령하거나 강요하면 위험하다. 왜냐하면 부모가 종용하거나 명령하거나 강요하는 것을 동생에게 그대로 써먹기 때문이다.
 더구나 나이 차이가 있어서 동생과 견해도 엇갈리기 마련이다. 뿐만 아니라 형은 형이라는 권위를 내세워 동생에게 군림하려는 경향이 있고 동생은 형의 부당한 위세에 대하여 굴종의 거부를 내심으로 품게 된다.
 그리고 형에게 받은 억울함이나 분노를 사실대로 고자질하거나 다른 빌미로 부모에게 고자질을 하게 된다. 형제끼리는 이러한 사소한 일들로 서로 다투면서 아이들은 지금까지 성장해 왔다.
 그러나 천재는 사소한 일로 형제끼리 다툴 시간이 없다. 형제끼리 놀지 않고 형과 떨어져 다른 방에서 숙제 공부를 해야 하고, 형과 부모와 같이 견학을 가거나, 다른 또래 아이들과 교제(놀기)를 해야 하고, 새로운 사물(事物)을 체험하고 정리하면서 지내야하기 때문이다.

나) 유치부 교회 학교에 가게 되면 따로 앉도록 한다. 형제라고 같이 나란히 앉게 하면 잡담이 생기게 되고 선생님 말씀을 듣고 거기에 대한 관념연합에 방해를 받는다. 그리고 형이 동생을 윽박지를 수 있기 때문에 수업이 제대로 이루어질 가능성이 희박하며 반사의 가르침의 소리가 아이의 귀에 들어오지 않고 허공에 맴돌다 흩어질 뿐인 것이다.

다) 여건이 허락되지 않다면 어쩔 수 없지만 할 수만 있다면 방을 따로 사용할 수 있도록 하고 벽시계를 걸고 시간표를 벽시계 아래에 붙여 두고 한글, 한자, 숙제, 식사, 잠자는 시간, 일어나는 시간, 자유 시간을 정하여 지키게 하며, 방을 스스로 정리 정돈하여 청결하게 사용하게 하면 독립 의욕이 일찍 생성될 수 있다.

라) 부모는 아이들을 서로 비교하는 말을 하지 않아야 한다는 것을 철칙으로 굳히고, 형제끼리 서로 경쟁심을 불러일으키지 않게 함으로써 강박관념에 빠져 헛되게 시간을 소비하지 않게 하는 것이 좋다.

부모가 자신들의 편리를 도모하기 위하여 어린아이에게 더 어린 동생을 돌보라고 맡기게 되면 부모가 보는 곳에서는 동생을 그럭저럭 잘 보살피는 척한다. 그러나 부모가 보이지 않는 곳에서 동생을 엄하게 다룬다거나 못살게 굴 수도 있다.

더구나 동생 때문에 친구와 맘대로 놀러 가지 못한다면 분노가 일어 동생을 구박할 수 있다. 구박당한 동생은 마음에 복수의 감정을 키우게 되고 성장하여 두뇌에 그 감정이 떠오르게 된다.

부모의 안일한 천재 교육으로 인하여 형제간의 감정이 나쁘게 되면 그것은 바람직한 천재 교육이 아니다.

"너는 아직 어리니까 형이나 누나의 말에 고분고분해야 한다."는 말은 금기어(禁忌語)이다.

아이들을 대할 때는 항상 공평성을 유지하고 독립적인 존재로 각각 인정하고 형이니까, 또는 동생이니까 이렇게 해야 한다고 교육하는 것은 교육하지 아니함만 못하다.

57. 자립 의욕 심기

자립 의욕이 강한 아이로 성장시키기 위해서는 부모의 일과 아이의 일을 분명히 가름하고 아이의 과제나 아이가 해야 할 일에 대하여 부모가 개입하지 않는 것을 원칙으로 한다.

부모는 아이가 스스로 해야 할 공부나 숙제나 친구 사귐이나 집안에서 분담된 일들에 전혀 관여하지 않아야 하고 아이 스스로 할 수 있도록 지켜보고 격려하고 의욕을 북돋아 주며 과제를 충실히 완수할 수 있도록 간접 지원해 준다.

자립 의욕이 약하면 무능력자로 전락하기 쉽다. 이것은 부모가 아이를 무능력자로 만들었기 때문에 부모의 책임이라고 할 수 있다.

사람은 본능적으로 누구에게 의지하거나 도움이나 혜택을 받고자 하는 의타심(依他心)을 가지고 있다. 그러나 이것은 천재 교육 기간은 의지하려는 생각을 갖지 않고 반대로 의지가 되어줄 마음을 가져야 한다. 천재 교육 10년 동안은 독립심이 투철하도록 정신 무장을 하는 기간이 되어야 하기 때문이다.

부모는 아이가 감당할 수 있는 분량의 임무를 부여한다. 그리고 아이가 완수해야 할 그 의무에 대하여 개입하지 않고 행동을 지켜본다. 부모는 아이가 친구에게 놀러 가는 것이나 사귀는 것은 아이 자신의 일이라고 가름하고 친구를 사귀는 요령이나 주의 사항만 조언한다.

"저 아이는 나쁜 아이 같으니까 사귀지 말라"든가 "저 아이의 부모는 고약하니 가까이 지내면 안 된다"라고 간섭은 금물이다.

다만 그 아이에 대한 정보는 알려 줄 수 있으나 되도록이면 아이가 스스로 판단하고 결정할 수 있도록 하고 이런저런 친구들을 경험할 수 있도록 배려한다.

아이의 일에 대하여 부모가 개입하면 사랑이 아니라 과잉 간섭으로 아이의 자립 의욕을 잃게 하고 판단력을 실행할 기회를 잃는 결과를 초래한다.

그러므로 아이가 스스로 자신의 과제를 완수할 수 있도록 부모가 아이의 과제를 공동으로 해결하려 하지 않아야 한다.

유치부 교회 학교에 들어가 성경 요절을 외우는 숙제도 전혀 관섭(關涉)을 말아야 한다. 물론 초등학교에 입학하여 숙제를 받아 왔을 때도 마찬가지이다.

아이가 친구를 사귈 때 간섭을 하게 되면 이것은 아이의 일에 개입한 것으로 아이의 독립심을 저해하는 요소로서 독립 의욕을 약화시키는 결과를 초래한다.

궁금한 점이 있을 때 질문하도록 하여 친절히 받아주고 스스로 해결할 수 있도록 조언은 주되 해결책을 제시하는 일은 삼가야 한다. 잘한 일과 잘못한 일에 대하여 스스로 깨달음으로 발전하고 성장하는 것이지 발전이 멈추어 버리도록 부모 나름대로 충고하고 정답을 일러 주면, 아이가 더 큰 실패를 당했을 때 수습책을 찾지 못하여 당황하게 된다.

부모가 만들어서 자립하는 것은 온전한 자립이 아니다. 아이가 자신의 자의에 의하여 실패를 거듭하면서 자립한 것이 진정한 자립이기 때문이다. 부모가 할 수 있는 일은, 아이의 결정적인 문제를 해결시켜 자립할 수 있도록 마련해 주는 것이 아니라 자립할 방법을 전수(專修)해 주는 일이다. 다시 말해서 고기를 잡아 주는 것이 아니라, 낚시하는 기술을 교육하는 것이다.

날마다 아이에게 사소한 임무를 주어 성취도를 지켜본 다음에 상벌을 시행하는데, 임무와 상벌을 게임처럼 즐겁고 유쾌하며 재미있게 시행하면 아이도 적극적으로 상벌 게임에 나서며 날마다 임무를 줄 것을 원하게 될 것이다.

게임의 목표를 자립심 함양에 두고 차츰 강도를 높여 가며 교육적 임무를 부여한다면 아이는 임무를 완수하기 위하여 최선을 다하는 와중(渦中)에 자립심의 완성도를 갖추게 될 것이다.

58, 말을 잘할 수 있는 요령

아이가 유아기를 서서히 벗어나 학령 전기가 되면, 언어를 통하여 세상을 완전히 새롭게 경험하게 된다. 이제 사회활동을 시작하게 되는 것이다. 집안 대소사의 모든 일이 어떻게 돌아가는지에 대한 정황은 거의 다 아빠와 엄마가 서로 대화하는 것을 듣고 차츰 알게 된다. 그리고 아이는 이제 언어를 통하여 부모에게 질문하게 되고 아이 자신의 생각과 요구를 말할 수 있고, 여러 사람과의 소통도 할 수 있게 된다.

 학령 전기의 아이가 과묵하게 되면 이것은 참으로 바람직하지 않음으로 부모는 아이와 함께 되도록 많이 놀아 주면서 아이에게 유익할 수 있는 대화식으로 새로운 정보를 많이 이야기해 주는 것이 목적이 되면 아이에게 큰 도움이 된다.
 부모가 아이의 말하는 방법을 교정하려 들면 언어 능력 향상에 저해하게 되므로 아이가 말을 잘못하거나 끝맺음이 정확하지 않아도, 말이 느리거나 빨라도 전혀 간섭하지 않는 것이 아이의 언어 발달을 돕는 일이 된다.
 아이가 말하는 것은 매우 중요하다. 왜냐하면 아이가 새로 가지게 된 말하기 능력이 세상을 이겨나갈 도구이며 역량으로 작용하기 때문이다. 그러므로 아이가 어떤 말을 할 때 부모가 잘 경청하고 새롭고 유익한 대화를 되도록 많이 나눌 수 있게 부모가 질문을 해 주고 아이에게 필요한 정보를 이야기해 주면 아이에게는 더할 나위 없는 이로움으로 작용할 수 있게 된다.

 아이가 자신의 머릿속에 있는 생각을 잘 표현하기 위해서는 먼저 대화를 많이 나누어 주어야 한다. 대화를 나누는 과정에서 다양한 단어 습득이 필요하므로 다양한 종류의 생필품이나 옷 종류, 색깔 등에 대하여 대화하고, 말을 잘하기 위해 단어를 고르는 과정에서 많은 생각을 할 수 있도록 유도함으로 사고력이 증진되고 발달하여 언어가 정교해질 수 있게 해야 하는 것이다.

언어가 정교해진다는 것은 5세 아이가 3세 동생에게 말할 때 말을 천천히 하며, 문법을 단순하게 하고, 문장을 단축해 짧게 말하는 것과 자기 말을 듣는 이가 어린 동생이므로 쉽고 간단한 어휘를 구사함으로 정교함을 갖는 것이다.
 말을 잘한다는 것은 옳은 말과 정직한 말과 진심에서 우러난 말, 사리(事理)에 타당하고, 그리고 조리에 맞으며 질서정연해야 설득력이 있게 되면서 말을 잘한다고 평가할 수 있다. 그러나 궤변이나 감언이설을 늘어놓는 말이라면 평가절하가 되는 것은 물론이거니와 범죄의 냄새를 풍기므로 범죄 가능성 자로 취급될 수가 있는 것이다.

 그리고 교묘한 거짓말로 속이는 것은 지능적 사기꾼의 면모라 할 수 있다. 물론 거짓말은 욕망과 현실 사이에 괴리(乖離)가 존재하기 때문에 생겨나는 모순이지만, 말을 잘하기 위해서는 어떠한 모순도 초월하는 언어를 구사하되 듣는 자의 가슴을 찌르고 들어가 공감을 주고 감동을 줘야 말을 잘한다고 할 수 있는 것이다.
 그러므로 말을 잘하는 아이로 만들기 위해서는 진실이 무엇이고 거짓이 무엇인지 정확히 가르쳐 정직에 대한 감각을 키워 줘야 한다. 만약, 부모가 거짓말을 밥 먹듯이 한다면 아이에게 정직한 감각을 키워주기 지극히 어렵게 된다.
 "여보, 춘삼이가 돈 꿔 달라고 찾아오거든 나 시골 내려갔다고 말해 줘."
 아이와 엄마가 이 말을 듣고 있는데 마침 춘삼이가 나타나자 엄마는 남편이 시킨 대로,
 "우리 그이, 조금 전에 일이 생겨서 시골로 내려가시고 안 계시는데요."

아이는 엄마와 아빠가 거짓말하는 것을 보고 배워 버린다.

아이가 물을 마시기 위해 머그잔을 들다가 잘못 잡아 떨어뜨려 박살이 나 버린다. 부모는 아이를 먼저 이동시키고 "아가, 다치지 않았니? 다행히 안 다쳐서 안심이다."라고만 한다면 별 문제가 없겠지만, "어쩌자고 그걸 깨트리니, 아끼는 잔인데!?"

당황하는 아이는 혼날 것에 대한 두려움에 떨고 있는데, 부모가 아이에게 깨트린 머그잔이 아까워 짜증을 낸다면 아이의 두려움은 증폭될 것이고 엉겁결에 입에서 나온 변명이, 거짓말을 하는 부모를 보았기 때문에 곧바로 거짓말을 사용할 수 있을 것이다.

"내가 안 그랬어, 머그잔이 내 손에서 저절로 떨어진 거야."

아이는 아직 어려서 현실과 욕망 사이에 있는 괴리(乖離)를 알지 못하기 때문에 부모가 무의식적으로 보여 준 거짓말을 아이는 최초로 그대로 따라 하게 된다.

거짓말이라는 것은 자신의 신용을 떨어뜨리는 악덕이고, 모든 상담을 무위로 돌려버리는 파괴자이며, 인격을 추락시키는 무지막지한 적군이다. 거짓말을 입에 달고 사는 자는 빈촌에서 허접하게 살아야 할 사람만이 지니는 무디어서 버려진 녹슨 칼과 같다 할 것이다.

59. 두려움의 극복

아이는 맨 먼저 수줍음을 이겨내고 두려움을 극복하기 위해서는 부모의 도움이 절대 필요하다. 아이를 그냥 두어도 자연스럽게 사회성을 키워 나가면서 극복이 되지만 길게는 몇 십 년의 시일이 소요되고 아무리 짧아도 몇 년이 그냥 지나가 버리므로 부모가 나서서 도움을 주면 현저하게 단축될 수 있는 것이다.

  아이는 잘 모르는 사람을 접하게 되면 부모에게 달라붙기니 등 뒤로 숨기도 한다. 이것은 부끄럼을 타거나 수줍어하기 때문이며 두려움이 일어 경계심이 유발하기 때문이다. 이런 태도를 보이는 아이를 보고 짜증스러워 나무라거나 비난하지 말고 참아 주는 것이 좋다.

  그러므로 부모가 먼저 아이에게 예비지식을 주어야 한다. 사람을 만나러 갈 때 아이와 같이 갈 경우는 누구를 만나 어떤 이야기를 하고 밥을 먹는다든가 그냥 헤어진다는 것을 구체적으로 자세히 이야기해주면서 전혀 두려워할 필요가 없다는 설명을 해 준다. 사람이 많이 모이는 곳에 갈 때도 마찬가지이다. 사전 정보를 아이에게 제공하여 아이로 하여금 당황하지 않도록 하는 것이다.

  약속 장소에 왔을 때, 그 앞에서 잠시 멈추어 아이가 당황하지 않고 진정을 하도록 몇 마디의 칭찬과 함께 포옹해 주면 아이의 눈은 주위를 둘러보며 탐색하기에 여념이 없을 것이다. 생소한 아이와 놀고 있으라고 강요하지 않고 손에 장난감이라도 쥐여 준다든가 어항의 물고기나 화병의 꽃이나 벽의 그림을 보라고 하면 아이는 이제 슬슬 다른 아이에게 접근하여 어울릴 시도를 할 것이다.

  다른 아이도 수줍음에 경계심을 풀지 않을 수 있지만 어울려 놀게 된다면 두 아이를 같이 칭찬해 주는 것이 좋다. 아이들끼리 만나서 대면할 기회가 있다면 부모는 적극적으로 분위기를 조성하여 아이가 사회성을 일깨워 가도록 배려하는 것이 좋다.

아이가 낯선 사람을 만나도 스스럼없이 접근하여 대화를 트고 놀 수 있도록 기회를 잡아, 아이들을 초대하여 같이 놀게도 해 주고, 부모의 유전을 받아 수줍음을 많이 타는 아이에게는, 우선 자신감을 반복하여 심어 줌으로 수줍음이 해소될 수도 있게 한다.

특히 수줍음을 많이 타는 아이에게는 강압적인 명령으로 강요하지 않고 스스로 헤쳐 나갈 수 있도록 수줍음을 해소할 수 있는 분위기만 조성해 주는 것도 하나의 비결일 수 있다.

아이는 나름대로 두려움과 근심과 걱정을 가지고 있게 된다. 세 살 이후부터 학령 전기까지 마음에 불안감도 지니게 된다. 부모가 집안일에 대하여 걱정하는 대화를 듣는다든지, 드라마에서 화재가 일어난다든지 길을 잃고 헤매는 아이를 보게 되면서 괜히 걱정되고 불안이 엄습하게도 된다.

아이가 불안해하고 걱정하는 모습을 발견하게 되면 아이를 안아 주고 서로 눈을 맞추고 왜 불안해하는지 묻고 차분하게 아무것도 아니라고 되도록 자세하게 설명해 준다. 아이는 이제 말에 대한 영향력이 커졌으므로 말을 경청하고 이해하여 불안감이 해소될 수 있게 된다.

아이가 어리다고 하여 겁쟁이라고 놀리거나 조롱하게 되면 아이의 마음에 상처가 되며, 아이는 일부러 강한 척하며 두려움을 감추게 되고 그 두려움에 대하여 부모에게 숨기게 되면서 내적으로 혼자 괴로워하게 된다.

그러므로 아이에게 "너는 이제 다 컸으니 스스로 무슨 일이든지 너 스스로 대처할 수 있어, 자신감을 가지면 아빠나 엄마가 너를 적극적으로 도와줄 거야."

아이가 부모를 믿고 의지하면 아무것도 무서울 것이 없으며 절대 안전하다는 것을 알려 줌으로 아이는 이제 자신감을 가지게 되고 공포심이나 두려움에서 벗어나게 된다.

60. 창의력의 발달

아이의 창의력(創意力)을 키워 주게 되면 사고(思考)의 기반을 다지게 되며, 두뇌의 활발한 움직임으로 회전력(回轉力)이 향상되고 두뇌의 활용도가 높아질 수 있고 커질 수 있다. 그러므로 아이를 데리고 다닐 때는 눈에 보이는 모든 사물에 대하여 명칭이나 이름을 가르쳐 준다. 물론 숙지할 때까지 반복하여 알려 주고 질문하고 다시 알려 주며 그 이튿날도 다시 물어서 숙지 여부를 확인한다.

그리고 아이와 사물의 이름 말하기 게임을 한다. 아이와 엄마는 번갈아 가며 사물의 이름을 말하다가 멈추는 사람이 게임에 지는 것이다. 엄마 차례가 되면 엄마는 아이가 볼 수 있도록 손으로 물건을 들어 보이며 이름을 말한다. 들 수 없는 장롱은 손가락으로 가리키며 "장롱", "텔레비전", "벽시계", 아이가 배울 수 있도록 하고 아이 차례가 되어 엄마가 방금 말한 "장롱"을 다시 말하면 칭찬과 격려를 해 주는 게 좋다.

사물의 명칭을 하나씩 알아 가면서 많은 대화가 이루어지므로 어휘력이 날로 발달하게 되고 기억과 사고력이 확장되어 새로운 단어나 명칭들이 축적되어 점점 원활한 대화의 소통이 이루어지게 된다.

엄마와 아빠가 아이에게 질문하여 기억하였는지 여부에 대하여 확인하며 게임의 즐거움을 더할 수 있도록 칭찬하며 과자를 준다.

그리고 아이가 과자를 먹고 싶을 때 과자의 종류나 명칭을 말하게 하고 과자를 구입할 때 같이 가게에 나가 과자를 집어서 들어 보이며 이름을 일일이 말하여 주고, 방금 가르쳐 준 과자의 이름을 다시 물어본다.

과자를 같이 먹을 때 맛에 관해서도 설명해 주면서 맛이 어떤가에 대해 방금 먹었던 과자에 대하여 질문을 하면서 대화를 나누게 되면, 아이는 뭐든 새롭게 배우게 되므로 나날이 즐거워하게 되고 공부에 대해 가르치는 시간을 흥미를 느끼고 기대하게 된다.

아이가 두 살이 넘어서면 어휘 구사력이 놀랄 정도로 발전하여 저 아이가 저 단어를 어떻게 알았을까 할 정도까지 이르게 되므로 가르친 보람을 바로 확인할 수 있게 된다.

그러나 아이의 기억력이 아직은 발달 중이기 때문에 아빠가 틈나는 대로 아이에게 관심을 두고 아이가 기억했던 것들에 대하여 질문하여 다시 상기시켜 주므로 기억력이 좋아지기 시작하게 된다.

아이가 잠자리에 들기 전에 아침에는 뭘 먹었으며 점심은 엄마가 어떤 것을 만들어 주었는지, 맛은 있었는지 그리고 방금 먹은 저녁 반찬은 무엇을 먹었는지 맛이 좋았는지 아니면 맛이 없었으면 무엇을 먹고 싶은지 먹고 싶은 종류의 이름을 여러 가지를 가르쳐 주며 말하라고 하면 가르쳐 준 것을 다 기억은 못 해도 아이가 먹고 싶다고 말하는 품목은 기억하게 된다.

매일 똑같은 질문을 하지 말고 날마다 새로운 질문으로 아이에게 지식을 심어주거나 알려 주는 게 좋다. 아이가 뭘 그런 유치한 질문을 하냐고 힐문하게 되면 아이의 지능이 높아졌다는 뜻이므로 대화의 수준을 한 단계 높여서 오늘은 무엇을 배우고 무엇을 깨달았는지에 대하여 대화를 시작하는 것이 좋다.

그 이튿날 다시 "오늘은 무엇을 하고 싶니? 어떤, 새로운 무엇을 하고 싶은 일이라도 있니?" 아이가 "엄마를 따라 마켓에 가려고요." 이라고 말하면 칭찬해 주고 "엄마가 길을 잃어버리지 않도록 네가 엄마를 잘 모시고 집을 찾아와야 한다." 하고 익살스럽게 말해 주면 아이는 즐거워하며 하루를 시작하게 된다. 마켓에 쇼핑하는 것은 물건을 구입하려고 가기도 하지만, 엄마는 아이를 사회생활을 공부시킬 좋은 기회가 되므로 뭐든 생각나는 대로 설명하고 자세히 이야기하면 아이는 새로운 것을 알게 된다.

61. 자기주장을 할 수 있는 힘을 키우기

아이의 나이가 4세가 지나면 글을 읽고 쓰고 뜻을 이해하고 생각할 수 있어야 한다. 그러나 글을 읽고 쓸 줄은 알아도 그 글이 무슨 내용인지 모르고 문장을 이해하지 못한다면 독일어를 읽을 줄 아는데 뜻을 모르는 경우와 같이 아무런 소용이 없는 것이다.

부모가 조금만 신경을 쓰고 아이를 배려하면 되는데 귀찮기도 하고 바쁘기도 하여 방관해 버리게 되면 글 배우는 기회를 놓치게 된다. 한 번 놓친 기회는 다시 돌아오지 않는다. 아이가 글을 배우려 하지 않을 때는 아이의 관심을 끌기 위해서 단어 하나를 가지고 이야기해 준다.

"연희는 책가방을 등에 메고 학교에 갔다."

이 문장이 무슨 내용인지 아이가 알지 못할 뿐만 아니라 배우려고 하지 않고 관심이 없을 때, 호랑이 그림을 먼저 보여 준 다음에 토끼 그림을 보여 주면서 이야기를 시작한다.

굴속에서 살던 무서운 호랑이 한 마리가 입을 크게 벌리면서 어흥, 하품하더니 어슬렁거리면서 나오는데 호랑이도 연희처럼 책가방을 등에 메고 학교에 가려고 나서고 있었던 거야. 그런데 호랑이가 고개를 들고 이렇게 앞을 보니, 어린 토끼 한 마리가 공부하기 위해서 책가방을 등에 메고 있는데, 학교에 가는 길로 안 가고 나쁜 친구와 어울려 놀기 위해 다른 길로 뛰어서 도망치고 있는 거야. 그 뒤로 엄마 토끼가 쫓아가면서 소리치는 거야.

"야, 이 녀석아! 학교에 가서 공부해야지 어디로 달아나고 있는 거야? 이리 썩 돌아오지 못해?"

이것을 본 호랑이는 토끼를 보더니 "어흥! 공부하지 않고 친구와 놀려는 저런 나쁜 토끼는 내가 잡아서 혼내 줘야지 마침 심심하던 참인데 잘 되었군!" 하고 단숨에 뛰어가 큰 입을 더 크게 벌리고 토끼를 어흥 하며 입으로 물려고 하는데 그 순간 위험을 느낀 토끼가 작은 굴속으로 쏙 들어가 숨어 버린 거야.

토끼는 몸집이 작아서 작은 굴에 들어갈 수 있지만 호랑이는 몸집이 커서 작은 굴에는 들어갈 수 없는 거야. 그래서 할 수 없이 호랑이는 굴 앞에서 토끼가 나올 때까지 기다리며 지키기로 한 거야.

토끼는 굴에서 나오기만 하면 호랑이한테 붙잡히게 되는 위험한 처지가 된 거야. 토끼는 생각다 못하여 꾀를 내어 호랑이한테 사정하기 시작했어.

"호랑아, 나 혼내지 말아 줘. 앞으로 엄마 말씀 잘 듣고, 학교에 가서 공부도 열심히 할게."

"진짜야?"

"물론이야."

"내가 너를 잡아, 혼내 주려고 했는데 네가 공부를 열심히 한다고 하니까 용서해 준다."

"그럼 굴 앞에서 비켜 줘."

"어서 나오기나 해, 그리고 우리 같이 학교에 가자."

이렇게 해서 호랑이와 토끼는 나란히 학교에 갔고, 토끼 엄마는 토끼와 호랑이가 사이좋게 학교에 공부하러 가는 것을 보고 마음을 놓았단다. 끝.

"재미있니?"

"응."

"학교는 뭐 하러 간다고 했지?"

"공부하러. 나도 책가방 메고 학교에 공부하러 갈 거야."

아이의 입에서 학교에 가고 싶다는 말이 나온다면 이야기해 준 효과가 있는 것이다. 아이는 글을 읽으면서 내용을 파악하므로 마음에 감동과 감흥이 일어 읽는 즐거움을 느끼게 되고, 글을 읽으며 재미와 만족스러운 흥미로운 내용에 매력을 느끼고 책을 읽는 것을 즐기게 된다.

아이가 책을 읽도록 재미있게 내용을 이야기해 주고 말을 더듬거리거나 공부에 흥미를 갖지 않더라도 칭찬해 주며 재미를 붙일 수 있게 흥미롭게 이야기를 해 주는 것이다. 그러기 위해서는 부모가 먼저 이솝 우화나 동화를 읽어 보고 더 재미있고 아이가 즐겁게 들을 수 있도록 꾸며서 들려주면 도움이 될 것이다.

엄마가 아이와 함께 읽은 동화를 아이에게 쓰도록 하면 문장 구성을 익히는 데 도움이 된다. 좀 더 나아가 먹고 싶은 과자나 갖고 싶은 장난감을 아빠에게 사 달라는 말을 글로 쓰게 한다. 그리고 그 이튿날 아이가 쓴 글을 엄마랑 같이 고치면서 무엇이 틀렸는지 깨닫게 해 준다.

그리고 아이가 읽기와 쓰기에 자신감이 붙으면 아이의 생각을 말하게 하면서 그 말한 내용을 글로 쓰게 하면 차츰 자기 생각을 자유롭게 쓸 수 있게 되고 더 나아가 자기주장을 이야기할 수 있는 수준까지 발전하게 되면서 두뇌 회전이 빠르게 성장하게 된다.

이것은 아이가 창의력을 이루고 키우는 데 큰 힘이 되며, 자기주장이 확실한 아이로 성장하여 자신 뜻을 펴고 관철하는 유용한 밑거름이 된다.

62. 지적 능력을 향상시키는 요령

아이가 지적 능력을 갖는다는 것은 천금보다 더 귀하고 보배로운 지혜와 지식을 지니는 것이다. 그러므로 아이로 하여금 지적 능력을 갖도록 교육하는 게 아주 중요하다.

먼저 연상(聯想)을 이어가는 요령(要領)으로 꼬리를 물고 이어지는 상상력의 발전이다. 아이가 상상력을 발휘할 수 있도록 교육하기 위해서는 부모의 역할이 커져야 한다.

"밥 하면 생각나는 게 있니? 국이라든가, 숟가락이나, 김치나, 우유나, 빵 같은 거 말이야."

"엄마 하면 뭐가 생각나지? 젖이지? 젖 하면 우유가 생각나고 우유하면 아이스크림이 떠오르고, 아이스크림 하면 꽁꽁 언 얼음이나 추운 겨울이 연상되지?"

이렇게 아이가 연상할 수 있도록 질문을 하고 틀린 대답을 하더라도 칭찬해 주고 격려하며 다른 질문으로 이어지면 아이는 상상력을 발휘하여 아는 만큼 대답을 하게 된다.

만약, 아이가 엉뚱한 대답을 하게 되면 "왜 그런 대답을 하지? 무엇 때문에 그런 대답을 하게 되었는지 설명을 해 봐?" 하고 반드시 엉뚱한 대답을 하게 된 이유에 대하여 설명을 들어야 한다. 그렇다고 강압하거나 윽박지르지 말고 온화한 미소를 지으며 아이에게 생각하여 대답할 수 있는 시간과 여유를 주도록 한다. 그리고 엉뚱한 대답을 하더라도 칭찬과 격려를 아끼지 말아야 한다.

또 이런 질문도 생각해 볼 수 있다.

"어제 우리가 상점에서 사 온 과자 이름이 뭐였더라?"

상점에 갔을 때 엄마는 분명히 과자 이름을 가르쳐 주었을 것이다. 그러므로 그 과자 이름에 대하여 아이가 기억을 더듬어 말할 수 있게 된다.

"초콜릿!" 하고 아이가 말하면

"초콜릿은 달지?"

"응."

"단 것은 또 무엇이 있을까?"

이렇게 질문을 한다. "사탕"이라고 아이는 나름대로 대답하겠지만 아이의 입에서 어떤 대답을 하든지 칭찬을 아끼지 말아야 한다. 사랑스러운 눈과 온화한 표정으로 아이를 쓰다듬어 주고 격려의 말을 해 주는 것이 좋다. 아이의 상상력은 생각하는 것보다 뛰어나다는 사실이다. 그러므로 인내심을 가지고 기다려 줘야 하며, 허튼소리를 하더라도 차분히 들어주며 인정해 줄 때 아이의 창의력이 커지고 발전하는 것이다.

"아니야."라든가 "틀렸어, 그건 잘못 알고 있는 거야! 그런 말이 어디 있어?" 하는 부정적인 언어는 금기어이다. 아이의 마음이 위축되지 않도록 세심한 배려가 필요하다. 아이의 여린 마음이 새침해질 수도 있고 우울해질 수 있는 동기를 유발할 수 있다는 것을 고려해야 한다.

그다음으로 "우리가 여행 갈 때 무엇을 타고 갔지?" "우리가 아빠랑 같이 바닷가로 여행 갔을 때 무엇을 타고 갔지?"
"자동차."
"그래, 맞아. 잘 아는구나. 자동차 말고 또, 무엇을 타고 여행을 갈 수 있을까?"
"버스, 기차, 비행기."
"참 잘 아는구나. 또 없을까?"
"음… 자전거도 있고 바다 위로 달리는 배도 있을 거 같은데…."
"그래 맞아, 잘 맞혔어."
부모는 아이가 얼른 생각나지 않는 답을 말할 때까지 기다리다가 아이가 생각이 나지 않아 말문을 닫고 있을 때 친절하게 답을 말해주고 반복하여 설명하여 확실하게 알게 하여 줌으로 여러 가지 추리하는 능력을 기르게 된다.

그리고 부모가 아이에게 칭찬하는 말을 꾸준히 사용하게 되면 아이는 어느새 칭찬하는 법을 익히게 되어 대인관계에 적용하게 되므로 많은 사람을 거느릴 수 있는 그릇으로 성장할 수 있게 된다.

　아이가 다섯 살 정도가 되면 10분에서 20분 정도로 공부를 마치고 즐거운 놀이로 넘어가야 한다. 아이는 집중력에 한계가 있으므로 공부하는 시간을 느릿하게 조금씩 늘려나가면서 집중력을 조금씩 키워나가는 게 좋다.

63. 어휘력을 키우기

　사람이 말을 적기적소에 할 수 있다는 것은 자기 뜻을 분명하고 적절하게 표현함으로 소기의 목적을 달성하는 데 도움이 된다. 그러므로 삶에서 어휘력은 참으로 요긴하게 사용되는 의사 전달의 수단이 된다. 어휘력을 키우는 첫째, 요령은 반대말 개념력(概念力)을 키워 주는 것으로 요령은 '반대말 찾기 놀이'를 하는 것이다.

"'좋다'의 반대말은 뭐지?"
"싫다."
"그래. 아주 잘했어. '가다'의 반대말은?"
"오다!"
"우리 아들 아주 잘하네. 그러면, '높다'의 반대말은 뭘까?"

　이렇게 쉬운 반대말 놀이로부터 시작하면서 칭찬해 주고 상으로 맛있는 것을 주면 아이는 재미가 붙는다. 아이가 틀린 답을 말하더라도,
　"우리 딸 아주 잘하네. 그런데, 왜 '더럽다'의 반대말이 '걸레'라고

생각하지? 나는 말이야 '더럽다'의 반대말은 '깨끗하다'라고 생각하는데…? 맞을까 안 맞을까?"

"맞아, 엄마 말이 맞아!"

"인제 보니 우리 예쁜 딸이 정답을 알고 있었구나. 그러면 이번에는 몸집이 제일 큰 동물은 어떤 동물일까?"

"몸집이 제일 큰 동물 이름 말하기…. 덩치가 제일 큰 동물은 어떤 동물일까요?"

"잘 생각이 안 나면 그림책을 보고 말해도 되는 거야. 이번에는, 동물 중에서 제일 몸집이 작은 동물은 어떤 동물이지?"

"쥐."

"그래. 맞아, 쥐도 있고 개구리도 있고, 개미나 메뚜기도 있지."

"개도 있고 고양이도 있어, 엄마!"

"그래그래, 우리 딸이 많이 알고 있었구나."

다음은 어휘력 키우는 두 번째 요령은 기억력을 확장해 주면서 말솜씨를 세련되게 다듬어 주기 위한 방편으로 '들은 말을 그대로 전하는 놀이'이다.

네 살이나 다섯 살 된 아이가 들은 말을 그대로 전하는 것은 상당히 어렵다. 왜냐하면 암기력이 있어야 하는데 말을 전하다가 기억이 잘 나지 않아 똑같이 전하지 못하게 되면 흥미를 잃고 딴짓하려고 일어서 버리기도 한다.

아이를 교육하는 요령은 첫째도 둘째도 흥미진진하고 재미가 쏠쏠하여 아이가 엄마의 곁을 떠나지 못하도록 즐거운 놀이가 되도록 분위기를 조성하여 아이를 엄마 곁에 붙잡아두는 일이다.

아이에게 소곤소곤 귓엣말할 때는 아이의 볼을 감싸며 아주 다정하게 말 전하기 놀이를 시작하는데 '쥐가 고양이의 밥을 훔쳐 갔대요.' 이렇게 말하는데 엄마가 소곤거리면서 말하면 아이는 재미와 즐거움을 느끼게 된다.
"내가 방금 뭐라고 했지? 엄마가 말한 대로 귀엣말로 해 봐."
 아이는 엄마의 얼굴을 잡고 귀엣말을 예사말처럼 크게 할 것이다. 아직 귀엣말을 배우지 않았기 때문이다. 귀엣말은 남이 듣지 못하도록 음량의 강약을 조절해야 한다고 음량 조절하는 이유와 방법을 아이에게 알려 준다.
 아이와 엄마가 서로 얼굴을 만지며 신체접촉을 하므로 애정과 신뢰가 돈독해지므로 학습 효과의 증대를 유발할 수 있게 된다.

 처음부터 짧은 문장의 '말 전하기' 놀이를 해 나가다가 익숙해지면 긴 문장으로, 그리고 점점 아이가 모르는 단어들을 따라 하도록 엄마가 아이가 모르는 단어를 사용하게 되면 아이는 생소해하므로 새로운 단어를 말할 때마다 자세히 설명해주면 아이는 생소한 새 단어를 기억하게 되고 아는 단어가 늘어나게 되므로 말솜씨도 풍부해지고, 재미도 더해가면서 엄마와의 유대도 돈독하게 된다.
 물론 한두 번으로 끝나는 놀이가 아니고 날마다 계속해서 아이에게 지식을 공급하는 원천으로서 놀이를 하게 되면 엄마의 역할이 참으로 아이에게 있어서는 고귀하고 보배로운 것이 된다.

 아이와 테이블을 사이에 놓고 마주 앉는 것보다, 나란히 앉아 그림책을 펴 놓고 그림과 그 아래 설명된 글들을 읽게 하든지 엄마가 먼저 읽고 아이로 하여금 따라 할 수 있게 하며, 진지한 분위기가 되지 않도록 간지럼도 태우며 헤헤 호호 즐겁게 20분 정도 공부하다가 아이에게 먹고 싶은 것이나 뭐 다른 뭐라도 하고 싶은 것을 하도록 아이를 해방해 주는 것이 좋다.

아이의 감수성이 활발하게 일어나게 하는 요령으로 문장을 따라서 읽게 한다.

"창문을 여니 시원한 바람이 솔솔 불어왔어. 이 솔솔바람은 나랑 놀자고 찾아와서 내 이마의 땀을 식혀 줬거든. 그래서 나는 솔솔바람에게 고맙다고 말했어."

"자려고 이불 속으로 들어가 누우니 잠이 찾아와 내 눈꺼풀이 스르르 감겨요. 그래서 나는 꿈나라로 들어가 꿈나라의 공주가 되었어요."

"배가 고파서 그런지 배 속에서 '밥아 어서 들어오라' 하고 꼬르륵 소리가 났어요. 엄마가 내 배 속에서 나는 꼬르륵 소리를 듣고 빵을 만들어 주셨어요."

"엄마, 나 노래를 부르고 싶어요. 랄랄라 라라 노래를 가르쳐 주세요. 엄마랑 같이 노래 불러 보고 싶어요."

"엄마, 나는 예쁜 꽃을 보면 살포시 만지고 싶어요. 우리 예쁜 꽃을 만지러 가요."

따라서 읽기에 익숙해지면 아이가 먼저 읽게 하고 엄마가 따라서 읽기를 한다. 간격을 두고 반복하다가 아이가 능숙해지면 '소리 없이 말하면 따라 하기' 놀이한다.

처음에는 '빵' '떡' '밥' '콩' '죽' '입' '손' '코' '눈' '귀' '팔' '공' '돈' 등 입 모양을 보고 무슨 말인지 알아맞혀서 따라 하므로 되도록 입 모양을 정확하게 하고 어린아이임을 감안하여 소리를 약하게 내 주는 것도 좋다. 아이가 모를 만한 명사에 대하여서는 알게 하는 것이 목적이기 때문에 아이에게 질문을 한다.

"콩이 뭔 줄 알아?" 하며 실물을 보여 주고 용도를 말해 주며, 섭취하면 인체에 미치는 영양도 설명해 주면 아이는 기억하게 된다.

아이가 소리 없이 말하게 하고 엄마가 따라 해 보기도 한다. 아이와의 교습은 무조건 즐겁고 재미가 있어야 하며 아이에 대한 극진한 배려도 포함되어야 한다.

익숙해지면 '학교' '가방' '연필' '볼펜' '엄마' '아빠' '동생' '누나' '형님' '반찬' '침대' '식사' '책상' '의자' 등을 따라 하게 하면서 '형님'이 누군지 질문하고 설명을 이어 나간다.

64. 논리성을 발달시켜 주기

4살짜리 아이를 논리성 있게 양육하려면, 먼저 바른 판단과 인식력을 갖기 위해 생각의 형식을 질서 있게 하도록 연마하여야 하며, 말하는 것부터 논리적으로 되도록 교육하여야 한다.

아이의 사고(思考)에 논리성이 하루아침에 생성될 수는 없으므로 부모는 아이가 논리적으로 말하고 생각할 수 있도록 이끌어 주는 것이 중요하다.

엄마와 아빠가 시간이 나는 대로 교대로 번갈아 가며 다음과 같은 문장을 아이에게 읽어 주고 아이가 대답하게 한다.

〈읽어 줄 문장〉

동수가 손잡이 달린 사탕을 입에 넣고 빨아먹고 있는데 지연이가 지나가다가 멈춰 서서 먹고 싶은 듯 침을 삼키며 사탕을 맛있게 먹고 있는 동수를 쳐다본다.

지연: 동수야, 맛있니?
동수: 아니, 맛이 없는데 그냥 빨아먹고 있는 거야.
지연: 피, 거짓말이지?
동수: 진짜다!
지연: 내가 조금 달라고 할까 봐 거짓말하는 거 맞잖아? 거짓말하면 불량한 사람이 되는 거야.
동수: 너 내 말을 못 믿니? 자, 그럼 먹어 봐. 맛있나 없나? 내 침이 묻었는데도 먹을 거야?
지연: 그래. 먹어 볼게.
동수: 먹어보나 마나 맛이 없다니까.
지연: 맛이 없어도 먹어 보고 싶어.

동수는 마지못하여 입에서 사탕을 꺼내 내밀었다가 지연이가 사탕을 받을까 봐 얼른 자기 입으로 도로 가져가려는데, 지연이의 손이 번개처럼 뻗어와 동수가 내미는 사탕을 낚아채 입에 넣고 신나게 빨아먹기 시작한다.

동수: 거 봐, 맛없지? 그러니까 도로 내놔.
지연: 아니, 아직 맛을 보지 못했으니까 좀 기다려 봐.

동수: 안 돼, 그만 빨아! 다 녹아 없어지잖아? 아까운 내 사탕!
지연: 조금 더 먹어 봐야 맛을 알겠으니까. 조금만 더 기다리라니까….
동수: 안 돼! 그만 빨고 내 사탕 내놔!
지연: 알았어. 옜다, 받아라. 호호호.
동수: 에게? 다 빨아먹고 남은 세 손잡이뿐이잖아?

질문 1) 사탕은 맛이 없었을까?
아이: 맛있어요.
질문 2) 동수는 왜 사탕이 맛이 없다고 했을까?
아이: 지연에게 사탕을 나눠주기 싫어서요.
질문 3) 너라면 엄마에게 사탕을 나눠주겠어?
아이: 한 번만 빨아먹는다면 조금 줄 수 있어요.
질문 4) 엄마가 지연처럼 사탕을 다 빨아먹어버린다면 어떨까?
아이: 안 돼요. 절대 안 돼요.

아이가 이 정도로 대답한다면 논리성이 자라기 시작한 것이나 다름이 없다고 본다. 그러나 이 정도의 대답을 못 하고 어물거리거나 눈만 말똥거린다면 다시 문장을 따라 읽기를 계속하되 단문부터 시작해서 장문으로 따라 읽기를 하면서 문장의 내용을 재미있게 설명해 준 다음에 문장 내용을 질문하고, 그 이튿날 질문하고 부족하다 싶으면 다시 읽어 주고 설명하고 반복하여 진행하면서 논리성을 일깨울 때까지 해야 하는 것은 물론이다.
  아이에게 낙담하는 언어나 아이를 비하하는 발언이나 부모가 아이에 대하여 평가하거나 판단하는 대화를 아이가 듣게 해서는 안 되는 것은 물론이다. 오히려 격려와 칭찬이 보약이므로 아무리 아이가 늦되더라도 실망하기에는 아직 이르고 몇 년이 걸리더라도 포기하지 않고 초심을 잃지 않으면 반드시 천재가 틀림없이 만들어지게 된다. 조금 늦게 깨어나는 두뇌도 허다하기 때문이다. 사랑스러운 내 아이를 끝까지 사랑하게 되면 그 사랑의 결실을 꼭 보게 된다는 것을 명심해야 할 것이다.

65. 자신을 빨리 깨달아 알게 하는 요령

5살짜리 아이는 호기심이 왕성하여 무엇이거나 눈에 보이는 대로 손으로 만져 보고 싶어 한다. 호기심으로 인하여 발동하는 궁금증은 성인보다 더하여 만져야 직성이 풀리기 때문에 장난감 가게에 가면 이쪽저쪽으로 분주하게 다니며 진열된 장난감을 흩뜨려 놓기 마련이다.

그뿐만 아니라 쉬지 않고 질문하며 만지는 것은 아이가 지닌 호기심의 욕구를 충족하기 위한 본능적인 것으로 모든 사물을 알게 되므로 세상을 살아가는 데 도움이 되는 지식욕에서 발로된 것이다. 눈에 띄므로 호기심이 발동하게 되고 정체를 파악함으로 궁금증이 해소되는 것이다.

지금까지는 모든 아이가 성장하면서 궁금증이 천천히 모두 충족되었지만, 천재 양성에는 적기가 있으므로 그때를 놓치지 않고 기능을 취득해야 하므로 세월을 허송할 수가 없다. 그러므로 천재가 될 아이는 두뇌가 빠르게 움직이는 움직임처럼, 기능과 지식을 적기에 익히고 발전시켜 나가야 한다.

5~6세에서 자신을 아는 기초를 익히게 되면 10세가 되면 자신을 파악하여 자기 삶의 행로를 온전히 차근차근 걸어갈 수 있는 길을 모색(摸索)할 수도 있게 된다. 그러므로 부모는 아이와 놀 때 질문을 자주 하여 스스로 자신을 깨닫도록 자신을 알아 가는 데 도움이 되는 질문을 꾸준하게 조금씩 자주 하는 것이 도움이 된다.

"너는 어떤 과자를 가장 먹고 싶니?"
"초콜릿."
"어디서 팔지?"
"저기."
"저기 어디?"
"저기 가게."
"엄마가 돈을 주면 네가 사 올 수 있겠어?"
"응."
  엄마와 그 가게를 한 번쯤 같이 가서 초콜릿을 산 경험이 있다면 사 올 수 있을 것이다. 그러나 처음이라면 엄마가 아이의 뒤를 따라가면서 살펴야 한다.

"너 이름이 뭐였지?"
"김동수."
"동수는 몇 살이야?"
"다섯 살."
"무슨 동에서 살지? 우리가 사는 동네 이름말이야."
"안암동."
"몇 번지에 살아? 안암동 몇 번지에 살지 안암동의 번지수는?"

"안암동 2가 367-8번지 살아요."
"아빠 이름은 뭐야?"
"김칫국."
"엄마 이름은?"
"된장녀."
"아빠인 김칫국의 전화번호는 몇 번이야?"
"017-9634-0004."
"엄마인 된장녀의 전화번호는?"
"017-9987-0005."

이것을 하루에 세 번씩 3일 동안만 아이에게 질문 형식으로 반복하여 암기시키면 암기하게 된다.

아이가 쉽게 암기한다고 천재가 다 된 것은 아니다. 천재 교육은 중도에 그치지 말고 꾸준히 지금까지 발달시킨 두뇌와 품성을 유지하고 발전시킬 수 있도록 10년을 채워야 한다. 중도에서 완성된 줄로 착각하고 손 놓아 버리면 바람이 빠져서 땅에 떨어진 애드벌룬처럼 될 가능성이 있으므로 주의를 요한다.

다음으로 교회 유치부에서 배운 노래(찬송가)를 부르게 한다. 아이가 초등학교에 입학하기 전까지 일주일에 한 시간씩 교회 유치부에 다니게 하면 '주기도문'과 '사도신경'은 다 외울 수 있고, 하나님과 소통할 수 있는 기도를 드릴 수 있으며, 악(惡)을 이길 수 있는 저항력이 새싹처럼 내부에서 굳건히 자라 자리를 잡게 된다.

에덴동산에서 있었던 일들 중 아주 짧게 다섯 토막으로 아이에게 이야기를 반복하여 들려준다. 그리고 다윗과 골리앗이나, 소돔과 고모나, 삼손과 들릴라 등의 동화나 세계 명작 동화를 읽게 하거나 이야기로 아이에게 들려준 후 아이에게 머릿속에 남아있을 법한 아무 이야기나 해 달라고 졸라 본다.

아이가 어눌하게 몇 마디에 그치더라도 웃거나 아이의 사기를 약화하는 언짢은 발언은 금물이다. 칭찬과 격려로 띄워 주는 것이 효과적이다. 만약에 옆에 있던 아이의 형이나 친인척이 위험한 발언을 할 수 있으니 미리 주의를 주는 것이 좋다.

동시(童詩)도 가르친다. 핸드폰 게임이나 컴퓨터 게임은 천재 교육이 끝나는 10세까지는 차단하는 것이 좋다. 아이가 엄마나 아빠에게 노래를 불러 줄 수 있고, 이야기를 들려 줄 수 있어야 하며, 외운 동시를 낭독할 수 있어야 한다.

개 펄

게들아 놀자 이리 나와라

과자랑 사탕도 나누어 줄게

나는야 너희를 안 잡을 거야

절대로 안 잡을 거야

실로 만든 올가미도 없으니까

아이가 스스로 생각을 하도록 시간과 여유를 주고 천천히 질문을 함으로써 깨달음을 얻게 해야 효과적이다. 아이가 외웠던 동시를 되새겨 보는 여유가 점차적 연상으로 깨달음을 일으키는 계기가 되는 것이므로 재촉하지 말고 외운 시를 되뇌어 보라고 하는 것이 좋다. 아이가 사색(思索)하는 동안은 방해하지 말아야 한다.

F. 성숙기(成熟期, Maturation period)

66. 한자 공부

아이의 공부는 한글을 다 배운 다음에, 천자문을 다 외우고 익힌 이후, 초등학교 입학하면서 영어와 컴퓨터를 배우게 하는 게 순서다. 한자는 내적인 역량을 키우고 지혜와 이치를 깨닫게 하는 효과가 있으며 기억력을 향상시키고 두뇌 회전을 빠르게 하는 데 도움이 되며 아이의 인격을 함양하게 한다.

1) 한글은 4살까지 마스터해야 하고, 주일에는 유아 유치부 교회학교에 출석하게 하여 기독교 교육의 기초를 알게 하면서 주일마다 10분씩 성경 한 요절씩을 아이가 외울 수 있다면 좋을 것이다.
2) 아이가 외운 문장의 뜻을 되살려 보므로 지혜가 길러지고, 새로운 단어를 습득하므로 아는 단어가 늘어감에 따라 언어가 유창할 수 있게 된다.
3) 영어와 컴퓨터는 아이가 초등학교에 입학하면서부터 방과 후에 본격적으로 가르쳐 삶의 기틀을 세우고 공부에 쉽게 접근할 수 있도록 토대를 마련한다.

「아기, 천재로 키우는 법칙」의 순서대로 태교와 철저한 가정교육을 했으며, 탁월한 기독교 유아 유치 교육은 진행 중이어야 한다. 이러한 바탕 위에 한자 교육으로 문리(文理)와 삶의 이치(理致)를 알게 하여 지혜를 소유할 수 있도록 한다.
그리고 태권도는 아이가 평생 건강을 잃어 도태(淘汰)되지 않도록 하는데 도움이 되므로 필수적이다. 건강을 잃으면 모든 것을 잃게 된다는 것을 생각해야 한다. 운동을 배우게 되면 평생 자신의 몸 관리에 소홀하지 않기 때문에 건강을 지키기 위해서는 꼭 운동을 배워야 한다. 초등학교 입학하면서부터 천재의 기초적 지식 습득해야 하는 순서이므로 부모의 책임이 막중하다 할 것이다.

초등학교 입학 기념으로 컴퓨터를 주고, 게임 등을 꼭 차단하여 시간이 낭비되는 것을 막고 사춘기 탈선을 예방하기 위하여 부모가 컴퓨터를 수시로 점검하여 유해물이 침투할 수 없도록 철저히 차단하는 게 좋다. 아이의 형이나 누나나 삼촌이나 이모나 가정부나 가정교사에게 미리 교육하여 게임이나 유해물이 흘러들지 못하게 하는 게 좋다. 다만 천재 교육이 끝난 기간까지만이다. 학교에 다니면서 학우의 집에 가 놀면서 게임을 할 수가 있다. 그러므로 학교에 다녀온 아이에게 꼭 질문을 하여 10세에 도달할 때까지만 게임에 빠져 시간을 허비하지 않도록 하는 게 좋다.

초등학교에 입학하면서부터 손가락 숙달로 한글 자판을 치게 한 다음에 익숙해지면, 영어 공부 시작으로 영어 자판을 치게 하면서 영어를 프로그램대로 배우게 한다. 인터넷에 연결하여 검색 창에 '어린이 영어 공부 유튜브'라고 치면 선택할 수 있는 프로그램이 여럿 보일 것이다. 거기서 고르면 된다.

67. 천자문

千字文 천자문(全文)

1) 天地玄黃 천지현황- 하늘 천, 땅 지, 검을 현, 누를 황.
宇宙洪荒 우주홍황- 집 우, 집 주, 큰물 홍, 거칠 황.
하늘은 검고 땅은 누르며, 우주는 넓고 거칠다.

2) 日月盈昃 일월영측- 해 일, 달 월, 찰 영, 기울 측.
辰宿列張 진숙열장- 지지 진, 묵을 숙, 줄 열, 베풀 장.
해와 달은 차고 기울며, 별들은 넓게 퍼져 있다.

3) 寒來署往 한래서왕- 찰 한, 올 래, 관청 서, 갈 왕.
秋收冬藏 추수동장- 가을 추, 거둘 수, 겨울 동, 감출 장.
찬 것이 오면 더운 것이 가고, 가을에 수확하며 겨울에 저장한다.

4) 閏餘成歲 윤여성세- 윤달 윤, 남을 여, 이룰 성, 해 세.
律呂調陽 율려조양- 법률 율, 음률 여, 고를 조, 볕 양.
윤달이 남아 해를 이루고, 음의 가락이 고르고 밝다.

5) 雲騰致雨 운등치우- 구름 운, 오를 등, 보낼 치, 비 우.
露結爲霜 노결위상- 이슬 로, 맺을 결, 할 위, 서리 상.
구름이 올라가 비가 되며, 이슬이 맺히고 서리가 내린다.

6) 金生麗水 금생여수- 성 김, 날 생, 고울 여, 물 수.
玉出崑岡 옥출곤강- 옥 옥, 날 출, 산 이름 곤, 산등성이 강.
금은 여수에서 나고, 옥은 곤강에서 난다.

7) 劍號巨闕 검호거궐- 칼 검, 부르짖을 호, 클 거, 대궐 궐.
珠稱夜光 주칭야광- 구슬 주, 일컬을 칭, 밤 야, 빛 광.
칼은 거궐이 유명하고, 구슬은 야광주가 칭송을 받는다.

8) 果珍李柰 과진리내- 실과 과, 보배 진, 자두나무 리, 능금나무 내.
菜重芥薑 채중개강- 나물 채, 무거울 중, 겨자 개, 생강 강.
과일 중에는 자두와 능금이요, 채소 중에는 겨자와 생강이라.

9) 海鹹河淡 해함하담- 바다 해, 짤 함, 강 이름 하, 묽을 담.
鱗潛羽翔 인잠우상- 기린 린, 자맥질할 잠, 깃 우, 빙빙 돌아날 상.
바다는 짜고 강은 맑으며, 비늘 있는 것은 물에 잠겨 있고 깃털 있는 것은 하늘을 난다.

10) 龍師火帝 용사화제- 용 룡, 스승 사, 불 화, 임금 제.
鳥官人皇 조관인황- 새 조, 벼슬 관, 사람 인, 임금 황.
복희는 용의 이름으로 염제 신농은 불로 벼슬 이름을 지었다. 소호는 새 이름으로 짓고 황제는 인문을 갖추었다.

11) 始制文字 시제문자- 처음 시, 마를 제, 글월 문, 글자 자.
乃服衣裳 내복의상- 이에 내, 옷 복, 옷 의, 치마 상.
복희씨의 창힐이 비로소 처음 문자를 만들고, 황제가 윗옷과 치마를 정했다.

12) 堆位讓國 퇴위양국- 언덕 퇴, 자리 위, 사양할 양, 나라 국.
有虞陶唐 유우도당- 있을 유, 헤아릴 우, 질그릇 도, 당나라 당.
자리에서 물러나 나라를 사양한 자는 유우와 도당이다.

13) 弔民伐罪 조민벌죄- 조상할 조, 백성 민, 칠 벌, 허물 죄.
周發殷湯 주발은탕- 두루 주, 쏠 발, 성할 은, 넘어질 탕.
백성을 위로하고 죄를 벌함은 주나라 무왕과 은나라 탕왕이라.

14) 坐朝問道 좌조문도- 앉은 좌, 아침 조, 물을 문, 길 도.
垂拱平章 수공평장- 드리울 수, 두 손 맞잡을 공, 평할 평, 글 장.
조정에 앉아 도를 물으니, 옷자락을 늘어뜨리고 팔짱만 끼고 있어도 밝게 다스려진다.

15) 愛育黎首 애육여수- 사랑 애, 기를 육, 검을 려(여), 머리 수.
臣伏戎羌 신복융강- 신하 신, 엎드릴 복, 되 융, 종족 이름 강.
백성을 친자식처럼 아껴 기르면, 모든 오랑캐인 융 강이나 서융의 강한 족속들도 신하가 되어 엎드린다.

16) 遐邇壹體 하이일체- 멀 하, 가까울 이, 한 일, 몸 체.
率賓歸王 솔빈귀왕- 거느릴 솔, 손 빈, 돌아갈 귀, 임금 왕.
멀고 가까운 곳이 다 한 몸이 되어, 거느리고 와서 왕에게 모인다.

17) 鳴鳳在樹 명봉재수- 울 명, 봉새 봉, 일 을 재, 나무 수.
白駒食場 백구식장- 흰 백, 망아지 구, 밥 식, 마당 장.
우는 봉황새는 나무 위에 있고, 흰 망아지는 마당에서 풀을 뜯는다.

18) 化被草木 화피초목- 될 화, 이불 피, 풀 초, 나무 목.
賴及萬方 뇌급만방- 힘입을 뇌, 미칠 급, 일만 만, 온 방.
덕화(德化)가 풀 나무에까지 미치고 힘입음이 온 누리에 미친다.

19) 蓋此身髮 개차신발- 덮을 개, 이 차, 몸 신, 터럭 발.
四大五常 사대오상- 넉 사, 큰 대, 다섯 오, 항상 상.
무릇 몸과 터럭은 네 가지 큰 것 천지 군친(天地君親)과 다섯 가지(오상: 仁義禮智信)로 이루어졌다.

20) 恭惟鞠養 공유국양- 공손할 공, 생각할 유, 공 국, 기를 양.
豈敢毀傷 기감훼상- 어찌 기, 감히 감, 헐 훼, 상처 상.
살피고 길러주신 것을 곰곰이 생각하면 어찌 함부로 헐고 다치게 할 수 있을까.

21) 女慕貞烈 여모정렬- 여자 녀, 그리워할 모, 곧을 정, 세찰 열.
男效才良 남효재량- 사내 남, 본받을 효, 재주 재, 좋을 량.
여자는 곧고 굳음을 사모하고 남자는 어짊을 본받아야 한다.

22) 知過必改 지과필개- 알 지, 지날 과, 반드시 필, 고칠 개.
得能莫忘 득능막망- 얻을 득, 능할 능, 없을 막, 잊을 망.
허물을 알았으면 반드시 고쳐야 하고 할 수 있게 된 다음에는 잊지 말아야 한다.

23) 罔談彼短 망담피단- 그물 망, 말씀 담, 저 피, 짧을 담.
靡恃己長 미시기장- 쓰러질 미, 믿을 시, 자기 기, 길 장.
남의 모자란 점을 말하지 말고, 나의 좋은 점을 믿지 말라.

24) 信使可覆 신사가복- 믿을 신, 하여금 사, 옳을 가, 뒤집힐 복.
器欲難量 기욕난량- 그릇 기, 하고자할 욕, 어려울 난, 헤아릴 량.
언약을 지킬 수 있게 하고 그릇은 헤아리기 어렵게 되도록 하라.

25) 墨悲絲染 묵비사염- 먹 묵. 슬플 비, 실 사, 물들일 염.
詩讚羔羊 시찬고양- 시 시, 기릴 찬, 새끼 양 고, 양 양.
묵자는 흰 실이 검게 물들여진 것을 슬퍼하였고, 시에서는 고양 편을 기렸느니라.

26) 景行維賢 경행유현- 볕 경, 갈 행, 바 유, 어질 현.
克念作聖 극념작성- 이길 극, 생각할 념(염), 지을 작, 성스러울 성.
큰길을 걸어가는 사람은 어진 사람이 되니 자잘한 생각을 이겨 나간다면 성인이 될 수 있다.

27) 德建名立 덕건명립- 덕 덕, 세울 건, 이름 명, 설 립.
形端表正 형단표정- 모양 형, 바를 단, 겉 표, 바를 정.
덕이 세워지면 이름이 서게 되고, 몸매가 깔끔해야 겉모습이 똑바르게 된다.

28) 空谷傳聲 공곡전성- 빌 공, 골 곡, 전할 전, 소리 성.
虛堂習聽 허당습청- 빌 허, 집 당, 익힐 습, 들을 청.
텅 빈 골짜기에서도 소리는 전해지고, 빈 대청에도 들림이 겹쳐진다.

29) 禍因惡積 화인악적- 재화 화, 인할 인, 악할 악, 쌓을 적.
福緣善慶 복연선경- 복 복, 가선 연, 착할 선, 경사 경.
언짢은 일은 못된 짓을 쌓는 데서 말미암는 것이요, 복은 착한 일을 쌓은 경사로움에서 말미암는 것이다.

30) 尺璧非寶 척벽비보- 자 척, 벽 벽, 아닐 비, 보배 보.
寸陰是競 촌음시경- 마디 촌, 응달 음, 옳을 시, 겨룰 경.
한 자 되는 구슬이라고 해도 보배는 아니니, 마디그늘이라도 다퉈 아껴야 한다.

31) 資父事君 자부사군- 재물 자, 아비 부, 일 사, 임금 군.
曰嚴與敬 왈엄여경- 가로 왈, 엄할 엄, 줄 여, 공경할 경.
어버이 섬기는 것을 바탕 삼아 임금을 섬기고 엄하게 주니 공경하고 우러른다.

32) 孝當竭力 효당갈력(역)- 효도 효, 당할 당, 다할 갈, 힘 력(역).
忠則盡命 충즉진명- 충성 충, 법칙 칙, 다될 진, 목숨 명.
효도는 마땅히 그 힘을 다하여야 하고 충성은 목숨을 다하여야 한다.

33) 臨深履薄 임심리박- 임할 림, 깊을 심, 신 리(이), 엷을 박.
夙興溫凊 숙흥온청- 일찍 숙, 일 흥, 다뜻할 온, 서늘할 청.
깊은 물가에 다다른 듯 살얼음을 밟듯이 하고, 일찍 일어나 따뜻한지 서늘한가를 살펴라.

34) 似蘭斯馨 사란사형- 같을 사, 난초 란, 이 사, 향기 형.
如松之盛 여송지성- 같을 여, 소나무 송, 갈 지, 담을 성.
난초 향기와 비슷하고 소나무가 다욱함과 같다.

35) 川流不息 천류불식- 내 천, 흐를 류, 아닌가 부, 숨 쉴 식.
淵澄取英 연징취영- 못 연, 맑을 징, 취할 취, 꽃부리 영.
내는 흘러 쉬지 않고 못물이 맑으면 비춰봄을 얻을 수 있다.

36) 容止若思 용지약사- 얼굴 용, 발 지, 같을 약, 생각할 사.
言辭安定 언사안정- 말씀 언, 말 사, 편안할 안, 정할 정.
매무새와 몸가짐을 마치 생각하는 듯하고, 말의 씀씀이는 조용하고 올바르게 해야 한다.

37) 篤初誠美 독초성미- 도타울 독, 처음 초, 정성 성, 아름다울 미.
愼終宜令 신종의령- 삼갈 신, 끝날 종, 마땅할 의, 영 령.
첫발을 뗄 때 온 힘을 쏟는 것이 참으로 아름답고, 끝맺음을 삼가면 마땅히 훌륭하게 될 것이다.

38) 榮業所基 영업소기- 꽃 영, 업 업, 바 소, 터 기.
籍甚無竟 적심무경- 서적 적, 심할 심, 없을 무, 다할 경.
공적 쌓는 일을 피어나게 하는 터전이 된다면, 훌륭해짐이 마침이 없으리라.

39) 學優登仕 학우등사- 배울 학, 넉넉할 우, 오를 등, 벼슬할 사.
攝職從政 섭직종정- 당길 섭, 벼슬 직, 좇을 종, 정사 정.
배운 것이 넉넉하면 벼슬에 오를 수 있고, 자리를 잡아 정사에

몸담는다.

40) 存以甘棠 존이감당- 있을 존, 써 이, 달 감, 팥배나무 당.
去而益詠 거이익영- 갈 거, 말 이을 이, 더할 익, 읊을 영.
이 팥배나무를 남겨두라. 떠난 뒤 더욱 기려서 읊나니.

41) 樂殊貴賤 악수귀천- 풍류 악, 죽일 수, 귀할 귀, 천할 천.
禮別尊卑 예별존비- 예도 례, 나눌 별, 높을 존, 낮을 비.
음악은 신분의 높음과 낮음에 따라 다르고, 예도는 윗사람과 아랫사람을 가린다.

42) 上和下睦 상화하목- 위 상, 화할 화, 아래 하, 화목할 목.
夫唱婦隨 부창부수- 지아비 부, 노래 창, 며느리 부, 따를 수.
위에서 따사로워야 아래에서 구순하고 지아비가 이끌면 지어미는 따른다.

43) 外受傅訓 외수부훈- 밖 외, 받을 수, 스승 부, 가르칠 훈.
入奉母儀 입봉모의- 들 입, 받들 봉, 어미 모, 거동 의.
밖에 나가서는 스승의 가르침을 받고, 들어와서는 어진 어미의 몸가짐을 받는다.

44) 諸故伯叔 제고백숙- 모든 제, 옛 고, 맏 백, 아제비 숙.
猶子比兒 유자비아- 오히려 유, 아들 자, 견줄 비, 아이 아.
모든 고모와 큰아버지와 삼촌들은, 조카를 자기 자식처럼 여기고, 자기 아이처럼 다정하게 대해야 하며

45) 孔懷兄弟 공회형제- 구멍 공, 품을 회, 맏형, 차례 제.
同氣連枝 동기련지- 한 가지 동, 기운 기, 잇닿을 련(연), 가지 지.
깊게 형제를 그리워해야 하니, 같은 기운을 받아 이어진 가지와 같기 때문이다.

46) 交友投分 교우투분- 사귈 교, 벗 우, 던질 투, 나눌 분.
切磨箴規 절마잠규- 끊을 절, 갈 마, 바늘 잠, 법 규.
벗을 사귀는 데에는 정분을 함께 나눠야 하고, 깎고 갈며 서로 잡도리하여 바른말로 잡아줘야 한다.

47) 仁慈隱惻 인자은측- 어질 인, 사랑할 자, 숨길 은, 슬퍼할 측.
造次弗離 조차불리- 지을 조, 버금 차, 아닐 불, 떼어놓을 리.
어질고 사랑하며 안쓰럽게 여기는 마음은, 잠깐이라도 떠나보내서는 안 된다.

48) 節義廉退 절의렴퇴- 마디 절, 옳을 의, 청렴할 렴(염), 물러날 퇴.
顚沛匪虧 전패비휴- 꼭대기 전, 늪 패, 대상자 비, 이지러질 휴.
절개와 의리와 청렴과 물러남은, 엎어지고 자빠지는 순간에도 이지러져서는 안 된다.

49) 性靜情逸 성정정일- 성품 성, 고요할 정, 뜻 정, 달아날 일.
心動神疲 심동신피- 마음 심, 움직일 동, 귀신 신, 지칠 피.
마음 바탕이 고요하면 느낌이 푸근하고, 마음이 흔들리면 정신이 고달파진다.

50) 守眞志滿 수진지만- 지킬 수, 참 진, 뜻 지, 찰 만.
逐物意移 축물의이- 쫓을 축, 만물 물, 뜻 의, 옮길 이.
믿는 마음을 지키면 뜻이 가득해지고, 일만을 쫓아가면 생각 또한 이리저리 움직이게 된다.

51) 堅持雅操 견지아조- 굳을 견, 가질 지, 초오 아, 잡을 소.
好爵自縻 호작자미- 좋을 호, 잔 작, 스스로 자, 고삐 미.
바른 지조를 굳게 가지면 좋은 벼슬이 스스로 걸려든다.

52) 都邑華夏 도읍화하- 도읍 도, 고을 읍, 꽃 화, 여름 하.
東西二京 동서이경- 동녘 동, 서녘 서, 두 이. 서울 경.
중국의 서울은 동경과 서경의 둘로 되었다.

53) 背邙面洛 배망면락- 등 배, 산 이름 망, 낯 면, 강 이름 락(낙).
浮渭據涇 부위거경- 뜰 부, 강 이름 위, 의거할 거, 통할 경.
북망산을 등 뒤로 하여 낙수를 바라보고 있으며, 위수를 위로 띄우고 경수를 움켜쥐고 있다.

54) 宮殿盤鬱 궁전반울- 집 궁, 큰집 전, 소반 반, 막힐 울.
樓觀飛驚 누관비경- 다락 루(누), 볼 관, 날 비, 놀랄 경.
궁궐과 전각은 굽이굽이 들어차 있고, 다락과 관대는 새가 날고 말이 솟구치는 듯하다.

55) 圖寫禽獸 도사금수- 그림 도, 베낄 사, 날짐승 금, 짐승 수.
畫綵仙靈 화채선령- 그림 화, 비단 채, 신선 선, 신령 령(영).
온갖 날짐승과 길짐승을 그림으로 그렸고, 신선과 신령스러운 것들을

색칠해서 그렸다.

56) 丙舍傍啓 병사방계- 남녘 병, 집 사, 곁 방, 열 계.
甲帳對楹 갑장대영- 첫째 천간 갑, 휘장 장, 대답할 대, 기둥 영.
신하들이 머무는 집은 양옆으로 나란히 열려 있고, 눈부신 가림 막은 두 기둥 사이에 드리워 있다.

57) 肆筵設席 사연설석- 방자할 사, 대자리 연, 베풀 설, 자리 석.
鼓瑟吹笙 고슬취생- 북 고, 큰 거문고 슬, 불 취, 생황 생.
홑자리와 겹자리를 깔고서, 비파를 뜯고 생황을 분다.

58) 陞階納陛 승계납폐- 오를 승, 섬돌 계, 바칠 납, 섬돌 폐.
弁轉疑星 변전의성- 고깔 변, 구를 전, 의심할 의, 별 성.
섬돌에 올라 궁전으로 들어가니, 고깔 움직이는 것이 별인 듯 어리둥절하다.

59) 右通廣內 우통광내- 오른쪽 우, 통할 통, 넓을 광, 안 내.
左達承明 좌달승명- 왼 좌, 통달할 달, 받들 승, 밝을 명.
오른쪽은 광내로 통하고, 왼쪽은 승명에 닿는다.

60) 旣集墳典 기집분전- 이미 기, 모일 집, 무덤 분, 법 전.
亦聚群英 역취군영- 또 역, 모일 취, 무리 군, 꽃부리 영.
이미 삼분 오전 같은 책을 모으고, 또한 뭇 뛰어난 사람들도 모았다.

61) 杜稿鐘隸 두고종예- 팥배나무 두, 볏 집 고, 종 종, 붙을 례(예).
漆書壁經 칠서벽경- 옷 칠, 쓸 서, 벽 벽, 날 경.
두조의 초서와 종요의 예서가 있고, 옻칠로 쓴 벽 속의 경전이 있다.

62) 府羅將相 부라장상- 곳집 부, 새그물 라(나), 장차 장, 서로 상.
路俠槐卿 노협괴경- 길 로, 호협할 협, 홰나무 괴, 벼슬 경.
관부에는 장수와 정승들이 벌여 있고, 길은 공경의 집들을 끼고 있다.

63) 戶封八縣 호봉팔현- 지게 호, 봉할 봉, 여덟 팔, 매달 현.
家給千兵 가급천병- 집 가, 넉넉할 급, 일천 천, 군사 병.
여덟 고을을 식읍으로 하고, 그 가문에는 숱한 군사들을 주었다.

64) 高冠陪輦 고관배련- 높을 고, 갓 관, 쌓아올릴 배, 손수레 련(연).
驅轂振纓 구곡진영- 몰 구, 곡식 곡, 떨칠 진, 갓끈 영.
높은 갓을 쓴 이들이 임금의 수레를 모시니, 말을 몰아 바퀴를 굴릴 때마다 끈과 술이 휘날린다.

65) 世祿侈富 세록치부- 대 세, 복 록, 사치할 치, 가멸 부.
車駕肥輕 거가비경- 수레 차(거), 멍에 가, 살찔 비, 가벼울 경.
대대로 녹을 받아 부유해지니 말은 살찌고 수레는 가볍다.

66) 策功茂實 책공무실- 채찍 책, 공 공, 우거질 무, 열매 실.
勒碑刻銘 늑비각명- 굴레 륵(늑), 돌기둥 비, 새길 각, 새길 명.
공을 금 매겨 옹골참에 힘쓰게 하여 비에 새기어 명문으로 파 놓는다.

67) 磻溪伊尹 반계이윤- 강 이름 반, 사내 계, 저 이, 다스릴 윤.
佐時阿衡 좌시아형- 도울 좌, 때 시, 언덕 아, 저울대 형.
반계와 이윤은 때를 도왔고, 천하를 바로잡기 위하여 기댄 사람이며

68) 奄宅曲阜 엄택곡부- 가릴 엄, 댁 댁, 굽을 곡, 언덕 부.
微旦孰營 미단숙영- 작을 미, 아침 단, 누구 숙, 경영할 영.
곡부를 어루만져 가라앉히니, 단이 아니면 누가 다스릴 수 있었겠는가.

69) 桓公匡合 환공광합- 푯말 환, 공변될 공, 바룰 광, 합할 합.
濟弱扶傾 제약부경- 건널 제, 약할 약, 도울 부, 기울 경.
환공은 천하를 바로잡고 끌어 모아, 약한 자를 건지고 기우는 자를 붙들어 주었다.

70) 綺回漢惠 기회한혜- 비단 기, 돌 회, 한수 한, 은혜 혜.
說感武丁 설감무정- 말씀 설, 느낄 감, 굳셀 무, 넷째 천간 정.
기리계는 한나라 혜제를 돌아오게 하였고, 부열을 무정과 따라 느끼었다.

71) 俊乂密勿 준예밀물- 준걸 준, 벨 예, 빽빽할 밀, 말 물.
多士寔寧 다사식녕- 많을 다, 선비 사, 이 식, 편안할 녕(영).
재주와 덕이 뛰어난 사람들이 힘써 일하니, 대들보처럼 많은 인재들이 있어 참으로 푸근하다.

72) 晉楚更覇 진초경패- 나아갈 진, 모형 초, 고칠 경, 으뜸 패.
趙魏困橫 조위곤횡- 나라 조, 나라이름 위, 괴로울 곤, 가로 횡.
진(晉)과 초(楚)는 번갈아 패권을 잡았고, 조(趙)와 위(魏)는 연횡책 탓에 어려움을 겪었다.

73) 假道滅虢 가도멸괵- 거짓 가, 길 도, 멸망할 멸, 범발톱 자국 괵.
踐土會盟 천토회맹- 밟을 천, 흙 토, 모일 회, 맹세할 맹.
길을 빌려 괵국을 멸하고 (진나라 문공이 제후를) 천토에 모아서 (주나라의 천자를 공경하고 조공할 것을) 맹세했다.

74) 何遵約法 하준약법- 어찌 하, 좇을 준, 묶을 약, 법 법.
韓弊煩刑 한폐번형- 나라이름 한, 해질 폐, 괴로워할 번, 형벌 형.
소하는 간략한 법을 준수했고, 한비는 번잡한 형벌로 피폐하게 했다.

75) 起翦頗牧 기전파목- 일어날 기, 자를 전, 자못 파, 칠 목.
用軍最精 용군최정- 쓸 용, 군사 군, 가장 최, 쓿은 쌀 정.
백기, 왕전, 염파, 이목의 용병이 가장 정묘하였다.

76) 宣威沙漠 선위사막- 베풀선, 위엄 위, 모래 사, 사막 막.
馳譽丹靑 치예단청- 달릴 치, 기릴 예, 붉을 난 단, 푸를 청.
드레를 사막에서까지 펼치니, 색칠로 그려서 좋은 이름을 드날렸다.

77) 九州禹跡 구주우적- 아홉 구, 고을 주, 하우씨 우, 자취 적.
百郡秦幷 백군진병- 일백 백, 고을 군, 벼 이름 진, 어우를 병.
구주라고 해서 큐슈를 생각했으면 진 거다. 아홉 고을은 우임금의 자취요, 모든 군은 진나라 때 아우른 것이다.

78) 嶽宗恒岱 악종항대- 큰 산 악, 마루 종, 항상 항, 터 대.
禪主云亭 선주운정- 봉선 선, 주인 주, 이를 운, 정자 정.
오악은 항산과 태산을 으뜸으로 하고, 선 제사는 운운산과 정정산에서 한다.

79) 雁門紫塞 안문자새- 기러기 안, 문 문, 자줏빛 자, 변방 새.
鷄田赤城 계전적성- 닭 계, 밭 전, 붉을 적, 성 성.
안문과 적성이며 계전과 적성이며,

80) 昆池碣石 곤지갈석- 형 곤, 못 지, 비 갈, 돌 석.
鉅野洞庭 거야동정- 클 거, 들 야, 골 동, 뜰 정.
곤지와 갈석 거야와 동정은

81) 曠遠綿邈 광원면막- 밝을 광, 멀 원, 이어질 면, 멀 막.
巖岫杳冥 암수묘명- 바위 암, 산굴 수, 어두울 묘, 어두울 명.
드넓어 아스라이 멀고 바위와 묏부리는 아득하게 깊다.

82) 治本於農 치본어농- 다스릴 치, 밑 본, 어조사 어, 농사 농.
務玆稼穡 무자가색- 일 무, 이 자, 심을 가, 거둘 색.
다스림은 농사로서 밑바탕을 삼으니, 바로 이 심고 거두는 일에 힘쓰게 하여

83) 俶載南畝 숙재남무- 비롯할 숙, 실을 재, 남녘 남, 이랑 무(묘).
我藝黍稷 아예서직- 나 아, 심을 예, 기장 서, 기장 직.
남쪽 이랑에 나가 일을 비롯하니, 나는 메기장과 찰기장을 심으며

84) 稅熟貢新 세숙공신- 구실 세, 익을 숙, 바칠 공, 새 신.

勸賞黜陟 권상출척- 권할 권, 상줄 상, 물리칠 출, 오를 척.
익은 곡식에 구실을 매기고 햇것을 공물로 바치며, 타이르고 상주고 내치고 올려 준다.

85) 孟軻敦素 맹가돈소- 맏 맹, 굴대 가, 도타울 돈, 흴 소.
史魚秉直 사어병직- 역사 사, 고기 어, 잡을 병, 곧을 직.
맹자는 바탕을 두텁게 하였고, 사어는 올곧음을 굳게 지녔다.

86) 庶幾中庸 서기중용- 여러 서, 기미 기, 가운데 중, 쓸 용.
勞謙謹勅 노겸근칙- 일할 로(노), 겸손할 겸, 삼갈 근, 조서 칙.
중용에 가까우려면 부지런히 일하고 고분고분하고 삼가고 잡도리를 해야 한다.

87) 聆音察理 영음찰리- 들을 영(령), 소리 음, 살필 찰, 다스릴 리.
鑑貌辨色 감모변색- 거울 감, 얼굴 모, 분별할 변, 빛 색.
소리를 듣고 갈피를 살피며, 생김새를 보고 낌새를 가리어 안다.

88) 貽厥嘉猷 이궐가유- 끼칠 이, 그 궐, 아름다울 가, 꾀할 유.
勉其祗植 면기지식- 힘쓸 면, 그 기, 공경할 지, 심을 식.
그분에게 아름다운 얼개를 주고, 그것을 떠받들어 심기에 힘써라.

89) 省躬譏誡 성궁기계- 살필 성, 몸 궁, 나무랄 기, 경계할 계.
寵增抗極 총증항극- 괼 총, 불을 증, 막을 항, 다할 극.
자기 몸을 살펴서 나무람이나 잡도리함이 있을까 조심하고, 임금의 고임이 더할수록 잘난 체하여 뽐내지 말아야 한다.

90) 殆辱近恥 태욕근치- 위태할 태, 욕되게 할 욕, 가까울 근, 부끄러워할 치.

林皐幸卽 임고행즉- 수풀 림(임), 부르는 소리 고, 다행 행, 곧 즉.

위태로움과 욕됨은 부끄러움이 가까우니, 숲이 우거진 시냇가 언덕으로 나아가야 한다.

91) 兩疏見機 양소견기- 두 량(양), 트일 소, 볼 견, 틀 기.

解組誰逼 해조수핍- 풀 해, 끈 조, 누구 수, 닥칠 핍.

소광 소수는 낌새를 알아차려, 인끈을 풀었으니 누가 다그칠 수 있으리오.

92) 索居閑處 삭거한처- 찾을 색(동아줄 삭), 있을 거, 막을 한, 살 처.

沈默寂寥 침묵적요- 가라앉을 침, 묵묵할 묵, 고요할 적, 쓸쓸할 요(료).

홀로 떨어져 살고 한갓지게 머무니, 잠긴 듯 잠잠하고 고요하구나.

93) 求古尋論 구고심논- 구할 구, 옛 고, 찾을 심, 말할 론(논).

散慮逍遙 산려소요- 흩을 산, 생각할 려(여), 거닐 소, 노래 요.

옛것과 생각을 나누었던 자취를 찾고, 걱정을 흩어버리고 한가로이 노닌다.

94) 欣奏累遣 흔주루견- 기뻐할 흔, 아뢸 주, 묶을 루(누), 보낼 견.

感謝歡招 척사환초- 근심할 척, 사례할 사, 기뻐할 환, 부를 초.

기쁜 일은 아뢰어지고 근심은 내쳐지며, 슬픔은 사라지고 즐거움이 손짓하여 부른다.

95) 渠荷的歷 거하적력- 도랑 거, 연 하, 과녁 적, 지낼 력(역).
園莽抽條 원망추조- 동산 원, 우거질 망, 뺄 추, 가지 조.
도랑의 연꽃은 또렷이 빛나고, 동산의 잡풀은 죽죽 뻗어 우거졌으며

96) 枇杷晚翠 비파만취- 비파나무 비, 비파나무 파, 저물 만, 물총새 취.
梧桐早凋 오동조조- 벽오동나무 오, 오동나무 동, 새벽 조, 시들 조.
비파나무는 늦게까지 푸르고, 오동나무는 일찍 시든다.

97) 陳根委翳 진근위예- 들어놓을 진, 뿌리 근, 맡길 위. 일산 예.
落葉飄颻 낙엽표요- 떨어질 락, 입 엽, 회오리바람 표, 불어 오르는 바람 요.
묵은 뿌리들은 말라 시들고, 떨어진 잎들은 바람에 흩날린다.

98) 遊鵾獨運 유곤독운- 놀 유, 댓닭 곤, 홀로 독, 돌 운.
凌摩絳霄 능마강소- 능가할 능, 갈 마, 진홍 강, 하늘 소.
댓닭은 홀로 제 뜻대로 노닐다가, 하늘 테두리를 넘어 미끄러지듯 날아간다.

99) 耽讀翫市 탐독완시- 즐길 탐, 읽을 독, 가지고 놀 완, 저자 시.
寓目囊箱 우목낭상- 머무를 우, 눈 목, 주머니 낭, 상자 상.
저잣거리 책방에서 글 읽기에 골똘하니, 눈길을 붙이기만 하면 그대로 주머니와 상자 속에 갈무리하는 것 같다.

100) 易輶攸畏 이유유외- 바꿀 역, 가벼울 유, 바 유, 두려워할 외.
屬耳垣牆 속이원장- 엮을 속(이을 촉), 귀 이, 담 원, 담 장.
쉽고 가볍게 보이는 것은 두려워해야 할 바이니, 귀를 담장에

붙여놓았기 때문이다.

101) 具膳飱飯 구선손반- 갖출 구, 반찬 선, 저녁밥 손, 밥 반.
適口充腸 적구충장- 갈 적, 입 구, 찰 충, 창자 장.
찬 갖춘 밥을 물 말아 먹고, 입에 맞게 창자를 채우는 것이니

102) 飽飫烹宰 포어팽재- 물릴 포, 물릴 어, 삶을 팽, 재상 재.
饑厭糟糠 기염조강- 주릴 기, 싫을 염, 전국 조, 겨 강.
배부르면 고기 음식이라도 먹기 싫고, 배고프면 술지게미나 겨도 달갑게 느껴진다.

103) 親戚故舊 친척고구- 친할 친, 겨레 척, 옛 고, 예 구.
老小異糧 노소이량- 늙은이 로(노), 작을 소, 다를 이, 양식 량(양).
곁붙이와 옛 친구들을 대접할 때에는, 늙고 젊음에 따라 먹을 것을 달리해야 한다.

104) 妾御績紡 첩어적방- 첩 첩, 어거할 어, 실 낳을 적, 자을 방.
侍巾帷房 시건유방- 모실 시, 수건 건, 휘장 유, 방 방.
아내와 첩은 길쌈을 하고 장막 친 안방에서 수건 들고 시중든다.

105) 紈扇圓潔 환선원결- 흰 비단 환, 사립문 선, 둥글 원, 깨끗할 결.
銀燭煒煌 은촉휘황- 은 은, 촛불 촉, 나무이름 휘, 빛날 황.
흰 비단으로 만든 부채는 둥글고 깨끗하며, 은빛 나는 촛불은 환하게 빛나고,

106) 晝眠夕寐 주면석매- 낮 주, 잠잘 면, 저녁 석, 잠잘 매.
藍筍象床 남순상상- 쪽 람(남), 죽순 순, 코끼리 상, 상 상.
낮에는 졸고 밤에는 자니, 대나무 침상과 상아로 치레한 긴 걸상이다.

107) 弦歌酒讌 현가주연- 시위 현, 노래 가, 술 주, 잔치 연.
接杯擧觴 접배거상- 사귈 접, 잔 배, 들 거, 잔 상.
거문고 타고 노래하며 술 마시는 잔치 마당에서는 얌전하게 잔을 주고 두 손으로 들어 올려 권하고,

108) 矯手頓足 교수돈족- 바로잡을 교, 손 수, 조아릴 돈, 발 족.
悅豫且康 열예차강- 기쁠 열, 미리 예, 또 차, 편안할 강.
손을 굽혔다 펴고 발을 구르니, 기쁘고 즐거우며 걱정 없기 그지없다.

109) 嫡後嗣續 적후사속- 정실 적, 뒤 후, 이을 사, 이을 속.
祭祀蒸嘗 제사증상- 제사 제, 제사 사, 찔 증, 맛볼 상.
맏아들 대를 이어, 조상께 증상 제사를 지내니,

110) 稽顙再拜 계상재배- 머무를 계, 이마 상, 두 재, 절 배.
悚懼恐惶 송구공황- 두려워할 송, 두려워할 구, 두려울 공, 두려워할 황.
이마에 땅을 대어 거듭 절하되, 두렵고 두려워서 거듭 두려워해야 한다.

111) 牋牒簡要 전첩간요- 장계 전, 서판 첩, 대쪽 간, 구할 요.
顧答審詳 고답심상- 돌아볼 고, 대답할 답, 살필 심, 자세할 상.
편지는 간동하게 간추려서 하고, 안부를 묻거나 답장할 때에는 잘

살펴서 빈틈없이 해야 한다.

112) 骸垢想浴 해구상욕- 뼈 해, 때 구, 생각할 상, 목욕할 욕.
執熱願凉 집열원량- 잡을 집, 더울 열, 원할 원, 서늘할 량.
몸에 때가 끼면 목욕을 생각하고 뜨거운 것을 잡으면 시원한 것을 원한다.

113) 驢騾犢特 여라독특- 나귀 려(여), 노새 라(나), 송아지 독, 수컷 특.
駭躍超驤 해약초양- 놀랄 해, 뛸 약, 넘을 초, 머리들 양.
나귀와 노새와 송아지가 놀라서 뛰고 달린다.

114) 誅斬賊盜 주참적도- 벨 주, 벨 참, 도둑 적, 훔칠 도.
捕獲叛亡 포획반망- 사로잡을 포, 얻을 획, 배반할 반, 망할 망.
도적을 베며 배반하고 도망한 자를 사로잡는다.

115) 布射僚丸 포사료환- 베 포, 궁술 사, 동료 료(요), 알 환.
嵇琴阮嘯 혜금완소- 내용없음, 거문고 금, 관 이름 완, 휘파람불 소.
여포는 활을 잘 쐈고 웅의료(熊宜僚)는 탄환을 잘 가지고 놀았고 혜강(嵇康)은 거문고를 잘 타고 완적(阮籍)은 휘파람을 잘 불었다.

116) 恬筆倫紙 염필륜지- 편안할 념(염), 붓 필, 인륜 륜(윤), 종이 지.
鈞巧任釣 균교임조- 서른 근 균, 공교할 교, 맡길 임, 낚시 조.
몽염은 붓, 채륜은 종이를 만들었고 마균은 기교가 뛰어났으며 임공자(전국시대 임나라 공자(公子))는 낚싯대를 만들었다.

117) 釋紛利俗 석분리속- 풀 석, 어지러워질 분, 날카로울 리, 풍속 속.
竝皆佳妙 병개가묘- 아우를 병, 다 개, 아름다울 가, 묘할 묘.
위에 나열된 기술들은 어지러움을 풀고 세속을 이롭게 하니 아울러 모두 아름답고 신묘했다.

118) 毛施淑姿 모시숙자- 털 모, 베풀 시, 맑을 숙, 맵시 자.
工嚬姸笑 공빈연소- 장인 공, 찡그릴 빈, 고울 연, 웃을 소.
모장과 서시는 생김새가 아름다운데 찡그리는 모습도 공교하며 간드러지고 웃는 모습도 곱구나.

119) 年矢每催 연시매최- 해 년, 화살 시, 매양 매, 재촉할 최.
曦暉朗耀 희휘랑요- 햇빛 희, 빛 휘, 밝을 랑(낭), 빛날 요.
해는 화살처럼 늘 재촉하고 햇빛은 맑고 빛난다.

120) 璇璣懸斡 선기현알- 아름다운 옥 선, 구슬 기, 매달 현, 관리할 알.
晦魄環照 회백환조- 그믐 회, 넋 백, 고리 환, 비출 조.
선기옥형은 매달린 채로 돌고, 그믐이 되면 빛 없는 달이 둘레만 비칠 뿐이다.

121) 指薪修祐 지신수우- 손가락 지, 섶나무 신, 닦을 수, 도울 우.
永綏吉劭 영수길소- 길 영, 편안할 수, 길할 길, 힘쓸 소.
복을 닦는 것은 손가락으로 장작을 지피는 것과 같으니 오래도록 편안하여 상서로움이 높아지리라.

122) 矩步引領 구보인령- 곱자 구, 걸음 보, 끌 인, 옷깃 령(영).
俯仰廊廟 부앙랑묘- 구푸릴 부, 우러를 앙, 복도 랑, 사당 묘.
자로 잰 듯 법도대로 하고 옷깃을 얌전하고 바르게 여미며, 조정 일을 깊이 생각해서 치러 내야하며,

123) 束帶矜莊 속대긍장- 묶을 속, 띠 대, 불쌍히 여길 긍, 풀 성할 장.
排徊瞻眺 배회첨조- 밀칠 배, 노닐 회, 볼 첨, 바라볼 조.
옷깃을 갖춰 떳떳한 몸가짐을 하고, 이리저리 움직이면서 이곳저곳을 바라보며 골똘히 생각한다.

124) 孤陋寡聞 고루과문- 외로울 고, 좁을 루(누), 적을 과, 들을 문.
愚蒙等誚 우몽등초- 어리석을 우, 입을 몽, 가지런할 등, 꾸짖을 초.
고루하고 배움이 적으면 어리석고 몽매한 자와 똑같이 꾸짖는다.

125) 謂語助者 위어조자- 이를 위, 말씀 어, 도울 조, 놈 자.
焉哉乎也 언재호야- 어찌 언, 어조사 재, 어조사 호, 어조사 야.
언재호야와 같은 조사의 구실은 이 말들이 할 수 있으리라.

여기까지가 천자문 전문이다.
  천자문을 다 배운 아이는 배우기 전보다 촐랑거리는 면이 줄어들고 사물을 대함에 침착하고 깊이 생각하게 된다. 지능이 향상하여 판단이 신중해지므로 천자문 배우기 이전보다 지혜를 만들어 내는 기초가 생성되었음을 아이의 말과 행동을 보면 알 수 있게 된다.

68. 싸움

자녀 간의 싸움의 원인은 많지만, 부모가 공평하고 넓은 마음으로 아이들을 사랑하게 되면 싸움을 줄일 수 있을 뿐만 아니라 시기 질투로 기인(起因)한 미움이라는 감정이 일찍부터 돋아나지 않을 수 있다. 부모가 편애하면 따돌림을 받는 아이의 마음에 시기와 질투와 분노와 악심을 품을 수 있는 계기를 제공하게 되는 것이다.

아이에게 형제를 서로 비교하는 말은 하지 않아야 한다.

"형은 착하고 공부도 잘하는데 너는 왜 이렇게 못됐니?"

"동생은 90점을 받았는데, 넌 형이 되가지고 80점이 뭐니, 80점이?"

이렇게 비교하는 말이 얼마나 나쁜 말이냐면 남편이 아내에게,

"처형의 손은 손톱도 짧고 매니큐어 칠을 안 하셔도 귀부인처럼 예쁘기만 하던데, 당신의 손은 울긋불긋 손톱 속에 때까지 끼어 더럽게 무슨 꼴이야?"

또는 아내가 남편에게,

"당신도 제부처럼 술과 담배만 끊어도 좋을 텐데…."

이렇게 부부싸움을 일으킬 만큼 심각한 말을 아무렇지도 않게 하듯이 아이에게도 함부로 비교하는 말을 하면 듣는 아이는 울화통이 터지는 충격으로 받아들여 스트레스가 되는 것이다.

만약, 아이가 엄마에게 다음과 같은 잔소리를 한다면 엄마는 어떤 느낌을 받을까?

"엄마, 옆집 길용이 엄마처럼 집에 있지 않고 왜? 만날 싸돌아다니는 거야?" 이런 말을 듣는 엄마도 충격일 것이다.

그러므로 아이에게 비교하는 말을 하게 되면 아이는 충격이 된다.

부모들은 마음속으로 편애하는 경향이 있는데, 편애를 하게 되면 아이들에게 심각한 재앙이 되고 아이들의 성격이 나쁜 쪽으로 변화를 일으키는 계기가 되므로 아이들 수가 많은 가정일수록 부모는 더 많이, 더 크게, 폭이 더 넓은 마음으로 공평하게 아이들을 깊고 너그럽게 사랑하여 포용해야 옳고 당연하다 할 것이다.

아이들은 대부분 부모의 사랑을 독차지하고 싶고, 부모의 관심을 끌기 위해 서로 무언의 암투와 쟁탈전을 벌인다. 그리고 장난감 같은 것을 차지하려고 순간적인 분노로 싸움을 벌이게 되는데 편애 받고 있으면 그 분한 감정이 표출되어 자칫하면 깊은 상처나 흉터를 남길 수 있는 싸움으로 진행될 수 있으므로 자녀들의 싸움은 즉시 말려야 한다.

아이들이 아직은 단순하므로 사랑을 주고 교화(敎化)하지 않으면 도전적이 될 수 있음을 깊이 고려해야 한다. 일곱 명의 아이를 키우는 가정일지라도 한 아이만 안아 주지 말고 한 아이를 안아 주었다면 나머지 아이들 모두를 공평히 안아 주어야 하는 게 옳은 것이다.

부모는 아이가 어떠한 사고를 치더라도 화를 내어 야단치는 일이 없어야 한다. 왜냐하면 아이가 저지르는 모든 사고의 책임은 부모가 져야 하는 것이 사실이기 때문이다. 아이가 잘못하여 실수로 어항을 깨트렸을 때, 경제적 손실 등을 생각하면 부모의 입장에서는 화가 날 수밖에 없다.

그러나 그 화풀이를 아이에게 쏟으면 아이의 마음에 상처나 옹이가 되어 우선은 눈에 보이지 않지만, 필름으로 저장된 그 화풀이 하는 부모의 모습이 가끔 아이의 뇌리에 떠올라 성장한 아이를 괴롭히기도 하며, 그로 인한 부모는 노후의 피해로 이어질 수도 있기 때문이다.
 부모는 아이를 천재로 만드는 기간 동안 마음에서 불끈 솟아오르는 분노를 참는 것이 득이 된다. 부모는 어렸을 때의 자신을 떠올리며 침착하게 자신을 돌아보며, 아이를 가르쳐 주다 보면 어느새 심신이 수양(修養)되어 가고 있는 자신을 깨닫게 된다. 마음의 평안과 화목한 가정으로 진입하게 되므로 새로운 삶의 기쁨을 느끼게 되어 행복을 구가하는 즐거운 삶으로 진입하게 될 것은 두말할 필요도 없는 것이다.

 그러므로 부모는 이제 얼마 남지 않는 기간 동안 「아기, 천재로 키우는 법칙」을 완성하는 데 아이가 10세가 될 때까지 참고 또 참고 참아야 한다. 결국에는 부모님도 버금가는 천재가 되고야 말겠지만….
 부모는 자신의 맘대로, 하고 싶은 대로, 감정대로 아이에게 사랑을 주는 것이 아니라, 아이가 원하고 바라는 방식대로 사랑을 베풀어야 아이와 코드가 맞아떨어지게 된다.
 아이의 마음에 상처를 주지 않는 것이 아주 중요한 일 중의 하나인데 좋은 옷이나 새로운 장난감이나 멋진 선물을 준다고 해서 상처가 치유되는 것이 아니므로 상처를 주지 않도록 하는 것이 최선이다.

 무조건 아이들의 행위를 모두 인정해 주고, 모두 칭찬해 주고, 모두를 공평하게 사랑해 주는 등, 아이들의 기를 살려 주는 것이 현명하다. 아이들이 기대와 포부를 품을 수 있도록 격려해 주면 아이들은 주어진 임무를 이행하려는 의지를 갖추며 딴마음을 먹지 않고 부모의 품을 벗어나려는 이탈의 꿈도 꾸지 않고, 부모를 기쁘게 해드리는 성공을 꿈꾸는 방향으로 나아가게 되는 것이다.

그뿐만 아니라 아이들은 내적 모든 욕구가 충족되었음으로 마음이 너그러워지고 이해심이 발동하고 욕구가 해소되어 양보와 배려심이 발로되어 형제끼리 싸우려 하거나 다투려는 마음이 돋아나지 않게 되는 것이다.

69. 의욕 넘치는 성취력(成就力) 길러주기

부모는 아기를 어릴 때부터 천재로 양육하겠다는 굳은 신념을 가져야 하는 것은 물론이지만, 생산적이고 합리적이며 왕성한 활동력을 지닌 사람으로 성장시키는 것이 너무나 중요하다.

부모가 적극적이지 않고 소극적인 정신 상태에서는, 아기를 천재로 양육하기에 버겁다고 느끼며 포기하거나 자포자기(自暴自棄)하여 아기에게 관심을 놓아 버리게 되면 지금까지 들인 공이나 애쓴 보람은 공중분해 되어버리고 모두가 보통 사람으로 허겁지겁 사는 인생으로 추락해 버릴 수 있다.

부모가 아이에게 최선을 다한 천재 양육에 힘쓰다가도 불안하고 속상하고 안절부절 못 하는 상태에 도달하게 되면, 자신들뿐만 아니라 아기에게도 그대로 영향을 끼칠 수 있으므로, 어떠한 난관이 닥친다고 할지라고 태교까지 합하여 10년 동안만은 아이를 위하여, 더 나아가 자신을 위하여 「아기, 천재로 키우는 법칙」에 모든 희망을 걸 만큼 적극적이며 정성을 다하여야 한다.

내 아이, 아니 우리 모두의 아이가 말을 시작하면서부터 세상에 대하여 사물을 보고 분별하는 견식이 생긴다. 그리고 아이는 더 많은 새로운 것을 이해하게 되며, 의문점이 생길 때마다 쉴 새 없이 질문을 하여 궁금한 모든 것을 알아 가게 된다. 영민하고 기특한 우리 모두의 아기에게 기대하고 정성을 기울여 양육한다면 아이는 본능적으로 세상을 알아 가며 세상과 사람들과의 접촉점을 확대해 나가려고 아기의 내부에서 작동하는 프로그램에 의해 열심을 더하게 될 것이다.

아기가 4세에 이르게 되면 생물학적으로 발달하는 성장 과정을 거치게 되고, 정신적인 제반 능력이 준비되는 과정을 거치게 되며, 신체적으로도 능력이 발달하고 성장하고 발전하면서 하나의 인간으로서 인격체가 형성되고 아기의 안목에 새로운 신세계가 광활하게 펼쳐지게 된다.

그리고 새롭게 맺어지는 인간관계가 형성되고 새로운 지적 능력이 생기면서 친교를 하게 된다. 아이가 대인관계라는 경험을 거치면서 응용 능력이 점차 자라나고, 형제와 친척과 이웃을 보는 견식(見識)을 저장하는 두뇌 메모리가 생겨나면서 인격체로서 새로운 양상의 시야를 펼치게 된다.

날로 성장 발달하는 아이의 오감을 통해 즉각적으로 받아들이는 모든 정보를 수정하고 행동과 조화시키는 힘도 하루가 다르게 자주 발생하므로 사고와 더불어 행동이 민첩하게 된다. 이러한 중요한 시기에 아이에게 좌절감을 주는 발언은 하지 말아야 한다는 것은 철칙이다.

그렇지 않아도 아이는 걸음마를 배우는 데도 여러 차례 좌절을 느꼈으며, 말을 배우는 데도 좌절과 어려움을 겪었다. 이런 아이에게 꾸지람이나 호통이나, 비웃거나, 핀잔이나 혼내 주는 행위는 아이의 의지를 꺾는 짓이며 좌절을 맛보게 하므로 의지박약한 사람으로 자라게 하여 자신의 이상을 실현하기 어려운 인간이 되도록 만드는 결과를 초래할 수 있는 것이다.

아이에게는 부정적인 말보다 용기를 북돋아 주는 말로 의욕을 증강할 수 있도록 용기를 주어야 한다. 무엇이든지 맘만 먹으면 할 수 있다는 의지를 다질 수 있게 해야 한다. 몇 번이고 일어서려고 시도하다가 넘어지기를 반복하다가 결국은 기어코 일어서고야 마는, 그 자신만만한 성취감과 함께 노력하면 된다는 의지의 결실에 축복을 아끼지 말아야 하듯이 아이의 내부에 무의식적으로 작용하는 의지력을 상실하지 않도록 세심한 배려가 절대 필요한 것이다.

아이는 힘이 부족하여 일어서지 못했고, 걷지 못했던 경험과 시행착오로 실수하는 일은 있었어도 조금도 잘못한 일은 없었다.

그러므로 천재 교육에 실패하기 싫거든 아이를 절대 꾸짖지 말아야 한다. 아이는 사랑받고 칭찬받고, 격려와 따뜻한 미소를 받아야 하는 귀중한 보물보다 더 귀한 존재이다. 그러므로 모든 사람에게 영향을 미칠 수 있는 고귀한 천재로 자라야 한다.

연구 결과에 따르면 아이가 집 안에 있을 때는 맨발이 가장 좋다고 한다. 그 이유는 맨발로 걸어 다니면 걸어 다닐수록 발의 성장과 발달이 촉진되고 신발을 신는 아이들보다 맨발의 아이들이 조화롭게 움직이는 발근육의 발달이 튼튼하게 보장된다고 한다.

평생을 사용할 발이 튼튼하지 않으면 이상이나 꿈을 이뤄내는 데 지대한 걸림돌이 될 수 있을 것이기 때문이다. 그러므로 아이의 신발을 서둘러 신기지 않도록 하고, 되도록 집안이나 마당에서 맨발로 활동할 수 있도록 위험한 물건들은 미리 치워 놓는 배려가 필요할 것이다.

그리고 아이가 오르내리기를 연습할 수 있는 장난감 계단은 3개단 이상을 만들어 놓으면 위험하지만, 아이가 기어오르기를 무모할 정도로 용감한 호기심을 가진 아이라면 집안에 있는 이 층으로 올라가는 계단 앞에서는 부모가 눈을 떼지 말고 지켜보아야 할 것이다.

아기는 계단을 기어오르다가 굴러 떨어지면 좌절을 느끼게 되고 겁을 먹거나 투지가 약화된다. 여기에다가 부모가 호통을 쳐 버리면 절망을 맛보게 되므로 침울해지고 자신감이 저조하게 되어 매사에 주저하는 조심스러운 버릇이 조성되기 쉽다.

아이는 부모의 눈치를 살피면서 보모가 없을 때 이 층에 기어오르려고 하는 투지가 생긴다. 아이가 부모의 눈치를 보게 되면 변명하거나 거짓말을 할 수 있는 계기를 만들어 주므로 아이에게 호통 치거나 아이가 하고자 하는 호기심을 차단하지 말고 아이가 위험하다고 판단되면 안전장치를 해 주든지 아니면, 부모가 아이와 똑같이 기어서 계단을 올라가 주면 아이는 즐거워서 좋고 신뢰심이 깊어져서 계단을 오르내리는 놀이를 하자고 조르게 된다. 두세 차례 같이 놀아 주면 아이는 곧 싫증을 느끼기도 하며, 아이의 성장은 빠르므로 같이 놀아 주다 보면 어느새 걷게 된다.

아이와 놀아 줄 시간이 없으면 아이를 안고 다정하게 대화하는 것도 좋다. 계단에 기어오르면 안 되는 이유와 위험을 자세히 설명하면 아이는 다 알아듣고 수긍한다. 아이가 수긍하지 않는다면 아이는 이미 계단을 올라가 본 경험이 있는 아이로 부득이 하고 싶은 대로 하도록 하여 주고 옆에서 지켜보면 된다.

70. 절제를 가르치기

아이는 부모가 하는 말이나 행동을 보고 제일 먼저 그대로 따라 배우고 행동한다. 아이에게는 부모가 롤 모델인 셈이다. '그 여자를 알려거든 그 어미를 보라'는 말이 있고, '남아가 제일 첫째로 존경했던 사람은 그 아버지'라는 말이 있듯이 아이에게 부모가 미치는 영향은 절대적일 수 있다.

정직하고 예의 바르고 협동적이며, 사려 깊은 천재 만들기를 원한다면 먼저 부모가 귀감이 되어야 한다. 그러나 부모가 부모의 권위를 내세워 명령 일변도로 아이를 가르치려 든다면, 무조건 부모의 말에 따르도록 강요한다면 아이는 아무것도 배우지 못하고 자신을 드러내고자 급급한 어질고 순하여 현실에 어두운 옛날의 선비처럼 되고 말 것이다.

부모가 아이를 비판하고, 행동을 고치려고 강압적 명령을 한다면 아이는 옳고 그름을 분별하지 못하게 되고, 스스로 생각하여 판단할 수 있도록 하는 데 전혀 도움이 되지 못한다. 아이는 수동적으로 되어 스스로 아무것도 할 수 없다고 자각하면서 자존감은 여지없이 무너져 버리게 된다.

나중에, 성장한 아이에게 비판받지 않으려거든 아이를 비판하지 않아야 하고, 훌륭한 천재로 양육하려거든 아이를 올바른 행동의 모범을 부모가 보이면서 따라 하도록 이끌어야 함은 물론이다.

아이가 부모의 말에 무조건 즉각 복종하기를 명령하여, 아이가 그 명령을 따르지 않을 때마다 종아리를 때린다면 두려움과 복종만을 배우게 되고, 겉으로 복종하는 척하는, 전혀 가정교육이 아닌 살벌한 폭력의 힘으로 밀어붙이는 법만 아이에게 가르치는 셈이 된다.

이것은 스스로 절제하는 법을 배우는 데 늦어지게 되고, 자신을 제어하는 감정을 활용하지 못하여 감정처리가 어려운 아이가 될 수 있다. 절제를 못 하는 아이는, 명령과 폭력을 사용한 부모가 아이로 하여금 절제하지 못하도록 가르쳤기 때문이다. 부모가 아이를 절제하지 못하는 아이로 가르쳐 놓고 그 결과를 아이에게 뒤집어씌운다. 그리고 부모의 잘못된 교육을 깨닫지 못하고 아이에게 '절제도 못 하는 놈'이라고 구박하는 모순에 도달하게 된다.

절제(節制)란, 정도를 넘지 않도록 알맞게 조절하여 제한하는 것을 말하는 것이지만, 소크라테스가 말하는 절제란 차분함, 염치, 제 할일을 하는 것으로, 절제의 핵심은 "자기 자신을 아는 것"이다.

차분함 - 즉시 마음이 흥분하여 앞뒤 가리지 않고 달려드는 것이 아니라, 마음을 가라앉혀 조용하게 차분히 생각하는 여유로움이다. 아이가 차분함을 지닐 수 있는 요령은, 많이 알게 해 주는 것으로 눈으로 보고, 감각으로 느끼고, 많이 생각할 수 있도록 배려하는 것이다.

눈으로 보는 견학(見學)을 위해 어디든지 동행하며 설명해 주는 일이며, 감각으로 느끼기 위해, 누구라도 접촉하여 대화할 수 있도록 개방을 배려하며, 생각을 많이 할 수 있도록 각종 동화나, 만화로부터 시작하여 세계 문학 전집을 읽어 주어 생각의 폭을 넓혀 주는 일이다.

염치 - 앞뒤를 가리지 못하는 몰염치가 아니라, 염치를 알아 체면을 차릴 줄 알며, 부끄러움을 아는 마음이다. 아이가 염치를 체득(體得)할 요령은, 차례와 순서를 알게 하여 주고, 욕망을 억제할 방법을 알려 주며, 언어의 두서(頭緖)를 익히는 일이다.

차례와 순서, 욕망의 억제, 언어의 두서 - 차례와 순서를 알게 하는 요령은 은행이나 관공서에 아이를 데리고 가 번호표를 뽑게 하고, 기다려 보며, 사람들이 줄을 서서 기다리는 맛집에 가서 실제로 체험하게 하며, 차례와 순서를 자세히 설명해 주는 일이다.
 욕망의 억제는, 실제로 아이가 체득하여야 익히는 것으로, 첫 번째로 맛있는 음식을 식탁 위에 차려 놓고 30분 정도 아버지를 기다리는 동안 엄마가 아이에게 억제에 관해 설명을 해 주는 일이다.
 두 번째로 엄마나 아빠가 퇴근하여 오거나 외출에서 돌아왔을 때 아이를 안아 주는 일이다. 이때 아이는 두 손을 벌리고 있는 엄마나 아빠 앞으로 뛰어가 안기는 것이 아니라 바로 앞에서 딱 멈추는 일이다. 이것은 사전에 아이와 멈추기 게임을 하여 억제를 연습시키는 일로, 아이와 미리 약속해 두어서 아이가 아빠 앞에서 딱 멈추는 연습을 하노라면 억제를 익힐 수 있는 것이다.
 언어의 두서를 익히는 요령은 상대의 말을 차분히 잘 듣고 말이 끝나면 발언을 시작하는 것으로, 메모지와 펜을 들고 있다가 상대의 말을 잘 경청하고 요지(要旨)를 메모하면서 그 요지에 대하여 나의 의견이나 반박할 점을 메모하였다가 상대가 말이 끝나면 그 메모를 보면서 말을 조리 있게 하는 것으로 가족이 둘러앉아 대화하기가 여의찮을 때는 엄마와 아이가 단둘만이라도 충분한 성과를 거둘 수 있다.

제 할일을 하는 것은 - 엉뚱한 일에 휘말려 아이가 현재 하고 있는 일을 망각하지 않고 계속하는 일이다. 그러기 위해서는 집중력이 필요한데, 집중력을 키우기 위한 요령으로 그림 감상법이 요긴할 수 있다.
"자아 자, 자- 엄마랑 그림 감상하러 가자~"
아이를 그림 앞에 놓고 엄마가 설명한다.
(참고로 김홍도 필 풍속도 화첩은 국립중앙박물관에 있고, 신윤복 필 풍속도 화첩은 간송미술관에 소장되어 있다. 물론 인터넷에 들어가면 다 볼 수 있고 아이에게 설명하기도 좋을 것이다.) 부모는 아이에게 집중력을 길러 주기 위한 방법으로 그림 앞에 앉힌다. 그리고 그림에 대한 간단한 설명과 함께 그림 감상하는 방법을 간단히 일러 주는 것도 잊지 말아야 한다.
"그림을 감상하는 요령은, 오른쪽 위에서부터 보기 시작하여 왼쪽으로 보면 된다. 그리고 너 스스로의 눈으로 보고, 너 감각으로 느껴야 하므로 주의(注意)를 기울여야 하고 그림의 속내를 알아내려는 의식적인 노력을 들여야 그림을 제대로 감상할 수 있다. 되도록 집중력을 총동원하여 그림을 보는 것이 좋다."

그림을 통하여 무엇을 어떻게 보았는지? 어떤 느낌을 받았는지에 대한 질문을 반드시 하여 아이의 집중력이 어느 정도인지 가늠하는 것이다. 처음에는 아이가 쉽게 싫증을 느끼고 한눈팔겠지만 몇 차례 반복하게 되면 집중력을 키울 수 있으므로 칭찬과 함께 맛있는 상품

(賞品)을 주어 흥미를 갖게 하는 방법이 필요한 것이다.

 자기 자식이니까 맛있는 것을 먹이는 것은 당연하겠지만, 상으로 주는 것은 상품임을 분명히 말하여 아이로 하여금 임무를 완수하여 칭찬과 함께 받게 되는 성취감을 느끼게 하여야 한다.

 아이가 어떤 임무를 완수하여도 상품이 있다는 것을 알게 함으로 흥미를 느끼고 지시한 임무에 대하여 집중하게 하여 성취도를 높일 수 있게 된다.

 임무를 완수하므로 성공하였다는 만족감을 계속 맛보게 되면 소기의 목적을 달성하는 데 있어서 집중력을 발휘할 수 있어서 실패가 거의 없는 삶을 지향할 수 있게 되는 것이다.

 아이가 그림에 집중하게 될 때 덜 집중하게 되면 다른 생각이 연상(聯想)되어 산만해질 수 있으므로 그 관념연합(觀念聯合)을 배제하는 방법으로 아이의 집중력을 최대한으로 끌어낼 수 있도록 아이의 관심을 딴 곳으로 옮겨지지 않게 그림에 관하여 아이가 흥미를 유발할 수 있게 유도하는 설명을 하는 것도 하나의 방법이 될 수 있다.

71. 세상을 이롭게 하는 능력 키우기

 아이들은 부모가 하는 행위를 무조건 따라 하고, 형을 따라 하며, 선생님을 따라 한다. 그러므로 부모가 선행(善行)을 실천하는 것을 눈으로 보는 아이는 즉각 배워 기회가 있으면 선행을 실천할 수 있지만, 부모가 선행을 하지 않으면 아이는 평생 남에게 도움이 되지 않을 수도 있다.

'심지 않으면 거둘 수 없다'는 말씀만으로는 실행이 용이하지 않다. 부모나 선생님이 어려운 이웃을 돕는 선행적(先行的) 실천을 아이에게 보여 줌으로 아이는 체험으로 익히게 되어 기회가 주어진다면 거침없이 이웃을 돕게 되는 아름다운 사람이 되는 것이다.

아이들은 모방하는 데 일가견이 있다고 할 만큼 모방에 슬기롭다. 형에게 얻어터지면 때리는 것을 알게 되고, 엄마가 헌금하는 것을 보면 바로 배우며, 아빠가 쪽방 동네 독거노인의 집에 연탄 나르는 것을 보면 아이는 즉각 배운다. 이것은 아이가 직접 관찰하였으므로 설명이 필요 없으며 스스로 깨닫고 그냥 아빠나 엄마의 행동을 따라 할 긍정적 사고(思考)가 생성되는 것이다.

그러므로 아이는 기회가 주어지는 대로 어려운 이웃을 돕게 되는데 남을 도우면 좋은 일이 생긴다는 것을 체험하게 되면서 적극적인 좋은 사람이 될 수도 있는 것이다.

사람의 일생은 돈을 쫓아다니는데 돈은 언제나, 항상, 사람을 비웃으며 이리저리 도망 다닌다. 빠르게, 또는 급하게 돈을 따라갈수록 돈은 더 빠르고 급하게 도망가면서 비웃는다.

"멍청한 놈, 돈이 들어갈 길목의 문을 모두 꼭꼭 닫아 놓고 왜 쫓아오는 거야? 귀찮게…."

그렇다, 이웃을 돕고 어려운 사람과 나눈다는 것은 곧 선행으로서 선행은 돈이 들어오는 7개의 길목 중 하나를 열어 놓는 것이다.

세상을 이롭게 하는 능력이란, 아래에 열거하는 7개 항목을 모두 갖출 수 있도록, 사랑스러운 아이를 사랑으로 잘 가르치면 세상을 이롭게 하는 아이가 되고 돈이 들어오는 길목의 문을 활짝 열어 놓게 되는 일이다.

• **세상을 이롭게 하는 7개 항목**

첫 번째 항목

돈 관리나 거래에 있어서 정직하고 깨끗하며, 계산에 대하여 추호의 사심 없이 정확 무결해야 하며 약속한 기일(期日)을 정확히 지켜야 한다.

아이에게 간단한 집안일을 시키며 그 대가로 수시로 용돈을 주고, 그 돈에 대한 관리의 요령을 가르친다. 낭비를 막고, 저축을 장려하며, 돈 거래를 엄마는 엄마대로 아빠는 아빠대로 아이와 빌리거나 꿔 주는 거래를 하여 거래 방법을 가르치면서 입출금 명세를 기록하게 한다. 돈의 소중함을 일깨우고, 돈이 없으면 아무것도 구입할 수 없음을 알게 한다.

두 번째 항목

대인관계에서 되도록 양보하는 쪽을 택하고, 상대를 이해하며 포용하고 칭찬의 기술로 사람을 얻는 법을 가르친다.

물론 아이의 상대역은 엄마와 아빠가 된다. 그리고 교회 학교 유치부에서 적극적으로 아이들과 사귀게 하여 집으로 초대하여 항상 융숭한 대접을 아끼지 말아야 하며, 집을 개방하여 아이들과 그 부모들까지 언제든지 놀러 와 아이와 놀 수 있도록 배려하고 아이들이 돌아간 다음에 아이에게 질문하여 교제의 성과를 묻고 고려해야 할 문제점들을 알려 준다.

세 번째 항목

 처세는 지혜롭고 순결하게 함으로 방문한 아이들이 모두 우리 아이를 믿고 허심탄회한 관계를 유지하면서 중심 역할자로서 위치를 인정할 수 있도록 아이가 슬기를 발휘하도록 지도한다.
 여러 아이와 교제하는 학습을 위해 아이에게 게임을 준비할 수 있도록 가르치고, 방문한 아이들의 애로사항을 해결해 주는 역할을 아이가 하며, 아이들의 불편해 하는 점을 다 알아서 해결해 주는 너그러움도 아이가 베풀도록 가르친다. 부모는 아이가 할 일과 부모가 해줄 일을 구분하고 아이가 미처 생각지 못한 일은 부모가 해주는 것이 아니라, 아이가 하도록 지도하여 설명해 준다.

네 번째 항목

 이웃을 내 몸과 같이 사랑하는 자는 외롭지 않고 악한 자의 접근보다 선한 자의 접근이 빈번함으로 좋은 일이 자주 일어난다. 이웃을 도울 줄 모르는 사람은 열심히 일하여 아등바등 살아가는데 반하여 이웃을 도우며 살아가는 사람은 작은 일에서부터 큰일까지 어렵지 않게 잘 풀리며 살아가게 된다.
 그러므로 아이를 가르칠 때, 어려운 이웃을 도울 때는 은밀하게 돕고, 그 사실을 자기 입으로 떠벌리지 않도록 약속을 받는 것이 좋다. 이를 가르치기 위하여 아이와 함께 선행을 행하는 것이 확실한 가르침이다.

다섯 번째 항목

　부모에게 효도하는 자는 유산을 받고, 자기 자식에게 효도를 받게 된다. 자식에 대한 부모의 사랑은 대체로 한결같다. 그러나 부모에 대한 자식들의 사랑은 부모가 늙어갈수록 차가워진다. 거리가 멀수록 더욱 그렇고, 부모와 거리를 두려고 애를 쓴다. 그러나 부모가 가진 것이 있을 때는 서로가 다투어 부모와 같이하려고 한다.
　부모가 자식을 편애하며 키웠을 때, 따돌림을 받은 자식은 반드시 부모에게 복수심을 은연중에 발휘하게 된다는 것을 잊어서는 안 된다. 사랑을 극진히 받고 자란 자식은 그 사랑을 잊지 않고 늙고 병든 부모를 거의 귀찮아하지 않는다.
　부모는 편애하였던 자식에 대한 자신의 과오를 잊으려고 하며, 설마 내 자식은 은밀히 편애한 사실에 대하여서는 모르거나 안다고 하여도 벌써 잊어버렸겠지, 하고 안일하게 생각하지만, 자식의 뇌리에 박힌 그 충격적인 분함을 죽을 때까지 기억하고 있어야 하는 어쩔 수 없는 인간의 기억 뇌세포이다.
　그러므로 부모가 무기력하게 되어 어쩔 수 없이 자식에게 의지하게 될 때를 감안하여, 내 부모를 내가 일찍부터 먼저 극진히 섬기는 효를 실천해야 아이가 그대로 답습할 수 있게 되는 것이다. 효가 가정에서 가장 아름다운 중심 기둥이며 꽃이라는 것을 아이가 가슴에 새길 수 있도록 교육하여야 한다.

　경로(敬老)가 퇴락한 시대의 흐름은, 효(孝)가 없는 물줄기를 타고 양로원이나 요양원을 만들었다. 양로원이나 요양원으로 내몰린 노인들은 외로움과 허무한 삶에 회의(懷疑)에 실의하여 수면제를 모으기에 열심이다.

부모와 자시이 내적 외적 마찰을 빚다가 결국은 화장터로 이동하고, 자식 자신도 곧 그 지경에 이르는 악순환이 이어지는 인간의 말년은 참으로 참담함으로 사랑의 부재를 실감하게 되는 것이다.

내 아이를 확실하게 천재로 가르치지 않으면 낭패를 보는 이유가 여기에 있다.

여섯 번째 항목

어떤 일이든 맡은 일에 최선을 다하고, 주인(사장님)을 하나님 섬기듯 정직하고 성실하게 섬기게 되면 돈이 들어오는 두 번째 길목의 문이 열린다.

대개 정직하고 이해심이 많은 사람이 눈에 뜨이면 어리숙하게 보고 이용해 이익을 얻으려는 무리가 나타나기 마련이다. 보증을 서 달라고 하든가 돈을 빌려달라고 하는, 딴에는 얄팍한 수작으로 잔머리를 굴려서 이용해 먹으려는 수작을 부리는 무리가 비일비재하게 다가온다.

그러나 천재가 누구인가? 그냥 천재인가? 어떤 교묘한 수작도 꿰뚫어 보는 안목을 지닌 명석한 두뇌를 지닌 인간이 천재이다. 천재에게 수작을 부린다는 것은 사채업자에게 돈 꿔 달라는 것과 같을 뿐이다. 천재에게는 진실과 정직한 교제만이 통할 수 있다는 것을 알아야 한다.

사람이 믿음직하고 무던한 천재가 입사하였을 때, 둔재의 주인이라면 천재의 인품을 미처 파악하지 못하여 무시하고 괄시하며 하찮게 여길 것이다. 그러나 천재는 이러한 사소한 모든 것을 감내하고 오로지 하나의 목적 신의(信義)를 얻기 위하여 모든 능력을 성실하게 다할 것이다.

신용이 없는 기업은 몰락 직전의 기업이듯이 신의가 없는 인간은 허접한 쓰레기이다. 사장은 자신이 뼈를 깎는 고초를 겪으며 이룩한 기업의 요직에 유능하기만 한 사원을 절대 앉히지 않는다. 왜냐하면 애써서 끓인 보신탕을 유능한 여우의 아가리에 퍼 주는 꼴을 당하지 않기 위해서 믿고 맡길 수 있는 신의(信義)가 있는 천재를 원하게 되는 것이다.

아이에게 교육하는 요령은

첫째, 부모는 아이 앞에서 절대 거짓말을 하면 안 된다.

가훈을 "절대, 거짓말하지 말 것"으로 정하는 것도 방법이다. 다만 '정직' '신용' '신의'라는 등의 글을 사용해서는 효과가 없다. 이유는, 뜻은 같아도 가슴에 파고들지 않고 느낌이 마음에 닿지 않아 거리감이 있기 때문에 "절대, 거짓말하지 말 것" 이렇게 정하여 아침에 읽고 저녁에 질문을 하면서 거짓말에 대하여 장단점을 하루에 한 가지씩 알려 주는 것이 좋다.

둘째, 부모가 거짓말을 하면 아이도 따라서 거짓말을 하므로 거짓말하는 부모를 가진 아이와는 교제를 단절해야 한다.

친인척이 거짓말을 하는 사람이라면 아이 앞에서는 절대 입을 열지 말아 달라고 부탁하면 출입이 뜸해지게 된다.

셋째, 막다른 골목에 들어선 사람이거나 인생의 위기에 처한 사람은 거짓말을 하게 된다.

그것은 자신의 보호 본능으로 어쩔 수 없다. 생활의 어려움에서 극복한 사람이거나 선천적으로 강직한 사람은, 삶의 위급함과는 관계없이 무관하게 거짓말을 안 하려고 애쓰는 편이다.

거짓말을 하는 패턴은 저마다 기질에 따라 다르고, 상황에 따라 다르며, 인격과 내적인 성향에 따라 다르다. 그러므로 아이를 교육할 때, 거짓말은 패망의 원이 될 수 있고, 커다란 화를 자초할 수 있으며, 성공의 가도를 달리는 데 걸림돌 역할을 하게 된다는 것을 반복하여 주지시키면 아이는 근본적으로 거짓말을 하지 않는 성격으로 굳히게 된다.

일곱 번째 항목

꾀려는 자의 음모를 꿰뚫어 보는 안목을 키우기 위해 책을 읽어라. 책이란 경험과 간접 체험으로 지식과 안목을 넓히는 길이며 자신을 아는 길이기도 하다. 사람은 자신을 모르기 때문에 무엇을 어떻게 해야 할지 몰라 세월을 낭비하며 돈을 좇아 이리저리 방황하는 것이다. 자신을 잘 파악하여 약점과 단점을 보완하고 돈이 들어오는 길목의 문을 열어 놓게 되면 지나다니는 돈이, 열린 문을 알고 찾아오게 된다.

　아이에 대한 교육은 만화책부터 읽히고 만화책에 능숙해지면 동화책으로 아이의 흥미를 끌고, 동화책에 익숙해지면 소년-소녀 세계 문학 전집으로 빠져들게 하고, 가끔 신문을 보여주며 시사(時事) 문제에 관심을 갖도록 이야기해 준다.

72. 돈이 찾아오는 일곱 개의 문

　아이가 초등학교에 입학하여 학교 공부를 마치고 집에 돌아오면 컴퓨터를 선물한다. 컴퓨터는 메이커 있는 정품이 다각도로 이익이다. 손가락 숙달부터 시작하여 한글 자판을 가르친 후에, 영어 자판을 치게 한다. 영어 공부는 컴퓨터 공부와 함께 시작하는 게 유리하다. 게임을 먼저 배우면 많은 시간을 낭비하게 된다. 그러므로 우선은 차단하고 유튜브에 들어가 영어 배우기 기초 프로그램을 고르면 된다. 그리고 한글 사전과 영어 사전은 꼭 구비하여 찾는 법을 가르친다.

　그리고 시간을 내어 가정교육으로는 〈돈이 찾아오는 7개의 길목〉을 가르친다. 태권도는 초등 3학년부터 배우게 하는 게 좋다.

- 돈이 찾아오는 7개의 길목

〈제1의 길목: 남의 허물을 발설치 말라.〉

　대오각성(大悟覺醒)하거나 깊은 학문을 터득하지 않는 사람은 자신의 버릇이나, 단점을 사망할 때까지 지니고 다닌다.
　그런데 그런 허물을 현명하지 못한 사람은 고쳐 주려고 지적하여 입을 열게 되면 지독한 낭패를 보게 된다. 허물을 가진 사람은 고쳐질 수 없는 자신의 허물에 대하여 누가 지적하면 깊은 상처로 받아들이게 되고, 그 현명하지 못한 사람을 칼로 찔러 버리고 싶을 만큼 분노하게 되거나 죽을 때까지 원한을 품을 수 있다는 사실이다.

→ 아이에 대한 교육
　누구라도 너에게 잘못하더라도 용서해 주고, 그 아이의 허물이나 나쁜 점이 눈에 보이더라도 고치려고 하지 말고 지적하지도 말라. 사람은 누구라도 다 약점과 허물이 있는 것이다. 그 아이를 친구로 삼으려거든 그 아이의 모든 약점이나 버릇이나 단점을 눈감아 주고 지적하지 않아야 진정한 친구가 될 수 있지만, 그 아이의 단점 어느 것 하나라도 이해하지 못하면 친구가 되지 못하는 것이다.
　돈은 그 친구를 통하거나 그 친구의 부모나 친지, 친구와 연관이 있는 자를 통로로 하여 인연이 될 수 있으므로 대인관계를 소홀히 할 수는 없는 아주 조심스러운 사항이 아닐 수 없다. 현명하지 못 한 사람은 자신의 허물을 깨닫지 못하고 남의 허물을 들추는 위인이다.

〈제2의 길목: 강샘이나 시비하지 말라.〉

　강샘이나 시비하는 속된 마음을 버리지 않으면 삶이 평탄치 않으며 봉변으로 곤경에 처할 수 있고, 그 허물이나 성질을 고치지 않는 한 궁상스러운 생활을 평생 지니게 된다.
　예전에는 칠거지악(七去之惡) 중의 하나로 아내를 내쫓을 수 있는 이유로서 '질투'하는 것을 들었다. 질투나 시비하는 짓은 아주 옹졸하고 천한 행위로 가정불화로 파탄을 일으키고, 시비함으로 대판 싸움으로 번질 수 있는 불행의 씨앗이 될 수 있다.

→ 아이에 대한 교육
　누구라도 잘되면 축하해 주고 칭찬과 격려를 아끼지 말아야 한다. 강샘하는 짓은 천하고 못난 짓이다. 천하고 못난 사람은 그 강샘하는 어리석은 버릇 때문에 아무것도 이루지 못하고 어려운 생활을 벗어날 수 없게 된다. 용서하고 이해하면 시비라는 자체를 모르고 살게 된다. 어리석고 옹졸한 사람만이 용서를 못함으로 상대를 항상 못마땅한 감정으로 바라보고 조금만 거슬려도 욱하여 다툼을 벌이게 된다.
　돈이 찾아오는 길목 중 하나의 길목으로 어리석고 졸렬한 사람에게는 열심히 일을 해야만 돈이 들어온다. 만약 비의(非義)적인 돈이 들어왔을 때는 그대로 곤경으로 빠지게 된다. 온전한 돈이 찾아오는 길목이 막혀 있기 때문이다.
　그러나 강샘이나 시비를 하지 않는 자에게는 돈이 찾아오는 길목의 문이 하나 정도 열려 있으므로 지나가던 돈은 열린 문을 알고 찾아오도록 되어 있는 것이 인간 삶이 있는 사회의 구조다.

〈제3의 길목: 불의한 탐욕을 버려라.〉

불의한 탐욕이 크면 클수록 자신의 인생을 패망으로 이끄는 동력이 거세며, 행운의 돈이 찾아오는 길목에 방벽을 굳건히 쌓으므로 행운의 고소한 맛과는 거리가 멀어져 버리게 되는 것이다.

남의 것에 눈독을 들이거나 빼앗으려는 생각을 품은 자는 그 탐욕을 채우지 못하게 되면 실의하게 되고, 기회가 주어져 탐욕을 채우게 되면 더 큰 탐욕이 불같이 일어나 불의하게 욕심내다 종래는 실패하는 인생으로 마침표를 찍게 되는 것이다.

정직하게 돈을 벌었음에도 그것이 불의가 되는 경우도 있다. 그러나 그 불의가 경미하여 괜찮겠지 하는 안일한 판단으로 화근을 자처할 수도 있다. 어떻든 정직하게 취득하였음에도 불구하고 재앙이 왔을 때는 정신을 똑바로 차리고 천천히 잘 살피면 전화위복, 즉 더 큰 이득으로 전환되는 길임을 알게 될 것이다.

삶의 진리를 부정하는 사람은 긍정하는 사람보다 마음의 평안함이나 생활의 안정을 기대하기 어렵다. 설령, 생활의 안정이 도래한다고 하여도 일시적이며 짧은 기간일 뿐이다.

→ 아이에 대한 교육

가지고 싶은 것이 있을 때는 부모와 상의하라. 내 것이 아닌 그 무엇도 탐내면 인생을 망치게 되는 결과를 맛보게 되는 것이다. 같은 가족이라도 자기 것이 아닌 것에는 허락받아야 하고 허락을 받을 수 없는 경우에는 단념해야 한다.

〈제4의 길목: 험담을 즐기는 사람은 돈을 가지고 오는 사람의 심장에 칼을 꽂은 것과 같다.〉

지혜로운 사람은 어리석은 사람들이 노는 곳에 참석하지 않는다. 허접한 수작들과 뒷담화를 즐기며 고귀한 시간을 허비하므로, 자신의 인생을 낭비할 필요를 느끼지 않기 때문이다.

어리석은 사람들은 돈을 생산해 낼 수 있는 아이디어가 없고, 인간의 3대 욕망의 충족에 관한 이야기만 주고받는다. 이익 추구에 전혀 도움이 안 되는 이야기들을 지껄이는 즐거움으로 열을 올리며 놀고 있기 때문이다.

인간은 불가사의한 존재이다. 어제, 내가 없는 자리에서 나에 관하여 여러 사람들과 험담했던 그 어리석은 이를 오늘 내가 만나 인사를 하게 되는 순간, 나를 험담한 그 어리석은 이의 표정이나 언어나, 태도가 어딘가 예전 같지 않고 어색하며 어떤 알 수 없는 불의를 나에게 저질렀을 것 같은 분위기를 은연중에 풍기며, 나에게 안 좋은 짓을 한 것 같은 숨기는 듯 태도를 보이니까 나는 느낌으로 즉각적이고 직감적으로 의심이 일어 그의 의중을 감지하여 살피게 된다.

그러므로 내 표정이 굳어지는 것을 본 그 사람의 표정도 양심의 가책 내지는 양심에 찔려 즉각 표정이 굳어지며 예전 같지 않은 분위기가 얼굴에 나타나는 것이다.

"네 놈이 나에게 어떤, 나쁜 짓을 했구나…." 하는 정도를 감지하게 되는 것이 인간의 감지 능력이다.

도둑이 제 발 저리다는 말이 있듯이 느낌이나 표정, 풍기는 분위기가 직감적으로 도둑이 제 발 저리듯 하니, 어리석은 저 사람이 나에게 어떤 잘못을 저질렀을 거라는 감지를 받아 느낌으로 짐작한다는 사실이다. 그리고 난 다음 날의 어떤 모임에 내가 참석했는데 대화 중에서 그 어리석은 이의 입에서 나에 대한 험담과 관련된 이야기가 은연중에 한 마디라도 튀어나오게 되면, 나는 그 어리석은 사람이 나에 대하여 험담한 것에 대한 확증을 잡게 되는 것이다.

그 순간부터 그 사람에게 말은 하지 않지만 나를 험담한 그 어리석은 사람을 내 마음에서 제외해 버리게 되는 것이다. 그 사람의 입장에서는 나에 대하여 험담함으로 나를 잃게 되는 꼴이 되는 것이다. 나를 험담함으로 그 어리석은 사람은 이제 평생을 내 안중에서 제외된 사람으로 지워지는 사람이 되는 것이다.

그러므로 나를 험담한 그 어리석은 사람과는 어떠한 대화도 같이하려 하지 않을 뿐만 아니라 그 어리석은 사람과 밀접한 관련이 있는 사람들에게 그 어리석은 이를 제외하도록 조처함으로 그 어리석은 이는 나와 관련이 있는 사람들로부터 돈과 관계되는 거래가 막혀 버리게 된다. 그러므로 돈이 찾아오는 한쪽 길의 길목이 막혀 버리는 모양새가 되고 마는 것이다.

→ 아이에 대한 교육

어떠한 일이 있어도 남의 흉을 보지 말라. 너의 장래가 막히는 길이다. 남의 흉을 보는 짓은 슬픔과 비통의 괴로움을 자초하는 일이다.

오직 장점을 찾아내어 칭찬만 하라. 좋은 말과 칭찬하는 입에는 맛있는 것과 즐거운 웃음이 있고 돈이 들어오는 길목을 열어 놓는 것이다.

〈제5의 길목: 불효하는 자는 유산을 못 받고, 반드시 후손에게 불효를 당하게 된다.〉

모든 질서의 기본은 공경과 효도로부터 시작된다. 인간은 본능적인 탐욕을 가지고 있다. 그 때문에 부모가 재산을 가지고 있으면 자기 것인 양하여 마음대로 쓰고자 한다. 자신의 어떤 목적이나 이상을 실현하기 위하여 부모의 재산을 이용하려고 한다. 부모가 순순히 재산을 내놓으면 좋지만 그렇지 않은 부모의 입장에서는 자식이 험한 세상을 해쳐 나가는 힘을 키워 주기 위해 자립할 것을 권유하기도 할 것이다.

자식의 입장에서는 도와주지 않는 부모에게 반감을 갖고 스스로 자립하기 위해 애써 보지만, 자립이 쉽지 않아 다시 부모에게 감언이설로 사업 자금을 요청하게 된다. 부모가 자식의 장래를 위하여 최고학부까지 교육을 마칠 수 있도록 교육했다면 충분히 자립할 수 있는 여건을 마련해준 셈이다. 그럼에도 부모의 생업인 땅마지기를 팔아 주기를 요청한다면 절대 응하지 않는 것이 현명하다. 응한다면 자식을 불효자로 부모가 만드는 모양이 된다.

이 땅마지기를 빼앗기 위하여 뻔질나게 효도하는 척 시골로 찾아오기를 반복하며 감언이설로 부모를 펜다면 사랑하는 자식의 장래를 위하여 땅마지기를 팔아 주고 품팔이 농사꾼이 되어 자식의 성공을 기대해 보는 게 부모의 마음이다.

가진 것이 없어져 버린 부모를 자식의 입장에서는 이젠, 더 이상 효용가치가 없으므로 등한시하게 된다. 이것을 본 자식의 자식들도 아버지가 했던 그대로 아버지에게 행하게 되는 것은 당연하다.

부모에게 땅마지기를 빼앗은 아들은 역시 자식에게 그대로 당하게 된다는 것을 깨닫지 못하는 우둔함으로 인하여 그럭저럭 자신의 부모처럼 사는 인생으로 흘러가고 말게 된다.

부모에게 극진히 효도하는 인간이라면 사람 됨됨이가 쓸모가 있어서 어떤 일에나 성취하려는 의욕이 있으며, 일거리를 물색하여 나서며 바닥에서부터 시작해도 좋다는 투지력이 있는 사람일 것이다. 그러므로 사회에 적응하여 쓰임의 용도를 다방면으로 찾아나가지만, 부모에게 불효하는 인간은 의지하려는 비굴함 때문에 모험심과 용맹함이 결여되어 사회 전반에 걸쳐 쓰임이 천한 쪽으로만 열려 있는 듯 보여서 옹색한 생활을 면치 못하는 것은 물론이거니와 부모의 유산도 상속받지 못하게 될 수 있는 것이다.

이 사회에 유용하게 쓰임을 받지 못하면 돈이 들어오는 길목의 문도 안 보이게 된다. 사회에서 쓰일 용도가 없는 인간은 무능력자로 사회복지관의 도움으로 생계를 해결해야 하는 수밖에 없다.

부모는 땅을 자식에게 빼앗기고 날품팔이 농사를 지으면서도 근검절약하여 그래도 자식을 걱정하여 저축을 한다는 사실이다. 땅마지기를 다시 구입하면 아들이 또 빼앗아 갈 것을 염려하여 땅마지기를 사지 않게 된다.

→ 아이에 대한 교육

말로만 어른을 공경하고 부모에게 효도하라고 하는 것은 헛소리처럼 효과가 없다. 아이에게는 부모에게 효도하는 것을 몸으로 실천하여 직접 보여 주는 것이 산교육이다. 어른을 진심으로 공경하고 부모를 잘 섬겨야 유산과 땅을 상속받을 수 있다는 것을 가르치기 위해 부모는 자신의 부모를 극진히 섬기고 이웃 어른들을 잘 공경해야 하는 것이다.

이 기본적인 질서가 무너지게 되면 양로원과 요양원에서 노년에 수면제를 모아야 하는 악순환이 반복될 것이며 슬픈 인생 여정의 장송곡만이 은은히 울려 퍼질 것이다.

〈제6의 길목: 허위와 기만은 자기 자신도 속이고 남도 속이는 허장성세이다.〉

어수룩한 사람이 아니고서는 거의 허세를 알아본다. 그러나 이 허세로 사는 자에게 식물을 공급하기로 조물주께서 결정한 사람의 눈에는 그 사기꾼의 말이 믿어진다. 그래서 다 털리고 한탄하며 말년을 사는 사람이 존재하는 것이다.

허위와 기만은 범죄에 가깝고, 남을 속여 이득을 보려는 사기 수법인 만큼 범죄 행위로서 처벌을 받거나 비인간으로서 지탄의 대상이 된다. 이런 종류의 사람의 손에 들어가는 돈은 불의하기 그지없다. 그렇게 불의하게 사는 사람의 삶은 공포와 불안의 연속된 생활로 참담할 뿐이다.

의로운 문으로만 들어와 의로운 자의 삶을 윤택하게 해 주는 돈은 불의한 사람의 불의한 문이 열려 있는 것을 목격하고 그냥 비껴가 버린다. 불의한 문을 통하여 들어오게 된 돈은 그 불의한 돈을 갖게 된 사람이 그럴듯한 삶을 누리는 것처럼 외관상 호화롭게 보여도 그 속내는 매우 평탄치가 못하다는 사실이다.

언젠가는, 치유 불가능한 병마에 시달리든가, 불의(不義)의 사유로

괴로움에 신음하거나, 고소나 법률 위반으로 영어(囹圄)의 어두움에서 시달리거나 불의(不意)의 사고로 단명을 면치 못할 수도 있는 것이다.

→ 아이에 대한 교육

속임수로 남을 괴롭히면 어느 땐가는 너도 괴로힘을 당할 날이 온다. 남을 거짓말로 속이면 양심의 가책을 받아 나쁜 병에 걸려 시달릴 수 있다. 어려운 사람을 돕고, 남을 이롭게 해 주기 위하여 애쓰게 되면 힘이 들어도 자신의 건강에 큰 도움이 되고 세상의 이치는 의로운 사람으로 하여금 결국은 소망을 이루게 하는 것이다.

〈제7의 길목: 일확천금의 요행수를 바라는 것은 허황되므로 거지나 범죄자가 되는 지름길이다.〉

차라리 어떤 목표를 향하여 열심히 나아감만 못하다. 설령 요행수가 찾아들어 심신이 안락하게 되면 그 안락한 여유로운 기간 동안에 더 큰 요행수를 물색하게 되는 게 인간의 끊임 없는 욕망이다. 그리하여 욕심을 채우기 위하여 동분서주하다 보면 손안에 들어왔던 것들은 어느새 다 탕진하게 되어 요행수를 찾기 전보다 더 참담한 상황으로 빠지는 경우가 99%나 된다는 사실을 감안(勘案)하여야 할 것이다.

착실하고 근면하게 현실에 만족하며 삶을 영위하다 보면 자연스럽게 분복대로 누리게 된다. 행복은 명예가 찬란해도, 물질이 풍부해도 존재하지 않다는 사실이다. 자신의 마음속에 있는 행복을 꺼내어 활용할 수 있는 사람이 진정으로 행복을 누림에 부족함이 없는 사람인 것이다.

행복은 자신의 마음에서 찾고, 이상은 노력으로 성취하고,

세계평화는 천재 생산이 대중화되면 이룩될 수 있을 것이다. 그러므로 내 아이 천재 만드는 일에 선구자적 역할을 감당해야 한다는 사명감을 지니면서 천재를 양육하는 데 온 심혈을 기울여야 할 것이다.

→ 아이에 대한 교육

 사랑하는 마음에서 아이에게 쏨쏨이 용돈을 줄 때는 용처를 밝혀주는 것이 권장된다. 부모나 친지가 아이를 진정으로 사랑하고 천재로 성장시키고 싶다면 아이에게 무엇이나 간단한 일을 하게 하여서 그 일의 경중에 따라 차등하여 용돈을 지급하고 돈 관리를 세밀히 가르치는 것이 현명하다 할 것이다.

 노고가 있어야 그 대가로 물질을 얻고, 일을 해야만 필요한 용품을 구입할 수 있음을 알게 하여 근로의 귀중함을 깨달을 수 있도록 교육한다. 근로하여 받은 돈을 귀중하게 아껴 사용하고 잘 관리할 수 있도록 교육하면 불로소득 같은 허황된 생각을 품지 않고 알차게 삶을 영위할 수 있는 지혜를 갖게 될 수 있는 것이다.

73. 성적 행동

 아이는 부모의 일상 생활을 보고 듣고 느끼며 자란다. 부모가 성생활 하는 것을 보지 못하고 자란 아이는 혼자 자란 아이일 뿐이다. 부부의 상호 애정 표시는 공공연하게 아이의 눈에 노출되게 되어 있다.

아이가 세 살까지는 거의 엄마와 아빠와 같은 방에서 거하게 된다. 이부자리를 달리 하더라도 같은 방에 거하면서 부모의 성생활을 보면서 자라게 되는 게 대체로 일반적이다. 부모는 세 살짜리가 무엇을 알겠느냐고 생각한다.

그러나 세 살짜리 아이는 부모의 행위를 보고, 말소리를 다 들어서 이미 알고도 남는다. 아이가 네 살이 되면 호기심이 발동하여 기회와 여건이 주어진다면 여자아이와 부모의 흉내를 내 보는 것은 지극히 자연스러운 본능적 예행 연습이므로 놀랄 일도, 당황할 일도 아니므로 꾸짖거나 충고할 일은 더욱 아니라는 사실이다.

자, 심호흡을 한번 하고 눈을 감거나 아니면 뜨고, 아스라이 보일 것 같은 먼 창공을 보며 과거를 회상해 보자. 자신의 세 살 때로 돌아가 보는 것도 그리 어렵지 않다. 붉은 플라스틱 목욕통 안에서 목욕하던 그 시절 그때를 상기(想起)해도 좋다.

개울가나, 바닷가 백사장의 뙤약볕 아래 발가벗고 물속에서 방금 나와 떨고 있는데 엄마가 가지고 오신 수건을 바라보며 자신의 고추를 만지던 그 시절 그때가 떠오르는지 지금 조용히 회상해 보자…. 그리고 무의식중에 자기의 고추를 만지작거렸던 것이 병적인지, 동갑내기 여자아이와 골방에서 발가벗고 부부 놀이를 해 본 것이 변태인지, 캠핑장 텐트 안에서 부모들이 낚시를 간 사이 아이들 셋이서 서로 성기를 만져 본 것이 음란한 일이었는지 자신들의 그 어린 그 시절을 돌이켜 생각해 보면 해답이 나올 것이다.

멍멍이 수컷은 엄마의 배에서 나온 후 6개월이 되면, 암컷이면 무조건 올라탄다. 수태(受胎)를 시킬 수 있는 능력이 되었다는 것이며, 누가 가르쳐 주지 않아도 종족 보존 본능에 의해 행위를 하게 되는 것이다.

여자아이와 남자아이가 엄마와 아빠의 잠자리 흉내를 내는 놀이를 해 보다가 어른에게 발각되었다.

"뭐야?! 이런 싹수없이 귀때기에 피도 안 마른 것들이 벌써 뭐 하는 거야?!"

이렇게 호통을 치는 것은 교육적이지 않으며 겁을 주는 것이며 불안과 공포와 충격과 상처를 안겨 주는 일이 된다.

"너희들, 재미있는 놀이를 하고 있었구나."

하고 웃어 주며 문을 닫아 주는 것이 현명하고 지혜로우며 득이 되는 것이다. 아이들은 부끄러워 겁을 먹으며 허겁지겁 옷을 입고 꾸중 들을 일에 걱정이 태산이면서 고개를 들지 못하고 있을 것이다.

3~4살짜리 아이들이라도 부끄럽고 무안스럽고 창피함을 즉시 알게 되고 느낀다. 아이들은 그런 놀이를 하는 것은 부끄러운 일이라는 것을 자각하고 있다. 아이의 마음에 호기심이 발로되어 부모의 밤 행위를 그대로 행동으로 옮겨 보았던 것이다.

그러므로 "나는 안 보고 못 봤다."라며 문을 얼른 닫아 주면 아이들은 스스로 부끄러운 일을 했다는 것을 깨닫고 혼나지 않을까 하는 두려움과 앞날을 걱정하는 경험을 갖게 된다. 부끄러운 표정이나 태도가 보이지 않는 아이라면 늦된 아이로 보면 될 것이다. 그리고 아이의 머릿속에 영영 지워지지 않는 두려움 반 수치스러움 반으로 기억될 것이므로 못 본 척 눈감아 주는 것이 가장 현명하다 할 것이다.

그런 일로 아이를 꾸짖거나 충고하면 아이의 기를 꺾는 일이고 움츠러들게 하며 용기와 용맹심이 약화하여 과감하지 못하게 될 수 있다.

74. 학교생활

학교생활에 잘 적응하기 위해 취학 이전의 유치부 교회 학교에 다니면서 여러 가지로 많은 것을 배우고 익히는 것이 좋다. 그러므로 학교라는 낯선 세계로 들어가도 독립적이 되고 스스로 의사 결정을 할 수 있게 되어 스스럼없이 자신의 위치를 확보하고 늦된 친구를 보살피려는 아량까지 보일 수 있게 된다.

이 아이는 일곱 살로 7년 천재 교육을 받았으므로 같은 반 친구들을 아우를 수 있는 수준이 되고 역량이 되기 때문이다.

부모는 아이가 학교생활에 적응하기 위하여 아이의 일에 대하여 간섭하지 않고 아이의 일과 부모의 일에 대하여 분명하게 선을 긋고 도움을 요청하기 전에는 스스로 알아서 처리하도록 배려하는 것이 좋다. 그렇다고 조언을 하지 말란 말은 아니다.

첫째, 숙제는 아이가 알아서 하도록 독촉이나 잔소리를 하지 않는다.

둘째, 친구와의 교제는 집에서의 맡은 일이나 공부를 완수한 다음에 자유롭게 하도록 한다.

셋째, 영어와 컴퓨터와 집안일 등, 맡은 것을 매일 시간표에 정한 대로 완수하도록 일정을 정한다.

넷째, 어렵거나 난감한 일은 언제든지 부모에게 도움을 요청하도록 하여 해결을 받는다.

다섯째, 아이들의 허물을 말하거나 들추지 않고 오히려 칭찬과 격려를 아끼지 않는다.

형제들끼리는 서로 도움을 요청하지 않으면 서로 간섭하지 않고 사생활을 존중하도록 한다.

여섯째, 부모는 아이들이 각각 공부할 수 있도록 공간과 도구를 공급하고 영양을 충분히 섭취할 수 있도록 한다.

일곱째, 텔레비전은 부모가 허락한 채널을 1시간만 볼 수 있게 하며 그 기간은 천재 교육이 끝나는 날로 해제한다. 게임 금지도 해제한다.

아이가 은행 통장을 개설하게 하여 친지들과 집안일을 하여 받은 용돈을 저축하게 하며, 아이에게 필요한 용품을 구입할 때 통장에서 돈을 찾아 구입하게 하고 집에서 금전출납부를 작성하게 하여 입출금 명세서를 쓰게 하며, 엄마와 아빠가 아이에게 돈을 빌리거나 갚으면서 매월 결산을 보게 하여 실무로 수학을 쉽게 배우게 하여 자기 돈으로 용품을 구입했다는 만족감에서 오는 저력을 키울 수 있게 한다. 교회 헌금은 아이 재량으로 내게 하고 그 외 출금은 부모와 상의 후 집행하도록 정한다.

학급에서는 서열에 연연하지 않고 친구 사귐도 대범하게 하고 곤란하고 어려운 친구를 돕고, 너그럽게 포용하게 되면 아이가 대단한 인기를 누리는 데 부족함이 없을 것이다.

인기를 지속적으로 유지하기 위해서
가) 누구라도 배척하지 않는다.
나) 친구를 따돌리지 않으며 솔직하게 대해야 한다.
다) 복장은 늘 단정히 하고, 청결해야 하며 정직하고 친절하며 너그러워야 한다.

부모는 아이가 학급에서 인기가 높고, 월반하여 어른스럽더라도 어른으로 대하면 아이는 혼란스러워하게 된다. 1학년 아이로 대하는 것을 잊지 말아야 한다. 아이의 몸은 1학년인데 아이의 머리는 4학년일지라도 머리만 4학년일 뿐 아직은 1학년 아이의 범주를 벗어나지 못했으므로 월반하여 그 학년에 적응할 때까지는 부모가 아이를 세심하게 배려하여 마음껏 뛰어놀 수 있는 자유 시간을 준다.

　학업에 대한 부담이나 압박을 가하지 않아야 한다. 항상 즐겁고 유쾌하게 지내면서도 자율학습을 할 수 있도록 과외 시키지 않는 것이 유익하다. 다시 말하지만 1학년 동안은 학교에서 배운 것을 집에서 복습하고 컴퓨터와 영어를 각 한 시간씩 집중적으로 공부하게 하며 아이에게 간단한 집안일을 시켜 그 대가로 용돈을 주며, 금전 출납을 정리하면서 돈을 모아 학용품이나 아이 자신이 필요로 하는 용품을 구입하게 한다.
　그리고 앞으로의 학업에 대하여 계획을 수립하게 하여 그 계획의 실행에 사용될 돈을 근검절약하여 마련할 수 있도록 구체적으로 계획을 세우게 하는 것도 학습이라는 것을 말해 주면서 유익한 점을 아이에게 설명해 주면 아이가 금전 출납에 열의를 갖게 될 수 있다.

　그리고 나머지 시간을, 공이나 배드민턴, 달리기나 기타 운동으로 놀아 주거나 마켓에 동행하여 실속 있는 생활 공부 겸 지혜를 터득할 기회를 제공한다. 태권도는 초등 3학년부터 배울 수 있도록 하는 게 좋다.

G. 결론(Conclusion)

75. 우리 아이들의 미래 자화상

 아이가 생물학적으로 발달하고 성장하는 과정을 거치게 되면 정신 능력이 확장되는 과정에서 신체적 능력이 발달하고 성장을 거듭하여 아이의 정신에 새로운 세계가 무한이 펼쳐지게 된다. 동네 아이들과, 같은 학교에 다니는 학우들과 교회 학교에서 만나는 교우들과 무술 도장(道場)에서 새롭게 만나게 되는 친구들과의 인간관계가 시작되면서 새로운 교제 능력을 쌓아가게 된다.
 대인관계를 하면서 응용 능력이 점차 키워지고 상대를 보는 안목을 저장하는 메모리가 생겨나면서 성장해 가는 성인으로 발돋음 하려는 양상으로 넓은 시야를 획득하기 위한 기미가 간혹 보이다가 점차 자주 보이게 된다.

 아이는 오감을 통해 받아들이는 정보를 행동과 조화시키는 능력도 크게 발달하므로 행동이 우선은 앳되어 보이지만 꿈틀꿈틀 완숙을 지향하여 나아가기 시작하면서 사물을 대하는 양상이 현저히 성숙하여 모두를 품을 수 있고, 가슴에 아우를 수 있게 되며 한 가지만 잘하는 천재가 아니라 다방면의 재능을 발휘하는 요긴한 천재가 되는 것이다.

 현대의 가정이나 직장에서 스트레스가 점점 심화하여 가고 있는 가운데 생활하시는 부모님들의 고충이 실로 대단한 것은 사실이다. 그러나 천재를 양육하고야 말겠다는 자긍심을 가지고 사랑스러운 내 아이를 천재로 양육한다면 자신의 자랑이요, 온 가족의 자랑이요, 민족적이며 국가적인 자랑이 아닐 수 없다.
  우리의 모든 아이들은 미래를 걸머지고 나아간다. 아이들의 손길에 의해 미래가 풍요로울 수도, 절망적일 수도, 혹은 종말을 일으킬 수도 있다. 현존하는 우리가 모두 생산해내는 아기들을 천재로 키워낸다면 미래는 기대해 볼만할 것이며 현재보다 더 아름다울 것이고 풍요롭고 평화로우리라 기대해 본다.

참고 문헌

1) 데즈먼드 모리스, 장경렬 역, 《우리 아기》, 팩컴북스, 2009, ISBN 978-89-961276-0-4
2) 데즈먼드 모리스, 김석희 역, 《털 없는 원숭이》, 문예 춘추사, 2014, ISBN 978-89-7604-065-7
3) 이현경, 《태어나서 두 살까지 아기 발달의 모든 것》, 어린이 한울림, 2013
4) 오사카 보육연구소, 이학선 역, 《우리 아기 어떻게 키울까?》, 2007
5) 사주당 이 씨, 이수경 - 홍순석 역, 《태교 신기》, 한국 문화사, 2015, 978-89-5726-864-3
6) 김영훈, 《엄마의 두뇌 태교》, 이다 미디어, 2019, ISBN 978-89-94597-98-0
7) 미국 아동 청소년 정신과 협회, 권상미 역, 《아이 성장심리 백과》, 위즈덤 하우스, 2017, ISBN 978-89-91731-80-6
8) 백승헌, 《왕처럼 키워라》 이지북, 2016
9) 유발 하라리, 조현욱 역, 《사피엔스》, 김영사, 2019, ISBN 978-89-349-7246-4
10) 마이클 거리언, 안진희 역, 《소년의 심리학》, 위고, 2019, ISBN 979-11-950954-1-4
11) 기시미 이치로, 오시연 역, 《엄마가 믿는 만큼 크는 아이》, 을유문화사, 2019,   ISBN 078-89-324-7304-8
12) 아브라함 H. 매슬로, 정태연 – 노현정 역, 《존재의 심리학》, 문예 출판사, 2017,   ISBN 978-89-310-0501-1
13) 김경희, 《엄마와 아이 밀고 당기는 심리학》, 웅진 리빙 하우스, 2011
14) 우리 누리, 《생각하는 아이로 키워주는 창의력 학교》, 프리미엄 북스, 1998

15) 이기문, 김진희, 《조선 왕실 천재 교육》, 오성, 2003
16) 국사 편찬위원회, 《조선왕조실록》, 1958
17) 이토카와 히데오, 엄기환 역, 《천재 두뇌 양성법》, 태을출판사, 2000
18) 나카가와 하치로, 안용근 역, 《머리가 좋아지는 영양학》, 전파과학사, 1995
19) 박영규. 《한 권으로 읽는 조선왕조실록》 들녘, 2004
20) 서유헌. 《잠자는 뇌를 깨워라》 평단문화사, 2000
21) 영·유아능력개발연구원, 《천재는 뇌가 결정한다》, 동천사, 2004
22) 존 볼비, 이경숙 역, 《존 볼비와 애착 이론》, 학지사, 2005
23) Herbert P Ginsburg, 김정민 역, 《피아제의 인지발달 이론》, 학지사, 2000
24) 알렉산드르 로마노비치 루리야, 배희철 역, 《비고츠키와 인지발달의 비밀》, 살림터, 2013
25) 케빈 데이비스, 제효영 옮김, 배상수 감수, 《유전자 임팩트》, 로크미디어, 2021, ISBN 979-11-354-6432-4
26) 재레드 다이아몬드, 김정흠 옮김, 《제3의 침팬지》, 문학사상, 2021, ISBN 978-89-7012-934-1
27) 원정현 지음, 《세상을 바꾼 생명과학》, 리베르스쿨, 2021, ISBN 978-89-6582-290-5
28) 리처드 도킨스 지음, 홍영남, 이상임 옮김, 《THE SELFISH GENE 이기적 유전자》, 을유문화사, 2021, ISBN 978-89-324-7390-1
29) 1950 H. Harlow U. S. News & world report
30) Malacinski, george m, 번역 심웅섭 외, 《분자 생물학》 월드사이언스, 2004, ISBN 89-5881-047-5

31) 강성구, 《인체 유전학》, 아카데미서적, 2004, ISBN 978-89-7616-248-9
32) 스반테 페보, 김명주 역, 《잃어버린 게놈을 찾아서-네안 데르탈인에서 데니소바인까지》, 부키, 2015, ISBN 978-89-6051-512-3
33) 조지은, 송지은, 《언어의 아이들》 사이언스북스, 2019, ISBN 979-11-89198-62-6

아기, 천재로 키우는 법칙

1판 1쇄 발행 23년 03월 17일

지은이 김봉석

교정 신선미   편집 이혜리
마케팅·지원 이진선

펴낸곳 (주)하움출판사   펴낸이 문현광

이메일 haum1000@naver.com   홈페이지 haum.kr
블로그 blog.naver.com/haum1007   인스타 @haum1007

ISBN 979-11-6440-317-2(13800)

좋은 책을 만들겠습니다.
하움출판사는 독자 여러분의 의견에 항상 귀 기울이고 있습니다.
파본은 구입처에서 교환해 드립니다.

이 책은 저작권법에 따라 보호받는 저작물이므로 무단전재와 무단복제를 금지하며,
이 책 내용의 전부 또는 일부를 이용하려면 반드시 저작권자의 서면동의를 받아야 합니다.